HEYNE‹

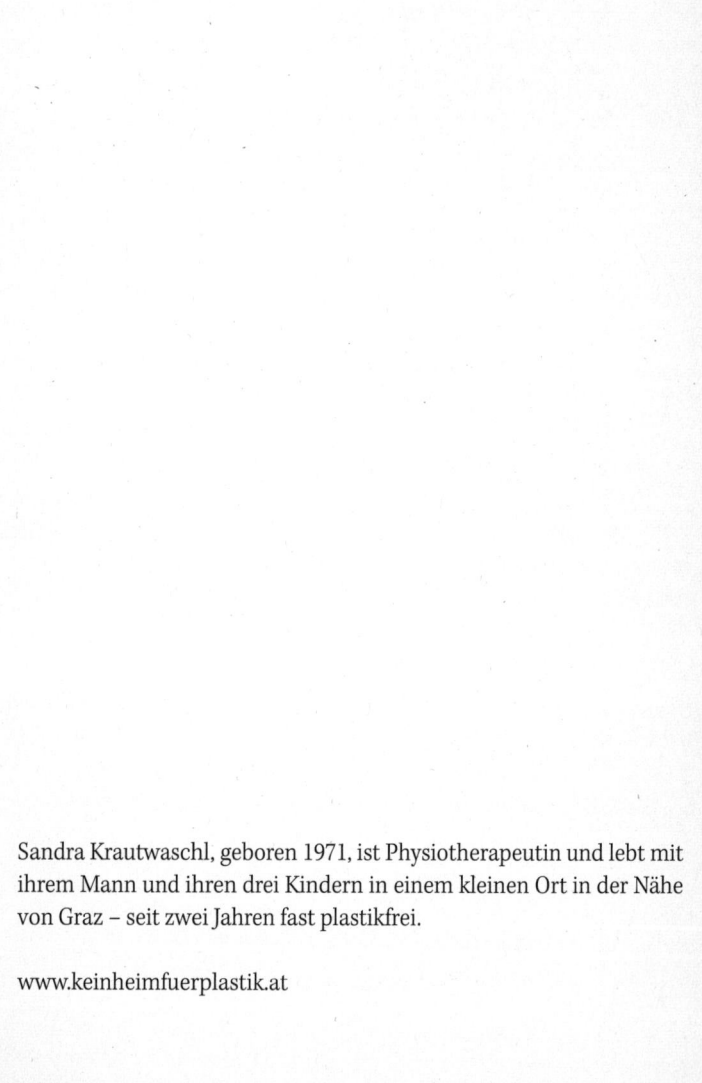

Sandra Krautwaschl, geboren 1971, ist Physiotherapeutin und lebt mit ihrem Mann und ihren drei Kindern in einem kleinen Ort in der Nähe von Graz – seit zwei Jahren fast plastikfrei.

www.keinheimfuerplastik.at

Sandra Krautwaschl

PLASTIK
FREIE ZONE

Wie meine Familie es schafft,
fast ohne Kunststoff zu leben

WILHELM HEYNE VERLAG
MÜNCHEN

Verlagsgruppe Random House FSC-DEU-0100
Das für dieses Buch verwendete
FSC®-zertifizierte Papier *Holmen Book Cream*
liefert Holmen Paper, Hallstavik, Schweden.

2. Auflage
Originalausgabe 07/2012

Copyright © 2012 by Wilhelm Heyne Verlag, München,
in der Verlagsgruppe Random House GmbH
Printed in Germany 2012
Redaktion: Ulrike Nikel
Umschlaggestaltung: Hauptmann & Kompanie Werbeagentur, Zürich,
unter Verwendung eines Fotos von Alexandra Guggenberger
Fotos Innenteil: Seite 3 oben und Seite 6 unten: Christian Jungwirth
für *Woman*; sämtliche anderen Fotos stammen aus dem Privatarchiv von
Sandra Krautwaschl. Wir danken für die freundliche Abdruckgenehmigung.
Satz: C. Schaber Datentechnik, Wels
Druck und Bindung: GGP Media GmbH, Pößneck

ISBN: 978-3-453-60229-8

www.heyne.de

Inhalt

Einleitung:
»Plastic Planet«, nein danke!

Seit über zwei Jahren versuchen wir ohne Plastik zu leben. Keine Tupperdosen und keine Frischhaltefolie in der Küche, keine vakuumverpackten Lebensmittel im Kühlschrank, keine PET-Flaschen und keine Plastikboxen für die Schuljause, im Bad keine Cremes und Bodylotions in Kunststoffflaschen oder Tuben, keine Putzmittel in der Plastikflasche und im Kinderzimmer weder Puppen noch Legosteine.

Nirgendwo Plastik. Nicht das kleinste bisschen? Na ja, fast. Jedenfalls bemühen wir uns nach Kräften, Plastik, speziell solches, das innerhalb kürzester Zeit zu Müll mutiert, gänzlich aus unserem Alltag zu verbannen. Eine Herausforderung der besonderen Art, um es vorwegzunehmen.

Kann das überhaupt funktionieren, fragen erstaunte, aber wohlgesinnte und interessierte Freunde. Wollt ihr das etwa wirklich durchziehen, heißt es bei den Skeptikern, und manche bedenken uns bisweilen mit mildem Spott, weil sie das Ganze nicht nur zum Scheitern verurteilt sehen, sondern es außerdem für leicht verrückt halten.

Ist es das? Gehört nicht vielmehr zu jeder neuen Erfahrung, zu jedem neuen Anfang auch eine Portion Mut einschließlich der Bereitschaft, ein herablassendes Lächeln oder verständnisloses Kopfschütteln nicht persönlich zu nehmen? Doch so weit gingen meine Gedanken zunächst gar nicht. Es war eher das Motto »Wer nichts wagt, der nichts gewinnt«, das mich anfangs motivierte. Und dann haben wir uns nun mal an das Experiment gewagt, unser Leben möglichst ohne Plastik zu organisieren – eine spannende Geschichte im Übrigen, auch wenn wir gerade zu Beginn oft dachten, an die Grenzen des Machbaren zu stoßen.

Aber schließlich sind wir in unseren Bemühungen doch recht weit gekommen, obwohl es nicht immer einfach war. Es müssen ziemlich viele Dinge zusammenspielen. Erforderlich sind neben einem hohen Maß an logistischer Planung Erfindungsreichtum, Forschergeist und Improvisationstalent und – nicht zuletzt – die Zustimmung der ganzen Familie. Denn ohne einen solchen Konsens ist es unmöglich, mit Freude, Begeisterung und, ja, sportlichem Ehrgeiz an die Sache heranzugehen.

Es soll Spaß machen, lautete ohnehin die Grundvoraussetzung des Experiments, um unser Familienleben nicht in eine unkalkulierbare Krise zu stürzen. Andernfalls, so viel stand fest, hätten wir den Versuch auf der Stelle abgebrochen.

Wir, das sind zwei Erwachsene, drei Kinder, zusätzlich eine Katze und zwei Meerschweinchen, die unsere Kinder ausdrücklich als Familienmitglieder betrachtet wissen wollen. Peter, mein Mann, ist Sonderschullehrer und ist als Betreuer an einer großen Einrichtung tätig, und ich selbst arbeite als selbstständige Physiotherapeutin vor allem mit behinderten Menschen. Dann sind da Samuel, dreizehn, seine Schwester Marlene, zehn, und Leonard, mit sieben unser Jüngster, der als Einziger noch die Volksschule besucht.

Wir wohnen recht idyllisch, 14 Kilometer von der steierischen Landeshauptstadt Graz entfernt, in der 3000-Seelen-Gemeinde Eisbach, die immerhin neben der schönen Landschaft eine kulturhistorische Sehenswürdigkeit ersten Ranges aufzuweisen hat: Stift Rein, das älteste Zisterzienserkloster der Welt, in dem jetzt auch das Gymnasium unserer Kinder untergebracht ist. Unser Haus ist ein ehemaliges Bauernhaus mit einem großen alten

Stallgebäude, das Peter teilweise als Werkstatt dient und sonst mehr oder weniger leer steht.

In unserem Ort gibt es keinen besonders belebten Platz, nur zwei, drei Gasthäuser in der Nähe des Stiftes, eine Trafik (Tabak- und Zeitungsladen) und ein kleines Kaufhaus mit eher spärlichem Sortiment. Nicht gerade ein Einkaufsparadies und schon gar nicht für »Alternative«. Als solche mögen wir nämlich wohl für manche hier gelten, doch ein Außenseiterleben führen wir deswegen zum Glück nicht. Seit wir erst vor knapp zehn Jahren hierherzogen, sind wir in einigen Vereinen, von der Blasmusik bis zum Fußballverein, aktiv. Wir gehen gerne aus, sind gesellig, fahren in den Urlaub, haben häufig Besuch und führen prinzipiell ein sehr abwechslungsreiches und unbeschwertes Leben.

Mit bestimmten Themen gehen wir vielleicht ein wenig bewusster um als der Durchschnitt, was allerdings bis jetzt noch nie dazu geführt hat, dass wir als Ökofreaks klassifiziert wurden. »Ein bisschen alternativ, aber trotzdem ganz normal«, hat unser Ältester das vor gar nicht allzu langer Zeit einmal beschrieben.

Im Großen und Ganzen unterscheidet sich unser Leben also kaum von dem anderer Leute. Wir besitzen einen Fernseher, Computer und Handys. Und auch ein Auto, wenngleich wir uns bereits seit Jahren bemühen, es nicht übermäßig zu bewegen.

Das fällt meinem Mann zugegebenermaßen leichter als mir, da er ein geradezu begeisterter Radfahrer ist und gleich drei Fahrräder in seinem Fuhrpark stehen hat. Ich hingegen quäle mich bisweilen durchaus ein wenig widerwillig vor allem auf ansteigenden Straßen und ringe dann heroisch meinen inneren Schweinehund nieder. Oder auch nicht.

So oder so ähnlich halten es viele Familien in unserem Bekanntenkreis, zumal die Selbstbeschränkung beim Autofahren in den letzten Jahren in gewissen Kreisen doch ein wenig Auftrieb erlebt hat. Mit anderen Worten: Zumindest lange Zeit haben wir uns kaum durch besonderen Einsatz für die Umwelt hervorgetan und wären unseren Mitmenschen sicher niemals als Öko-aktivisten aufgefallen.

Nicht bis zum 17. September 2009.

An diesem Tag besuchte ich mit einer Freundin die Premiere des Films *Plastic Planet*. In intensiven, schockierenden und betroffen machenden Bildern zeigt diese Dokumentation im Spielfilm-format, wie sehr unsere Welt von Plastik durchsetzt ist und im Plastikmüll zu ersticken droht. Und führt zudem eindringlich die Skrupellosigkeit eines ganzen Industriezweigs vor Augen, wenn es um die Zulassung neuer Produkte geht, deren Gewinnpoten-zial außer Frage steht, die Unbedenklichkeit für Umwelt und Ge-sundheit hingegen in keinster Weise gewährleistet ist. Während die Plastikproduzenten sich bei kritischen Anfragen zynisch auf Firmengeheimnisse berufen, sehen die Politiker meist ohnmäch-tig und tatenlos zu oder schauen weg. Solche Firmen verfügen eben über eine einflussreiche und finanzstarke Lobby.

Von wegen schöne heile Plastikwelt, dachte ich mir beim Ver-lassen des Kinos. Die reinste Hexenküche ist das! Und plötzlich wurde alles anders. Für mich und für meine Familie.

In welcher Weise anders, das will ich auf den folgenden Seiten erzählen und einen Eindruck vermitteln von unserem Experi-ment »Plastik, nein danke!« Es war alles zugleich, wenn auch nicht unbedingt gleichzeitig: lehrreich und aufregend, anstren-gend und lustig. Eines jedoch war es nie: langweilig, denn es stellte uns immer wieder vor neue Herausforderungen. Und mit der Zeit merkten wir, dass wir weitaus mehr bewegen können als ursprünglich gedacht – und in uns wuchs die Überzeugung, dass es sehr wohl möglich ist, sein Leben zumindest im eigenen Be-reich grundlegend umzukrempeln.

Das Buch soll aber nicht nur Einblick geben in dieses unge-wöhnliche Experiment, auf das ich mich, beeinflusst durch den

Film, mit meiner Familie vor zwei Jahren eingelassen habe, sondern es will darüber hinaus Spaß, Mut und Hoffnung machen. Spaß deshalb, weil er die Basis dafür war, dass wir uns als Familie für das Experiment entscheiden konnten, und bis auf den heutigen Tag der wichtigste Maßstab für die Fortsetzung unseres »plastikfreien« Lebens geblieben ist. Mut, weil es immer ein wenig davon braucht, wenn man sich dazu entschließt, alte Gewohnheiten zumindest teilweise zu verändern. Und Hoffnung, weil sie ungeahnte Kräfte in uns wecken kann und uns hilft, unsere Ideen und Visionen zu leben.

I. Aller Anfang ist schwer

Rückblende: Stationen einer »Ökokarriere«

Wenn ich heute zurückdenke, dann scheint es mir, als ob ich schon als Kind in puncto Müll einen ausgeprägten Ordnungssinn besessen hätte. Ich weiß noch, wie entrüstet ich immer war über all die Zuckerlpapiere und Kaugummiverpackungen, die ich auf dem Spielplatz oder beim Spazierengehen so nebenbei entdeckte und gegebenenfalls aufsammelte, um sie in den Papierkorb zu werfen.

Offenbar war ich also, was Müll anbelangt, ein ziemlich ordentliches Kind – ob schon von Natur aus oder weil man es mir so beibrachte, sei dahingestellt. Mein Interesse an fremdem Müll brachte mich jedenfalls bereits in diesen frühen Jahren dazu, über die Beweggründe anderer Menschen nachzudenken, und mündete schließlich in der Annahme, nur »dumme Kinder« würden ihren Abfall einfach in die Landschaft werfen. Kinder, die einfach nicht klug genug waren zu begreifen, was sich gehörte und was nicht. Dass auch Erwachsene zu den Müllverursachern gehören könnten, auf diese Idee wäre ich im Leben nicht gekommen.

Diese Neigung, den Müll anderer Leute aufzusammeln, stieß trotz des zweifellos ehrenhaften Motivs zumindest bei meinen Eltern nicht unbedingt auf Gegenliebe. Und so erntete ich bei meinen kindlichen Bemühungen, die Natur von diesem ganzen unschönen Müll zu befreien, eher Kritik als Lob, und die erhoffte tatkräftige Unterstützung diverser Erwachsener blieb mir so gut wie immer versagt.

Damals hätte ich meine Beweggründe nicht in Worte fassen können. Es störte mich einfach, und deshalb versuchte ich Abhilfe zu schaffen. Heute weiß ich, dass dieses Bestreben, stets eine rasche Lösung für einen unbefriedigenden Zustand zu finden, zu mir gehört wie meine Nase oder wie meine Art zu sprechen. Zum Glück für alle, die mit mir zusammenleben, habe ich mich später vom reinen Müllsammler wegentwickelt und mich stärker darauf verlegt, Vermeidungsstrategien zu ersinnen.

Allerdings legte ich zwischenzeitlich einen ganz schön missionarischen Eifer an den Tag. Ungefähr ab dem Volksschulalter gab ich mich nicht mehr mit dem Aufsammeln zufrieden, sondern fing an, Kinder wie Erwachsene bei passender und unpassender Gelegenheit darüber aufzuklären, dass sie ihre diversen Hinterlassenschaften doch bitte sehr in die überall aufgestellten Mülleimer werfen oder, falls sie keine finden, mit nach Hause nehmen sollten.

Einmal davon abgesehen, dass die meisten Erwachsenen sich generell nicht gerne von Kindern belehren lassen, dämmerte mir in jener Zeit zum ersten Mal, dass die »Großen« tatsächlich ziemlich uneinsichtig sein konnten. Und meiner Erfahrung nach hat sich daran bis heute kaum etwas geändert. Kinder lassen sich viel leichter und schneller für Umweltthemen begeistern, fühlen sich insbesondere den Tieren, aber auch der Natur als Ganzes viel unmittelbarer verbunden, möchten helfen und heilen, entwickeln Visionen von einer »besseren Welt«, an deren Verwirklichung sie glauben wollen. Und für die sie bereit sind, sich mit ihren Mitteln einzusetzen.

Nun verlaufen Entwicklungen im Leben ja selten gradlinig. Und so vollführte ich im Laufe des Erwachsenwerdens irgendwann eine ideologische Wende. Von der ursprünglichen Berufung zur Müllaktivistin blieb nicht viel übrig, und schließlich verwandelte ich mich nach bestandener Führerscheinprüfung sogar zur leidenschaftlichen Autofahrerin. Das ging so weit, dass ich selbst für kürzeste Strecken den Wagen nahm, um ein paar Meter zu fahren und wieder anzuhalten. Auf die Idee, zu Fuß zu gehen oder das Fahrrad zu nehmen, wäre ich in dieser Phase gar nicht gekommen. Autofahren machte mir einfach zu viel Spaß. Allerdings sagte auch niemand etwas.

Desgleichen zeugte mein Konsumverhalten zu jener Zeit nicht gerade von einem hohen Bewusstsein in puncto Gesundheit und nachhaltiger Ernährung. So stopfte ich während meiner zweieinhalbjährigen Ausbildung zur Physiotherapeutin phasenweise hauptsächlich Wurstsemmeln und Süßigkeiten in mich hinein. Und fand das zudem sehr praktisch, weil ich auf diese Weise Geld sparte, das ich dann bevorzugt in billige Klamotten investieren konnte.

Parallel dazu machte sich bei mir mit der Zeit eine gewisse Ignoranz gegenüber sogenannten Umweltproblemen breit. Zwar war es für mich weiterhin kein Thema, dass ich meinen eigenen Abfall nicht einfach in die Gegend warf, doch der Rest interessierte mich nicht wirklich. Die »Umwelt« war plötzlich erstaunlich weit weg. Ich jedenfalls fühlte mich nicht speziell dafür zuständig oder verantwortlich.

Heute bin ich davon überzeugt, dass allein die Formulierung »Umweltprobleme« dazu beiträgt, die Natur nicht mehr als eigene Lebensgrundlage zu erleben, und es deshalb leichtfällt, sich davon zu distanzieren. Der neutrale Begriff verleitet dazu, sich etwas vorzumachen, die Probleme der Umwelt von den eigenen – auch den gesundheitlichen – abzukoppeln und einen Zusammenhang zu bestreiten. Insofern würde ich es vorziehen und weitaus logischer finden, von »Lebensraumproblemen« zu sprechen. Damals jedoch, in meinen frühen Erwachsenenjahren, waren ökologische Konzepte für mich genauso nebensächlich wie irgendwelche konkreten Umweltaktivitäten.

Gesundes Essen, schadstoffarme Luft, sauberes Wasser, das alles bekam erst wieder einen entscheidenden Stellenwert, als ich unser erstes Kind erwartete. Noch bevor Samuel auf die Welt kam, begann ich mich recht intensiv mit der Ernährung von Babys und Kleinkindern sowie mit der Windelfrage zu befassen.

Pampers und Co. oder lieber die gute altmodische Stoffwindel? Wobei der Wunsch, Müll zu vermeiden, zwar den auslösenden Faktor darstellte, als ich mich gegen die bequeme Lösung entschied, doch daneben gab es gesundheitliche Bedenken, denn die schier unendliche Saugfähigkeit der Wegwerfwindeln war mir nicht geheuer. Und so verbrachten letztlich alle drei Kinder – wenngleich mit wechselnder Begeisterung seitens der wickelnden Eltern – die Anfänge ihres Lebens überwiegend in Stoffwindeln.

Obwohl wir das als kleine Erfolgsstory in Sachen Müllvermeidung verbuchten, begnügten wir uns im Übrigen damit, den Müll so gut wie möglich zu trennen und entsprechend zu entsorgen. Solange wir in Graz lebten, war das nicht einmal mit Umständen verbunden, weil direkt vor unserem Haus Papier-, Metall- und Glascontainer standen. Plastikverpackungen sowie PET-Flaschen sammelten wir zusätzlich brav im sogenannten gelben Sack, und die Tetrapacks landeten in der Ökobox. Was nach der Abholung damit geschah, entzog sich einerseits unserer Kenntnis und interessierte uns andererseits auch nicht weiter. Und da die »Jute-statt-Plastik«-Bewegung damals gerade kein Thema war, schien mit der gewissenhaften Mülltrennung aus meiner Sicht sowohl das Nötige als auch das Richtige und vor allem das einzig Mögliche getan.

Recycling. Dieses Schlagwort reichte über Jahre vollkommen aus, um mir und vermutlich dem Großteil der Verbraucher bezüglich des Umgangs mit Müll ein wirklich gutes Gewissen zu bescheren. Von der anfallenden Gesamtmenge fehlte jede Vorstellung. Wie denn auch? Schließlich wurde der Abfall zu Hause abgeholt: aus den Augen, aus dem Sinn. Und überhaupt: Wer denkt schon gerne über Müll, seine Entstehung und Entsorgung, geschweige denn über seine Vermeidung nach? Das tut man erst, wenn es für einen selbst zum Problem oder zumindest augenfällig wird.

Dann zogen wir aufs Land. Und hier gingen und gehen die Uhren anders als in der Großstadt. Das beginnt schon mit den Restmülltonnen, die lediglich einmal im Monat geleert werden, für uns damals ein Novum. Zum Glück gibt es für Altpapier in unmittelbarer Nähe einen Container, aber alle anderen »Müllsortimente« müssen wir seither selbst zum Wirtschaftshof der Gemeinde bringen. Als wir plötzlich sahen, wie sich neben der Tonne immer mehr Plastikmüllsäcke auftürmten, fanden wir das wenig attraktiv. Eine Zeit lang erschöpfte sich die Diskussion über das leidige Problem allerdings darin, zusätzliche Fahrten zum Wirtschaftshof zu organisieren, was in Anbetracht der recht begrenzten Öffnungszeiten mitunter nicht ganz einfach war. So feilschten mein Mann und ich regelmäßig, wer diesmal an der Reihe sei. Obwohl sich nicht übersehen ließ, dass allein in unserem Haushalt riesige Mengen an Plastikmüll anfielen, kamen wir vorerst gar nicht auf die Idee, den Missstand bei der Wurzel anzupacken. Wir müssen wirklich anderweitig sehr beschäftigt gewesen sein, und ich befürchte, Peter und ich würden heute noch diskutieren, wenn ...

Aber der Reihe nach.

Ein paar Umwege und Zwischenetappen waren nötig, bis es zu einer entscheidenden Wende in Sachen Müllvermeidung kam. Zunächst einmal beschäftigte ich mich vorwiegend mit unserer

Ernährung. Nachdem ich Erwin Wagenhofers Film *We Feed the World*, eine kritische Bilanz der zunehmenden Industrialisierung der Nahrungsmittelproduktion, gesehen hatte, begann ich immer größeren Wert auf Auswahl und Herkunft von Lebensmitteln zu legen. Inzwischen halten wir uns weitestgehend an Bioprodukte, essen wenig Fleisch – Marlene ist ohnehin seit ihrem achten Lebensjahr Vegetarierin – und geben acht, dass Lebensmittel möglichst aus Österreich kommen. Wenn sie doch einmal, wie etwa Bananen, aus fernen Ländern stammen, versuchen wir zumindest, Bio- und Fair-Trade-Erzeugnisse zu kaufen.

Animiert durch einige Freundinnen gingen wir außerdem verstärkt dazu über, es im Krankheitsfall primär mit sanften Methoden und unserem Homöopathen zu versuchen, was eigentlich fast immer zum Erfolg führte – so hat seit mehr als zehn Jahren keines unserer Kinder ein Antibiotikum gebraucht. Darüber hinaus kamen in dieser Zeit vermehrt biologisch abbaubare Putz- und Waschmittel zum Einsatz, das Auto blieb häufiger zugunsten von Bahn oder Fahrrad stehen, Flugreisen machten wir auch damals schon nicht, und so war ich mir bis zum Herbst 2009 eigentlich ziemlich sicher, dass ich über das nötige Wissen und alle Voraussetzungen für eine möglichst umwelt- und gesundheitsbewusste Lebensführung verfügte. Bei der Umsetzung in die alltägliche Praxis mochte es zwar Optimierungsbedarf und Schwachstellen geben, aber darüber sahen wir relativ entspannt hinweg.

Erneut war es ein Film, der mich zum Umdenken zwang. Einer, der meine bequeme Zufriedenheit infrage und unser Leben auf den Kopf stellte.

Ein Film und seine Folgen

Am Abend des 17. September 2009 bin ich mit meiner Freundin Nicole in einem Grazer Kino verabredet, in dem Werner Bootes Dokumentarfilm *Plastic Planet* Premiere haben soll.

Etwas verspätet und gehetzt komme ich an. Genervt von der frustrierend langen Parkplatzsuche und meiner eigenen Fehlentscheidung, mit dem Auto in die Stadt zu fahren, steht mir der Sinn eigentlich mehr nach einem gemütlichen Glas Rotwein als nach einem vermutlich anstrengenden Dokumentarfilm mit einem merkwürdigen Titel. Wir haben uns nämlich nicht darum gerissen, an diesem Abend ins Kino zu gehen, sondern die Premierenkarten geschenkt bekommen. Einem geschenkten Gaul schaut man nicht ins Maul, denke ich seufzend. Muss der Wein halt warten.

Bevor es losgeht mit dem Film, werden – wie bei Premieren üblich – ein paar einleitende Worte gesprochen, die mit dem Hinweis enden, dass Werner Boote, der Regisseur, nach der Vorstellung für Fragen zur Verfügung stehen wird. Was mich lediglich dazu veranlasst, Nicole noch schnell zuzuflüstern: »Du, da machen wir uns aber gleich aus dem Staub, ich finde solche Diskussionen mühsam!«

Schließlich haben wir den Kinobesuch nur als Auftakt für einen netten, unbeschwerten Abend geplant. Und überhaupt: Planet aus Plastik, das klingt für mich eher nach Science-Fiction, nach einer Zukunftsvision, und damit wenig verlockend, denn SF mag ich nicht besonders. Erst recht kann ich mir nichts unter einer Dokumentation über einen Plastikplaneten vorstellen.

Als wir den Kinosaal rund eineinhalb Stunden später wieder verlassen, hat sich mein Horizont nicht nur entscheidend erweitert – ich bin sozusagen unmittelbar auf dem harten Boden des Plastikplaneten gelandet. Weichmacher in Bodenbelägen, Plastikstrudel im Pazifik, intersexuelle Fische in englischen Flüssen,

Opfer der Polivynilchloridproduktion in Venedig, Bisphenol A in Babyschnullern, Unfruchtbarkeit, ohnmächtige EU-Politiker und arrogante Vertreter der Plastikindustrie, all das und noch viel mehr schwirrt mir im Kopf herum.

Während Nicole und ich uns langsam nach draußen drängen, überkommt mich bereits das Gefühl, nicht mehr derselbe Mensch zu sein, als der ich dieses Kino betreten habe. Irgendein Schalter scheint in meinem Kopf umgelegt worden zu sein. Allerdings sind es nicht nur die bedrückenden Bilder von mit Plastikmüll bedeckten Stränden, aus dem Meer gefilterten winzigen Plastikteilchen, von Müllbergen an allen Ecken und Enden der Welt und auch nicht einige für mich teilweise neue Informationen über gesundheitlich äußerst bedenkliche Ingredienzien, die in vielen Kunststoffen enthalten sind.

Nein, während des Films habe ich begonnen, über mich selbst nachzudenken und mich über meine bisherige Naivität im Umgang mit Plastik zu ärgern. Meldungen, dass irgendein Kinderspielzeug, meist aus China, wegen überhöhter Schadstoffbelastung vom Markt genommen werden musste, sind mehr oder weniger zu einem Ohr rein-, zum anderen rausgegangen – länger beschäftigt haben sie mich nie. Und wenn ich doch einmal Verwunderung verspürte, dann nur aus dem einzigen Grund, weil ich eigentlich ziemliches Vertrauen in diverse Verordnungen und Kontrollmechanismen der EU gesetzt habe.

Damit ist es nun schlagartig vorbei. Aus Vertrauen wird erst Ungläubigkeit, dann Empörung und Entsetzen. »Wahnsinn«, murmle ich immer wieder vor mich hin und lasse das eben Gesehene noch einmal Revue passieren.

Was ist das eigentlich Besondere an diesem Film, fragte ich mich. Warum geht er mir dermaßen unter die Haut?

Werner Boote, einem österreichischen Regisseur, der schon für die unterschiedlichsten Filmgenres gedreht hat, ist Erstaunliches gelungen. *Plastic Planet* ist meiner Meinung nach keine typische Dokumentation, da Boote nicht nur unterschiedliche Stilmittel vermischt, sondern sein Anliegen in eine sehr persönliche Geschichte packt, die sich wie ein roter Faden durch den Film zieht. Auf den Spuren seines Großvaters, in den Sechzigerjahren Geschäftsführer der deutschen Interplastikwerke und damit einer der Pioniere des Kunststoffzeitalters, versucht er den »Geheimnissen« der Plastikproduktion auf die Spur zu kommen, wobei er recht bald erkennen muss, dass das so einfach nicht ist. Denn jede Firma hat ihre eigenen »Rezepte« – und was in den einzelnen Produkten letztendlich wirklich enthalten ist, bleibt nicht nur den Konsumentinnen und Konsumenten, sondern auch den Kontrollorganen der EU meist verborgen.

Abgesehen davon, so Bootes Fazit, braucht man vermutlich ein abgeschlossenes Chemiestudium, um die Schädlichkeit einzelner Inhaltsstoffe überhaupt einigermaßen einschätzen zu können. Plastik ist mittlerweile überall – auch dort, wo es eigentlich niemand haben will. Woraus wiederum das Riesenproblem resultiert, dass die unreflektierte Verwendung derartiger Produkte nicht nur zu gigantischen, für jedermann sichtbaren Müllbergen führt, sondern auch verborgene Gefahren birgt. Unmittelbare oder solche mit Langzeitwirkung, wie es etwa gerade bei Müll auf dem Meeresboden der Fall ist.

Verschiedene Chemikalien, die bei der Plastikproduktion verwendet werden, lösen sich nämlich mit der Zeit aus dem Material und können den menschlichen Organismus auf unterschiedlichste Weise schädigen, doch lassen sich die Zusammenhänge zumeist nicht untersuchen, weil sich die Kunststoffindustrie eben gerne auf das Prinzip Geheimhaltung beruft.

All das führt Bootes Film vor Augen, nähert sich dem Thema unter verschiedenen Aspekten: Da findet sich der schöne Schein der Werbung ebenso wie die »wohltätige« Forschung, der seriöse wissenschaftliche Ansatz ebenso wie die skrupellose Vermarktung, da werden Gespräche geführt mit Industriellen, Wissenschaftlern und Medizinern, aber bei aller Betroffenheit und Ernsthaftigkeit kommt auch die Lust am Skurrilen und Komischen nicht zu kurz.

Und so schuf Boote mit diesem ungewöhnlichen Film nicht nur ein erschütterndes, aufrüttelndes Dokument des Plastikzeitalters, sondern schaffte es überdies, dem Film mit einer speziellen Mischung aus zeitweise fast unerträglicher Hartnäckigkeit, erfrischender Spontaneität und einer Prise »Wiener Schmäh« zugleich eine heiter-unterhaltsame, ja zeitweise sogar witzige Note zu verleihen.

Eine einsame Entscheidung

Als Nicole und ich aus dem Kino herauskommen, wartet dort Gerhard auf uns, der Lebensgefährte meiner Freundin Sonja. Er hat den Film ebenfalls gesehen, uns zufällig im Kino entdeckt, und wie uns steht ihm der Sinn jetzt nach einem Glas Rotwein. Um das Ganze zu »verdauen«, wie er sagt.

Also einigen wir uns rasch, gemeinsam auf die Suche nach einem passenden Lokal zu gehen. Bezüglich des »Verdauens« des soeben Gesehenen gibt es allerdings weniger Einigkeit. Jedenfalls hält Gerhard es offenbar für reichlich übertrieben, dass mich der Film dermaßen aufgewühlt hat.

»Na ja, so tragisch sehe ich das alles nun wieder nicht«, meint er und fügt fatalistisch hinzu: »Und außerdem, was willst schon machen? Plastik ist eben überall. Alles ist verpackt. Da kannst du höchstens gar nichts mehr einkaufen!«

Meine Betroffenheit ist in diesem Moment noch so frisch, dass ich beinahe verärgert reagiere und leicht gereizt zurückfauche: »Ja, gar keine schlechte Idee, wäre ohnehin besser, weniger zu kaufen …« Meine alte Neigung, für inakzeptable Zustände sofort eine Lösung zu suchen, macht sich in diesem Moment mal wieder bemerkbar, was meine Begleiter allerdings nicht ahnen können. Während Nicole und Gerhard aufzählen, ob und was und wo man ohne Plastikverpackung einkaufen kann, beginne ich innerlich auf Hochtouren zu laufen.

Nur noch halbherzig verfolge ich das Gespräch.

Nicole: »Okay, Gemüse, Brot und Gebäck, das geht ja, meistens zumindest. Im Supermarkt allerdings ist das meiste verpackt. Und wenn du Wurst und Käse offen kaufst, bekommst du es in Folie oder beschichtetes Papier eingewickelt. Alles andere ist sowieso aussichtslos. Zum Beispiel bei Toiletteartikeln, da kenn ich überhaupt nichts, was nicht in Plastik verpackt wäre.«

Gerhard: »Stimmt, ist hier auch sinnvoll. Wäre ja wohl ein bisschen gefährlich, wenn in den Duschen überall Glasflaschen mit Shampoo und Duschgel herumstehen würden.«

Nicole: »Bei den Putzmitteln ist es ja dasselbe. Da gibt es kaum eines, das nicht in einer Plastikflasche abgefüllt ist – bliebe höchstens als Alternative die gute alte Kernseife.«

Mich regt das alles nur noch mehr auf und es brodelt in mir. Es scheint, als würde das Resultat dieser Diskussion von vornherein feststehen: geht nicht! Mein Widerspruchsgeist erwacht. Ein Zustand, der dermaßen nach Veränderung schreit, kann doch nicht einfach so verbal in Stein gemeißelt werden.

Ich versuche mich an Überzeugungsarbeit: »Es kann eigentlich nicht sein, dass wir alle bei dem Wahnsinn weiterhin mitmachen. Bis vor hundert Jahren hat die Menschheit schließlich auch existiert, ohne überall Müll zu hinterlassen, der teilweise Jahrhunderte braucht, um zu verrotten, und dabei zu allem Überfluss Unmengen an Gift freisetzt.«

Zurückschauend glaube ich, dass sich in diesem Augenblick beim Rotwein im Lokal, aufgewühlt von dem Film und deprimiert von der scheinbaren Aussichtslosigkeit, etwas verändern zu können, in meinem Kopf erstmals die Umrisse jenes Experiments herauszukristallisieren begannen, das mein Leben grundlegend verändern sollte. Mit anderen Worten: Ich traf die ersten Vorbereitungen für eine Reise zu einem unbekannten Ziel – ohne zu ahnen, was mich unterwegs so alles erwarten würde.

»Außerdem hab ich keine Lust mehr, mich von dieser ganzen verantwortungslosen Industrie und ihrer Werbung für blöd verkaufen zu lassen. Da bekommt man ständig Bilder von glücklichen Menschen mit strahlend weißer Wäsche und hygienisch verpackten Fertiggerichten vorgesetzt, und schon kauft man schön brav den ganzen Blödsinn. Unentwegt werden irgendwelche neuen Bedürfnisse geweckt, damit die ihren Schrott loswerden. Was in den Produkten drin ist, interessiert dagegen niemanden mehr und die Inhaltsstoffe des Verpackungsmaterials erst recht nicht. Hauptsache billig und viel.«

Ich rede mich so richtig in Rage, werde dabei etwas theatralisch und zynisch und will vor allem Gerhard aus der Reserve locken: »Ist aber eigentlich egal, denn das Problem löst sich ohnehin über kurz oder lang. Geben wir unseren lieben Kleinen zur Beruhigung einfach weiterhin ihre Bisphenol-A-Schnuller, und sie oder die nächsten Generationen werden unfruchtbar. Mit der Konsequenz, dass automatisch die Müllberge schrumpfen. Nun gut, am Ende verschwindet vielleicht die ganze Menschheit, doch dann hat der Planet wenigstens endlich wieder seine Ruhe.«

Statt mir zuzustimmen, sucht Gerhard sein Heil im Gegenangriff, erklärt meine Sichtweise für einseitig und führt seinerseits CO_2 und Klimawandel als weitaus größere Probleme ins Feld. »Du mit deinem bösen Plastik ... alles halb so schlimm«, grummelt er. »Aber bitte, wenn das für dich ein Ansatz ist, die Welt von einem bisher unerkannten Übel zu befreien ...«

Langsam werde ich wirklich ungeduldig. Ich habe das Gefühl, meine Einwände, dass schließlich alles zusammenhänge, weil die Plastikherstellung ebenfalls CO_2-Emissionen verursache und Erdöl verbrauche, damit also unmittelbar zum Klimawandel beitrage, könnte ich mir eigentlich sparen. Ich probiere es trotzdem, rede mir meine Empörung von der Seele. Was immerhin dazu führt, dass Nicole vermittelnd eingreift und dem Gespräch wieder eine etwas konstruktivere Wendung zu geben versucht.

»Und wenn man damit beginnt, einfach ein wenig zu reduzieren? Bei manchen Dingen hat man schließlich die Wahl«, meint sie vorsichtig.

Gerhard ist nicht überzeugt: »Was bringt das schon? Okay, Mehl, Zucker und solche Dinge, die sowieso meist in Papier verpackt sind – darüber hinaus gibt's im normalen Supermarkt nicht viel. Soll jetzt vielleicht jeder in Bioläden gehen? Abgesehen davon, dass es nicht überall welche gibt, sind die viel zu teuer und damit für Otto Normalverbraucher keine Alternative, würde ich sagen.«

Diese resignativ-pessimistische Reaktion, die jeden Ansatz zu Veränderungen bereits im Vorfeld als nicht machbar abzuwürgen scheint, bringt bei mir das Fass zum Überlaufen. Ohne wirklich ernsthaft über die Konsequenzen nachzudenken, platze ich einfach mit meinem einsamen Entschluss heraus: »Also, wir probieren das mal. Ihr gebt mir sicher recht, dass wir in die Kategorie Otto Normalverbraucher fallen. Schließlich sind wir eine ganz durchschnittliche fünfköpfige Familie, verdienen durchschnittlich und haben durchschnittlich viel Zeit neben unserem Beruf. Und wir werden jetzt einfach mal einen Monat lang plastikfrei einkaufen. Einfach so, als Experiment sozusagen. Und dann sehen wir ja, ob uns das in den finanziellen Ruin treibt. Und vor allem, ob es nicht doch möglich ist, obwohl es nach allen bisherigen Prognosen schier unmöglich scheint.«

So, nun ist es raus! Ich fühle mich irgendwie erleichtert und gleichzeitig fest entschlossen, das durchzuziehen.

Beim Wein geht es noch eine Weile weiter. Während Gerhard nur leicht spöttisch meint: »Na, dann viel Spaß. Jetzt musst du nur noch Peter und die Kinder überzeugen«, findet Nicole mein Vorhaben spannend und beginnt gleich Überlegungen für mögliche Einkaufslisten mit mir zu wälzen.

Als wir gerade darüber spekulieren, welche Auswirkungen das Waschen mit Kernseife auf unser an duftende Shampoos gewöhntes Haar bedeuten könnte, taucht mein Mann auf, der direkt aus der Spätschicht in der Behinderteneinrichtung kommt. Normalerweise nimmt er, wenn er nicht mit dem Fahrrad fährt, morgens wie abends den Zug, aber an diesem Tag will er mit mir im Auto nach Hause.

Statt ihn zu begrüßen, überfalle ich ihn gleich mit meiner umwerfenden Neuigkeit. »Wir müssen unbedingt ein Experiment machen!« Peter, im Gegensatz zu mir ein eher ruhiger Zeitgenosse und impulsive Entscheidungen von mir gewöhnt, reagiert wie erwartet mit der ihm eigenen Gelassenheit. Geduldig hört er sich unsere – je nach Sichtweise – mehr oder weniger dramatischen Schilderungen an und stimmt schließlich meiner Idee zu, dem Problem mittels eines kleinen Experiments auf den Leib zu rücken. Ja, er hält das Vorhaben sogar für recht reizvoll. Jedenfalls ist nichts von dem Widerstand zu bemerken, mit dem er in anderen Fällen meinen euphorischen Bestrebungen, die Welt oder zumindest Teile davon zu retten, zu begegnen pflegt.

Allerdings zeigt sich zugleich eine andere typische Eigenschaft meines Mannes: sein ausgeprägter Realitätssinn. Da er mich vermutlich im Geiste am nächsten Tag bereits sämtliches Plastikinventar entsorgen sieht, ohne Alternativen parat zu haben, stellt er für den Beginn des Experiments ganz klare Vorbedingungen: »Für einen Monat, okay, probieren wir es mal. Aber wir müssen uns darauf vorbereiten. Von heute auf morgen geht so was nicht. Zunächst sollten wir recherchieren, wo es was zu kaufen gibt. Und erst wenn das klar ist, legen wir einen Termin für den Start des Experiments fest.«

Wunderbar, damit ist die Sache im Prinzip besiegelt.

Eine Bedingung schiebt Peter allerdings nach: »Wenn es mühsam wird oder unlustig, dann steig ich aus. Stress will ich damit nicht haben. Die Sache muss Spaß machen!«

Die Familienkonferenz

Nachdem Peter sein Einverständnis signalisiert hat, müssen wir nur noch unseren Nachwuchs überzeugen, doch erwarte ich von dieser Seite eigentlich keine allzu großen Schwierigkeiten. Meiner Einschätzung nach stehen die Chancen, dass sie sich für unser Experiment erwärmen, recht gut. Wie die meisten Kinder begegnen sie neuen Ideen überwiegend mit Neugier und Begeisterung.

Samuel, der Älteste, hat breit gefächerte Interessen, zu denen auch Tiere, Pflanzen und die Natur überhaupt gehören. Da er sehr belesen ist, verfügt er über ein für sein Alter überdurchschnittliches Allgemeinwissen, sodass man mit ihm schon sehr gut auf der intellektuellen Ebene verhandeln kann. Dass er aus diesem Grund bisweilen zur Besserwisserei neigt, steht auf einem anderen Blatt, spielt in diesem Fall jedoch keine Rolle.

Marlene, die Mittlere unserer Kinder, besitzt ähnlich wie ich einen Hang zu dramatischen Gefühlsausbrüchen, dazu eine ausgeprägte soziale Ader und einen starken Willen. Sie ist sehr mitfühlend, naturverbunden und liebt Tiere. Vielleicht hat sie deshalb von einem Tag auf den anderen beschlossen, Vegetarierin zu werden. Darüber hinaus zeichnet sie sich dadurch aus, dass sie sensibel auf jegliche Art von Ungerechtigkeit reagiert und über eine absolute Begabung verfügt, bei einem Menschen seinen wunden Punkt zu erkennen. Zum Glück ist sie taktvoll genug, das nicht allzu oft auszunutzen. Was indes unser Projekt betrifft, mache ich mir um Marlene keine Sorgen.

Leonard, unser Jüngster, ist da schon ein anderes Kaliber. Allein aufgrund seines Alters dominieren in seiner Spielkiste Plastiksachen. Außerdem ist er insbesondere an allen Arten von Ballspielen interessiert – und Bälle pflegen sich bekanntermaßen zumeist nicht durch Plastikfreiheit auszuzeichnen.

Na, schauen wir mal, denke ich mir.

Als Marlene am nächsten Morgen ihre 0,5-Liter-PET-Flasche für die Schule am Wasserhahn neu befüllen will, gehe ich rasch dazwischen. »Die Flasche nimmst du ab heute nicht mehr mit, ich gebe dir stattdessen die Aluflasche.« – »Wieso denn das?«

»Wir erklären euch das, sobald wir alle beim Frühstück sitzen.«

Mit dieser Ankündigung ist Marlenes Neugier geweckt, und sie treibt ihre Brüder zur Eile an. Als die endlich eingetrudelt sind, schaue ich in erwartungsvolle Gesichter.

»Papa und ich haben gestern beschlossen, ein Experiment zu machen«, sage ich beinahe feierlich und berichte erst einmal von dem Film, wie stark er mich beeindruckt hat, und dann von der daraus entstandenen Idee.

Wie erhofft sind alle drei gleich Feuer und Flamme, zumal die beiden Großen durchaus nachvollziehen können, warum es eine gute Sache sein könnte, auf Plastik zu verzichten.

Marlene trennt sich überdies leichten Herzens von ihrer PET-Flasche. »Schmeckt eh nicht so gut, wenn man Wasser aus einem Plastikbehälter trinkt«, meint sie, und ihr großer Bruder nickt zur Bestätigung. »Stimmt, schmeckt irgendwie künstlich.« Bisher hat sich keiner von ihnen darüber beschwert, aber künftig würde ich auch von anderen Leuten zu hören bekommen, dass Plastik den Geschmack verdirbt.

Der Einstieg jedenfalls ist gelungen, und bei anderen Punkten ist es ebenfalls relativ einfach, die Kinder mit ins Boot zu holen. Als ich beispielsweise von den riesigen Müllbergen erzähle, die

Werner Boote an den Stränden einer japanischen Insel mit einer Gruppe freiwilliger Helfer zusammengetragen hat, fühlt sich Samuel sofort an unseren Kroatienurlaub erinnert, der erst drei Wochen zurückliegt. »Wie in unsrer Bucht.«

Obwohl das Land erst kürzlich ein Pfandsystem für Plastikflaschen eingeführt hat, entdeckten wir täglich aufs Neue Plastikmüll in der wunderschönen, um diese Zeit schon ziemlich verlassenen Bucht. Und das trotz unserer regelmäßigen Sammelaktionen, die meine Kinder ebenso eifrig betrieben, wie ich es vor vielen Jahren auf den Spielplätzen meiner Kindheit getan hatte.

Anfangs wunderten wir uns nur, wussten im ersten Moment keine Antwort – bis mir nach und nach dämmerte, was es mit den unansehnlichen, allmorgendlichen Ansammlungen auf sich haben musste. Es handelte sich nämlich nicht in erster Linie um die Hinterlassenschaften einzelner Besucher, sondern um Müll, der regelmäßig an den Strand gespült wurde.

»Warum ist es nicht verboten, dass Müll von den Schiffen direkt ins Meer geworfen wird?«

Ich muss passen, denn ich weiß nicht einmal genau, ob es erlaubt ist oder einfach so gehandhabt wird. Wer sollte das auf dem offenen Meer auch kontrollieren? »Offenbar fühlt sich niemand zuständig«, antworte ich ein wenig ratlos.

Jetzt kommen meine Kinder zu einem Kernpunkt des Experiments. Der Frage nämlich, was es überhaupt nützt, wenn wir kein Plastik mehr einkaufen, die anderen hingegen sich nicht drum scheren und sogar den Müll ins Meer kippen.

Ein heikler Punkt. Nun muss sich nämlich entscheiden, ob ich meinen Kindern die Sache auf eine Weise zu erklären vermag, dass sie wirklich verstehen, warum mir dieses Experiment so wichtig ist.

»Wisst ihr, es reicht einfach nicht, wenn jeder für sich seinen Plastikmüll trennt und in den gelben Sack steckt. Auf der ganzen Welt werden schließlich jeden Tag Unmengen von Plastikfolien,

Plastikflaschen und Plastiksackerln verwendet und weggeworfen. Und in vielen Ländern und vor allem auf dem Meer gibt es überhaupt keine Mülltrennung und Müllsammlung und kein Recycling wie bei uns. Und denjenigen, die Plastik herstellen, liegt nur daran, dass sie möglichst viel davon verkaufen und daran verdienen. Die kümmert nicht, was später mit dem Müll passiert. Und außerdem schauen sie nicht wirklich darauf, dass keine schädlichen Stoffe im Plastik enthalten sind, oder zumindest können sie es nicht sicher sagen. Wenn wir also hier bei uns ständig Sachen kaufen, die in Plastik verpackt sind, unterstützen wir das und tragen dazu bei, dass immer mehr Plastik hergestellt wird, und somit sind wir dann eben auch mit dafür verantwortlich, wenn die Strände in Kroatien und anderswo voller Müll sind. So sehe ich das jedenfalls. Versteht ihr, was ich meine?«

Schweigen. Leonard ist der Erste, der die Sprache wiederfindet und stolz seine Beobachtungen mitteilt, dass bei uns sehr wohl ebenfalls Müll im Wald und auf der Straße herumliegt, wobei ihm insbesondere die McDonald's-Becher ins Auge zu fallen scheinen. Er ist jedenfalls ganz aufgeregt. Samuel und Marlene beginnen nun ebenfalls damit, allerlei Müllsünden aufzuzählen, doch anders als dem kleinen Bruder ist ihnen die größere Dimension des Problems offenbar klar.

Nach einer Weile unterbricht Peter die schier unendlichen Geschichten. »Und genau deshalb wollen wir jetzt einmal eine Zeit lang versuchen, das, was wir brauchen, ohne Plastikverpackung zu kaufen.«

»Und wann fangen wir damit an?«, fragt Samuel, worauf seine Geschwister mit einhelligem »Heute, jetzt, sofort!« antworten.

Ich erkläre ihnen, wie mit Peter am Abend zuvor besprochen, dass es nicht ohne gründliche Planung gehen kann. »Oder wollt ihr womöglich einen Monat lang nur Brot und Wasser vorgesetzt bekommen«, scherze ich. Um ihre rührende Begeisterung jedoch nicht allzu sehr zu dämpfen, versprechen wir, am Nachmittag gemeinsam mit ihnen eine Liste zu machen, was wir für unser Experiment brauchen, was wir neu anschaffen und was wir aussortieren müssen. Und am morgigen Samstagvormittag, wollen wir dann unseren ersten »plastikfreien« Einkauf starten.

Für unsere Kinder ein absolutes Highlight, für uns hingegen die erste große Herausforderung.

Lust und Frust beim Planen

Bei aller Begeisterung, den unser Nachwuchs an den Tag gelegt hat, scheint es meinem Mann und mir doch besser, ein paar Dinge im Vorfeld abzuklären, und so setzen wir uns ein paar Stunden später bei einer Tasse Kaffee zusammen, um über die Einkaufsliste nachzudenken. Prompt eröffnen sich einige Problemfelder, die wir bis dahin noch gar nicht im Blick hatten.

Zum Beispiel in Bezug auf Kaffee, dem speziell ich, über den Tag verteilt, reichlich zuspreche. Wobei die Zubereitung – wir besitzen eine italienische Espressomaschine – relativ plastikfrei und damit unproblematisch ist. Nach den gestrigen Erkenntnissen, dass sich aus Kunststoffen vor allem in Verbindung mit heißen Flüssigkeiten besonders viele Schadstoffe lösen, will ich auf die Verwendung von Filtermaschinen oder Plastikfiltern in Zukunft ohnehin gänzlich verzichten. Aber der Teufel steckt in der Verpackung, und selbst Bio- und Fair-Trade-Kaffee pflegt in plastikgefütterten Folien verkauft zu werden. Gibt es diese Art von Kaffee auch »offen« zu kaufen? Müsste es doch eigentlich, denke ich voller Zuversicht.

Peter seinerseits ist an Kaffee nicht ganz so interessiert und käme zur Not auch ohne aus. Zudem wähnt er sich in Bezug auf sein Lieblingsgetränk in Sicherheit, da Bier ohnehin hauptsächlich in Glaspfandflaschen erhältlich ist, sowohl ökologisch gesehen als auch hinsichtlich Haltbarkeit und Qualität eine der besten Verpackungsvarianten für Flüssigkeiten überhaupt.

Aber Hochmut kommt vor dem Fall, und Peter hat eine winzige, wiewohl entscheidende Kleinigkeit übersehen: Bei genauer Inspektion der Kronenkorken stelle ich nämlich zu seinem Entsetzen fest, dass sie an der Innenseite unleugbar eine Kunststoffbeschichtung enthalten. Als ich sein Gesicht sehe, muss ich unwillkürlich an seine Bedingung von wegen Stress und Spaß denken und lenke ein, um nicht wegen dieser im Verhältnis wenig relevanten Plastikschicht am Ende das ganze Experiment zu gefährden. »Na ja, vielleicht gibt es ja auch Sorten mit anderen Korken. Oder sogar Flaschen mit Keramikverschluss.«

Peters Gesicht bleibt düster. »Wenn du mich fragst, war das früher mal so. Und selbst wenn, dann haben diese Flaschen einen Dichtungsring, und der dürfte ebenfalls aus Kunststoff sein.«

»Ist das nicht Gummi?«, frage ich hoffnungsvoll. »Kautschuk und damit ein Naturprodukt?«

O Gott, bevor wir überhaupt angefangen haben mit unserem Experiment, türmen sich bereits die Probleme, diskutieren wir schon Spitzfindigkeiten. Das kann ja heiter werden!

Und eines bemerken wir ebenfalls an diesem Nachmittag: Dass es gar nicht so einfach sein dürfte, zuverlässige Auskünfte zu erhalten. Nicht nur wo man was kaufen kann, sondern auch was in welchem Material steckt. Was würden wir wohl zu hören bekommen, wenn wir einer Verkäuferin in einem beliebigen Supermarkt folgende Frage stellen: »Entschuldigen Sie bitte, aus welchem Material ist denn der Dichtungsring dieser Bierflasche? Wissen Sie zufällig, ob da irgendwelche bedenklichen Stoffe enthalten sind?«

Seufzend beschließen wir, das Thema Bierflaschen vorerst zu vertagen.

Doch das nächste Problem lässt nicht lange auf sich warten. Es geht um die Schraubverschlüsse diverser Gläser.

Obwohl sie eigentlich und überwiegend aus Metall bestehen, entdecken wir bei genauerem Hinsehen, dass alle Deckel zumindest dort, wo sie am Glas anliegen, eine Dichtung besitzen, die eindeutig aus Kunststoff besteht.

Jetzt ist es an mir, die Krise zu kriegen. Müssen wir wirklich einen Monat lang auf alle Lebensmittel verzichten, die in Gläsern verpackt sind? Gerade die waren ja eine meiner großen Hoffnungen für die alternative Gestaltung unserer Lebensmittelversorgung. Honig, Marmelade, diverses eingelegtes Gemüse, passierte Tomaten, Ketchup … Wenn das nun ebenfalls wegfallen sollte, wären wir in der Auswahl unserer Lebensmittel schon massiv eingeschränkt. Nicht mal selbst eingekochtes Apfelmus oder Kompott könnten wir verwenden. Und ob das dann der Devise »Es muss Spass machen!« noch standhalten könnte, wage ich zu bezweifeln.

Es scheint zum Verrücktwerden. Weil wir für den Moment mangels besserer Informationen nicht weiterkommen, vertagen wir auch dieses Problem, um uns anderen Bereichen zu widmen. Und gelangen zumindest in puncto Lebensmittel zu der beruhigenden Erkenntnis, dass wir während des plastikfreien Monats nicht Hunger leiden müssen. Brot, Gebäck, Käse, Wurst, Gemüse, Obst, Eier, Mehl, Zucker und vieles andere würden wir problemlos ohne Plastikverpackung kaufen können. Die Milch wollen wir, da Tetrapacks innen mit Plastik beschichtet sind, bei einer Bäuerin in der Nachbarschaft holen, was wir zwischendrin ohnehin schon öfter gemacht haben. Nur die Plastikmilchkanne gilt es zu ersetzen.

Schwieriger dürfte die Beschaffung plastikfreier Haushalts- und Kosmetikartikel werden. Bei Klopapier und Taschentüchern hoffen wir auf Produkte der Marke »Danke«, da diese zumindest lange Zeit über in Papier verpackt erhältlich waren. Für Geschirrspülmittel und Shampoo hingegen fällt uns auf Anhieb keine einzige plastikfreie Alternative ein. Und bei Zahnbürsten, die ja Plastik pur sind, erst recht nicht – da ist die Verpackungsfrage noch das geringste Problem.

Allerdings setze ich – im Nachhinein gesehen etwas blauäugig – große Hoffnungen in Bioläden und Reformhäuser, wo wir bislang nur sehr selten eingekauft haben und die ich mir demzufolge in meiner Fantasie als wahre Paradiese für experimentierfreudige Plastikverweigerer vorstelle. Insofern sehe ich dem morgigen Einkauf trotz der ersten Rückschläge recht optimistisch entgegen.

Doch schon einen Tag später würde ich um einige Illusionen ärmer sein.

Kein Paradies für Plastikverweigerer

Am nächsten Morgen geht es früh los zu unserem ersten plastikfreien Einkauf. Da außerdem neue Fahrräder für Samuel und Marlene anstehen, fahren wir mit dem Auto nach Graz.

Was wiederum dazu führt, dass wir während der Fahrt wie so häufig über das Thema Autofahren diskutieren, und zwar diesmal im Zusammenhang mit dem geplanten Experiment. Mein Mann ist wie gesagt im Gegensatz zu mir ein begeisterter und vor allem sehr konsequenter Radfahrer, der den Weg zu seiner Arbeitsstelle in Graz meist und bei nahezu jeder Witterung mit dem Fahrrad zurücklegt. Ansonsten nimmt er den Zug. Ich hingegen muss mich ständig motivieren und mir das Radfahren einschließlich Steigungen als nützliches Fitnessprogramm verkaufen, um dem Ganzen etwas Positives abgewinnen zu können.

Peter jedenfalls ist es an diesem Morgen sehr wichtig zu betonen, dass er für unser Experiment keine unnützen Autofahrten akzeptieren will, auch nicht zum Zweck der Plastikvermeidung. »Das darf nicht dazu führen, dass wir mit dem Auto herumfahren, um irgendwo bestimmte Sachen ohne Plastik einzukaufen! Das wäre total kontraproduktiv. Wir müssen uns bemühen, alles weiterhin mit dem Fahrrad oder mit öffentlichen Verkehrsmitteln zu erledigen.«

Keine Frage, da sind wir uns einig. Schließlich wäre es ziemlich absurd, auf der einen Seite Erdöl einsparen zu wollen und auf der anderen Treibstoff in die Luft zu blasen. Doch das sagt sich so leicht, und im hintersten Winkel meines Kopfes regen sich bereits erste Zweifel, ob wir es wirklich schaffen werden, den zusätzlichen Zeitaufwand, den der plastikfreie Einkauf möglicherweise mit sich bringt, in unseren Alltag zu integrieren.

Immerhin ist dessen Organisation selbst bisher nicht ganz einfach gewesen: Wir haben beide Teilzeitjobs und tragen die gemeinsame Verantwortung für Haushalt und Kinder, was uns mitunter vor beträchtliche Herausforderungen stellt, und nicht immer klappt alles mit den Absprachen, zumal keiner von uns mit großer Begeisterung einkaufen geht. Und die Vorstellung, dass diese ungeliebte Tätigkeit künftig noch mehr Zeit beanspruchen könnte, behagt mir nicht besonders.

Was soll's: Wer A sagt, muss auch B sagen. Für uns bedeutet das als Erstes, beherzt die plastikfreie Einkaufsliste in Angriff zu nehmen und zu schauen, wie weit wir kommen. Folgendes haben wir am Tag zuvor für den ersten Einkauf notiert:

- Klopapier und Taschentücher ohne Plastikverpackung
- Holz- oder Naturkautschukzahnbürsten mit Naturborsten
- Geschirrspülmittel (nachfüllbar)
- Tabs für den Geschirrspüler (ohne Plastikfolie)
- Shampoo in Glasflaschen oder Metalltuben
- Seifen in fester Form
- drei Metallboxen für die Jausenbrote
- eine Milchkanne aus Emaille oder Metall und ohne Plastikdeckel

Noch diskutierend erreichen wir unser erstes Ziel, und bald werden wir mit unseren plastikfreien Wünschen auf dem Prüfstand stehen. Die »Kornwaage« ist ein bekannter Bioladen in Graz, bei dem ich gelegentlich ein paar Kleinigkeiten besorgt habe, der mir für einen Familieneinkauf jedoch bislang zu teuer war. Jetzt allerdings erscheint er mir als optimaler Ausgangspunkt, um unsere Liste abzuarbeiten.

Obwohl ich das Sortiment der »Kornwaage« nicht wirklich kenne, bin ich absolut zuversichtlich, hier alle oder fast alle Verbrauchsgüter zu finden, die auf unserem Einkaufswunschzettel stehen.

Während ich mich also im Laden schlaumache, wird Peter mit der Straßenbahn weiter in die Innenstadt fahren und sich dort auf die Suche nach Milchkanne und Jausenboxen begeben. Mit ihm alle drei Kinder, die diesen Teil des Einkaufsprogramms attraktiver finden als die Suche nach Taschentüchern und Geschirrspülmittel ohne Plastikverpackung.

Für mich ist das in Ordnung, denn auf diese Weise kann ich meinen Teil wenigstens in Ruhe erledigen.

Ich habe schon mehrfach erwähnt, dass ich ein unverwüstlich optimistischer und impulsiver Mensch bin. Und obwohl ich damit in der Regel ganz gut durchs Leben komme, trägt mir diese Mentalität bisweilen den Verdacht der Naivität ein. Aus meiner Sicht zumeist grundlos, doch diesmal hätten etwaige Kritiker recht behalten. Bereits nach etwa fünf Minuten im Bioladen merke ich nämlich, dass die Sache nicht ganz so einfach sein wird, wie ich mir das im Überschwang der Gefühle ausgemalt habe.

Hier gibt es weder Klopapier noch Taschentücher oder Küchenrollen ohne Plastikverpackung, und auf meine Frage nach der speziellen Sorte Recyclingtoilettenpapier, die früher papierverpackt angeboten wurde, teilt mir die Verkäuferin mit, die Firma sei bereits seit einigen Jahren auf Plastik umgestiegen.

Eine Alternative fällt ihr nicht ein. Dafür sucht sie nach einer Erklärung für den Verpackungswechsel. »Wahrscheinlich wegen der Feuchtigkeit«, meint sie und fügt auf meinen verständnislosen Blick hinzu: »Na ja, beim Transport kann es leicht passieren, dass die Sachen nass werden. Wenn es regnet zum Beispiel.«

»Aha.« Ich bin tief beeindruckt. Wie einfach sich manche Dinge lösen lassen. Nur meine Einkaufswünsche offenbar nicht.

Ich verzichte darauf, die Verkäuferin über die Gründe meiner Suche aufzuklären, frage mich allerdings, ob die heutigen Standards in der Transportlogistik tatsächlich Plastikverpackungen zwingend notwendig voraussetzen. Werden die Waren nicht mit hoffentlich wasserdichten Lkws direkt zu den Geschäften gebracht? Und haben diese nicht normalerweise überdachte Ladezonen, sodass eigentlich die Gefahr des Nasswerdens relativ gering sein sollte?

Egal, kümmern wir uns lieber um die Zahnbürsten. Im Angebot sind hier lediglich Plastikzahnbürsten mit Naturborsten und austauschbaren Bürstenköpfen. Und wieder weiß niemand in diesem renommierten Bioladen, wo es so was wie Holzzahnbürsten gibt. Fast hätte ich gelacht, dass ich hier auf ein plastikfreies Ökowunderland gehofft habe.

Etwas erfreulicher ist die Lage bei den Reinigungsmitteln. Zumindest Handspülmittel gibt es in großen Kanistern, die allerdings aus Plastik sind. Man müsste also einen eigenen Behälter mitbringen und sich die benötigte Menge abfüllen lassen. Immerhin ein Lichtblick. Außerdem sind die Mittel, die hier verkauft werden, von ihren Inhaltsstoffen her weitaus umwelt- und gesundheitsverträglicher als herkömmliche Produkte. Zudem ist die Auswahl erheblich größer als in normalen Drogeriemärkten, die meist nur ein kleines und nicht sehr überzeugendes Ökosortiment führen.

Bescheiden geworden freue ich mich über diesen ersten kleinen Erfolg. Allerdings kann ich den Kauf nicht direkt tätigen, weil ich nicht daran gedacht habe, für alle Fälle eine Glasflasche mitzubringen, doch immerhin kenne ich die Bezugsquelle.

Meine vorsichtige Hochstimmung ist schnell wieder dahin, denn ein weiterer Rückschlag lässt nicht auf sich warten. Für die Geschirrspülmaschine wird zwar flüssiger Klarspüler, ebenfalls zum Abfüllen, angeboten, aber die wichtigeren Tabs oder Reinigungspulver sind plastikfrei nicht zu haben. In ausnahmslos allen Kartons versteckt sich innen Plastik, und die Tabs sind sowieso einzeln verpackt. Muss das sein? Schließlich kommt Waschpulver im Karton sehr wohl ohne zusätzliche Plastikhülle aus.

Ich kann es nicht lassen und frage nach.

Angeblich gibt es eine Verordnung, erfahre ich, dass Mittel für die Reinigung von Gegenständen, die mit Lebensmitteln in Berührung kommen, aus hygienischen Gründen in Plastik verpackt werden müssen. Nun bin ich wirklich verblüfft. Soll unser Versuch, gesundheitliche Beeinträchtigungen durch Inhaltsstoffe von Plastikartikeln zu reduzieren, etwa daran scheitern, dass gesetzliche Hygienevorschriften Kunststoffverpackungen vorschreiben? Ist Plastik ein hygienisches Material? Und darf es sein, dass ein aus Hygienegründen verwendetes Material unserer Gesundheit am Ende mehr schadet als nützt?

Das würde doch die Grundidee der Hygiene ad absurdum führen.

Noch ganz verwirrt durch solch widersinnige Vorschriften wende ich mich den vielen verschiedenen Seifenstücken zu, die sich gleich neben der Putzmittelabteilung befinden. Ich brauche einen Erfolg – jetzt sofort, und deshalb muss zumindest für das Thema Körperpflege eine befriedigende Lösung her.

Auch das ist leichter gesagt als getan. Dass sämtliche handelsüblichen Marken in mehr oder weniger hübschen Plastikflaschen präsentiert werden, das war mir klar. Aber ich bin schließlich nicht in einem normalen Drogeriemarkt, sondern in einem Geschäft, das Öko, Bio und Umwelt auf seine Fahnen schreibt. Da sollte man eigentlich sinnvolle Alternativen erwarten dürfen, doch es gibt weder Shampoo noch Duschgel oder Flüssigseife in Glasflaschen oder wenigstens in Kanistern zum Nachfüllen. Da werde ich am Ende tatsächlich noch auf die gute alte Allzweckkernseife zurückgreifen, über die wir bislang nur Witze gerissen haben, denke ich mit einem Anflug von Galgenhumor. Zumindest macht sich bei der niemand die Mühe, sie hübsch zu verpacken. Müssen wir uns womöglich in Zukunft komplett damit waschen, einschließlich der Haare? So langsam wird mir klar, worauf wir uns einzulassen im Begriff sind ...

Immerhin finde ich ein Deospray der Firma Weleda in einer Glasflasche mit Pumpzerstäuber – Letzterer allerdings aus Plastik. Nun gut, immerhin gibt es große Nachfüllflaschen, sodass man das Plastikteil nur einmal kaufen muss. Während ich das denke, geht mir auf, dass ich bereits anfange, Kompromisse in Betracht zu ziehen.

Es sollte nicht der Letzte sein, denn natürlich hat nicht nur die Nachfüllflasche für das Deo einen Plastikschraubverschluss, sondern ebenso Zahnpasta und Shampoo, die ebenfalls von Weleda in Metalltuben angeboten werden. Allerdings wäre damit zumindest die Haarwäsche mit Kernseife vom Tisch. Ein zweifellos reizvoller Gedanke.

Trotzdem habe ich, bis auf das Geschirrspülmittel, auf meiner Einkaufsliste bislang nichts wirklich abhaken können. Entweder gibt es überhaupt nichts Passendes oder nur mit Einschränkungen, falls man sich zu Kompromissen entschließt. Mein Optimismus hat einen gewaltigen Dämpfer erhalten, und gespannt warte ich auf die Rückmeldungen meiner Familie.

Ich schaue mich derweilen weiter im Laden um und stelle fest, dass immerhin die Lebensmittelabteilung Anlass zu Hoffnung gibt. Unverpacktes Müsli, verschiedene Getreidesorten, Flocken, Linsen, Polenta, Reis und Topfen (Quark) – alles kann man in mitgebrachten Behältern individuell abfüllen lassen. Außerdem gibt es Papiersackerl (Tüten) in drei Größen für diverse Getreideprodukte sowie für Obst und Gemüse. In der Kühlvitrine entdecke ich erfreulicherweise Sauerrahm, Schlagobers (Sahne) und diverse Joghurts in Pfandgläsern, einige davon sogar mit Metallschraubverschlüssen, andere hingegen mit Plastikdeckel.

Das Klingeln meines Handys reißt mich aus der Betrachtung dieser unerwarteten Schätze.

Es ist Peter, und er klingt alles andere als entspannt.

»Wir waren schon in drei Geschäften, aber Milchkannen gibt's überall nur mit Plastikdeckel. Angeblich damit sie dicht sind. Und die einzigen Jausenboxen, die ich entdeckt habe, sind aus Alu mit Plastikdichtung. Ganz zu schweigen davon, dass ich sie zu groß und zu teuer finde. 20 Euro pro Stück.«

Mein Mann ist sichtlich frustriert, und als im Hintergrund auch noch Marlene und Leonard zu kreischen beginnen, reicht es ihm. »Ich mag nicht mehr.«

War's das bei Peter? Hat er den Spaß bereits im Vorfeld verloren? Mir wird bewusst, dass es ein schwerer taktischer Fehler war, Peter mit allen drei Kindern zum Einkaufen zu schicken. Er gehört zu jenen Leuten, die beim Anblick größerer Menschenmengen, speziell in Einkaufszentren, leicht alle möglichen Stresssymptome entwickeln, die gleichermaßen Unbehagen wie Unwillen signalisieren. Das konnte eigentlich nur in einem Fiasko enden.

Um zu verhindern, dass unser Experiment stirbt, bevor es überhaupt richtig begonnen hat, erkläre ich die Einkaufstour kurzerhand für beendet. »Weißt du was«, sage ich sanft und ohne jeden Vorwurf, »wir machen Schluss für heute, schauen nur noch kurz in das Fahrradgeschäft und besprechen später zu Hause, wie es weitergehen soll. Okay?«

Als wir uns zehn Minuten später treffen, um gemeinsam nach Hause zu fahren, hat sich die Lage entspannt und Peters Laune gebessert. Wir einigen uns darauf, dass wir zwar nicht sonderlich weitergekommen sind mit unserem Einstieg in ein plastikfreies Leben, aber zumindest fühlen wir uns um ein paar Erfahrungen und um die Erkenntnis reicher, dass sich fast überall Plastik versteckt, wo wir es gar nicht vermutet hätten.

Zum Glück stammen die Zutaten für unser Mittagessen noch aus dem Plastikzeitalter und fallen nicht unter die neuen strengen Einkaufsregeln, sodass wir nach dieser missglückten Einkaufstour wenigstens nicht hungern müssen.

Nudelmiseren und andere Schwierigkeiten

Zum ersten Mal sind wir also von einer Familieneinkaufsfahrt mit leeren Händen zurückgekommen. Dafür haben wir viele neue Einsichten gewonnen und viele Dinge registriert, die früher unserer Aufmerksamkeit entgangen sind. Wir ziehen eine erste Bilanz:

- Nicht alles, was auf den ersten Blick kunststofffrei erscheint, ist es auch wirklich.
- Selbst wenn außen herum nur Papier oder Karton sichtbar ist, gibt es innen oft noch eine Plastikhülle.
- Bei manchen Produkten wie zum Beispiel Zucker haben wir erstaunlicherweise nur die konventionelle Variante in Papierverpackung gefunden, Biozucker hingegen wird in unserem Laden ausschließlich in Plastik angeboten.
- Bei vielen Produkten in Glas- oder Metallbehältern finden sich Verschlüsse aus Kunststoff oder zumindest Dichtungen aus Plastik.

Auf unsere Einkaufsliste bezogen heißt das: weitersuchen!

Beim Mittagessen stolpern wir gleich über ein neues Problem. Es gibt Spaghetti mit Käsesoße. Samuel unterbricht die genüssliche Stille und verdirbt uns beinahe den Appetit.

»Sind Spaghetti nicht auch in Plastik verpackt?«

Mir stockt der Atem. Das wäre nun wirklich eine Katastrophe, denn Nudeln gehören schließlich zu den wichtigsten Lebensmitteln in unserem Haushalt. Aber Samuel hat recht. Trotz intensiven Nachdenkens fällt keinem von uns nur eine einzige Sorte ein, die nicht zumindest mit einem Plastiksichtfenster im Karton versehen ist. Eine Marketingstrategie, die mich schon früher geärgert hat, weil sie das Mülltrennen unnötig kompliziert. Jetzt droht sie zur Schicksalsfrage für unsere Essgewohnheiten zu werden.

»Ich werde gleich Montag noch mal einkaufen gehen und genau schauen, ob es nicht doch Packungen ohne Sichtfenster gibt. Mir kommt vor, zumindest die Spaghetti von Barilla haben keines«, verspreche ich meinen Kindern.

Trotz der neu entdeckten Nudelmisere versuche ich gute Stimmung zu verbreiten. »Habe ich nicht recht gehabt? Verhungern müssen wir bestimmt nicht«, rufe ich betont munter in die Runde, ohne allerdings begeisterte Zustimmung zu ernten. Von keiner Seite. Dass sich unsere Essensauswahl durch den Plastikverzicht vermutlich stark verkleinern wird, erwähne ich lieber gar nicht, sage nur abschließend und wie zum Trost: »Na ja, ist ja nur für einen Monat, und der geht schnell vorbei.«

Peter hat sich inzwischen zwar ein wenig vom Einkaufsstress des Vormittags erholt, ärgert sich aber nach wie vor darüber, dass die schönen altmodischen Milchkannen aus Emaille heutzutage anscheinend nur mehr mit Plastikdeckel produziert werden.

Auch ich weiß noch gut, dass ich als Kind die Milch eine Weile vom Bauern geholt habe – in einer ganz simplen Blechmilchkanne ohne irgendeine Dichtung. Und soweit ich mich erinnere, gab es damit keine Probleme. Na ja, vielleicht einmal, als die Kanne im Auto umkippte.

Wieder einmal stellt sich mir jedenfalls die Frage, warum heutzutage scheinbar nichts mehr ohne Plastikzusatz geht. Wenngleich wir das nicht nachvollziehen können und wollen, hilft uns alle Grübelei über das Warum jedoch nicht bei der Lösung unseres Problems.

Während wir ein wenig ratlos dasitzen, bringt Peter plötzlich das Internet ins Spiel.

»Wir könnten ja mal ein bisschen googeln, nicht nur wegen Milchkannen, meine ich. Aber vielleicht finden wir da ja sogar ein Modell mit Metalldeckel. Wenn nicht neu, dann möglicherweise gebraucht.«

»Super Idee«, sage ich, »da können wir gleich nach Jausenboxen suchen. Und eigentlich nach allem, was man so braucht.«

In Zukunft sollte uns das Internet noch viele gute Dienste leisten, und zwar nicht nur wegen alternativer Produkte und möglicher Bezugsquellen, sondern auch um uns über Inhaltsstoffe und deren Unbedenklichkeit beziehungsweise Gefährlichkeit zu informieren.

Zunächst allerdings steht etwas anderes im Vordergrund: nämlich die Spielregeln für unser Experiment festzulegen und uns darüber klar zu werden, was erlaubt ist und was nicht, wie lange wir das durchziehen und welche Zugeständnisse wir machen wollen. Wir werden uns in relativ kurzer Zeit einig und halten zunächst einmal folgende Punkte fest:

– Wir kaufen einen Monat lang plastikfrei ein und verwenden, soweit praktikabel, in dieser Zeit möglichst keinerlei Gebrauchsplastik in Küche, Bad und Keller. Dazu gehören Tupperware, Wäschekörbe und Putzeimer sowie diverse Haushaltsgeräte, die zumindest teilweise aus Kunststoff bestehen und entbehrlich sind wie etwa der Wasserkocher.

- In dieser Zeit darf logischerweise kein Plastikmüll anfallen.
- Wir brauchen unsere Plastikvorräte vorher weitgehend auf, vor allem verpackte Lebensmittel, Kosmetikartikel, Wasch- und Putzmittel. Falls das nicht möglich ist, räumen wir die Sachen für die Dauer des Experiments weg.
- Wir unternehmen keine zusätzlichen Fahrten mit dem Auto, und überhaupt sollten möglichst nicht mehr Einkaufsgänge als bisher anfallen, auch nicht solche, die wir zu Fuß oder mit dem Rad erledigen können.
- Das Beschaffen der Ersatzprodukte sollte unser übliches Monatsbudget nicht wesentlich übersteigen. Deshalb wollen wir auch, wenn irgend möglich, nach gebrauchten Dingen Ausschau halten – wie etwa Metalljausenboxen, Milchkannen, Gläsern zur Aufbewahrung von Lebensmitteln, einem Teekessel für den Herd und sonstigen Ersatzgegenständen für unser Plastikinventar.
- Falls das Experiment zu Stress, schlechter Laune oder sonstigen Widrigkeiten führt, kann es jederzeit von Peter oder mir abgebrochen werden.

Zumindest die Grundregeln sind damit erst einmal festgelegt, obwohl uns das Schwierigste natürlich noch bevorsteht. Während Peter sich unverzüglich an seine Internetrecherchen macht, breche ich mit den Kindern zu einem versprochenen Besuch bei meiner Freundin Sabine auf, die mit ihrem Mann Johannes und den beiden Töchtern Lea und Paula, fünf beziehungsweise zwei Jahre alt, ein Stück entfernt wohnt, wunderschön an einem Teich gelegen.

Mit Sabine verbindet mich seit einigen Jahren neben anderen Dingen auch das Bemühen, den Lebensalltag mit Kindern so umwelt- und gesundheitsverträglich wie möglich zu gestalten, und deshalb erhoffe ich mir von ihr ein paar hilfreiche Tipps und Ideen zur Lösung meines aktuellen Problems.

Wie nicht anders erwartet zeigt Sabine sich aufgeschlossen und wie immer sehr handfest und auf pragmatisches Vorgehen bedacht. So etwa bei dem leidigen Problem von Plastikverschlüssen und -dichtungen an Flaschen und Gläsern. Aufwand, Nutzen und Praktikabilität müssten ganz einfach in einem vernünftigen Verhältnis zueinander stehen, meint sie. Es mache doch keinen Sinn, aus reiner Prinzipientreue zusätzlich alle Lebensmittel in Gläsern und Flaschen wegzulassen nur wegen der paar blöden kleinen Plastikteile. Das führe letztendlich bloß zu ziemlichen Entbehrungen und ausgesprochen mieser Laune. Unabhängig von Peter Vorgabe bin auch ich mir ziemlich sicher, dass alles, was einem die Stimmung verdirbt, auf Dauer nicht wirklich gut funktionieren kann.

Ich bin dankbar für Sabines Vorschlag, zumal wir insgeheim selbst bereits an diesen Ausweg gedacht haben. Meine Freundin bringt es jetzt auf den Punkt: Um das angestrebte Ziel zu erreichen, den Plastikmüll einen Monat lang auf ein Minimum zu reduzieren, sei es sinnvoller, bei den Verschlüssen einen Kompromiss einzugehen, als durch zu große Genauigkeit alles zu gefährden. Obwohl ich ihr zustimme und mich irgendwie durch diese moralische Unterstützung erleichtert fühle, macht es mich zugleich ein wenig traurig, schon in dieser frühen Phase des Experiments Abstriche zu machen. Darüber würde ich mit Peter noch einmal reden müssen. Allerdings sind unsere Gedanken bei der ersten Diskussion über die Bierflaschen ja ebenfalls in diese Richtung gegangen.

Dann sprechen wir über ein besonderes »Bedürfnis«, und zwar das Toilettenpapier. Ein Problem, das mir im Moment im wahrsten Sinne des Wortes am dringlichsten zu sein scheint und bei dem die Kinder die tollsten Ideen liefern. Besonders Leonard hat einen sehr originellen, wenngleich äußerst gewöhnungsbedürftigen Vorschlag parat: »Wir könnten ja die Blätter nehmen, die von den Bäumen gefallen sind.«

Sabine, die als Kindergärtnerin mit erlebnispädagogischem Schwerpunkt die Idee sehr amüsant findet, lacht und meint, da könnten wir es gleich mit der indischen Methode versuchen. Und erklärt auf meinen erstaunten Blick hin: »Na ja, in Indien wird teilweise die linke Hand anstelle von Klopapier verwendet. Hast du das noch nie gehört?«

Nein, habe ich nicht. Außerdem trägt der Vorschlag bestenfalls zur Erheiterung bei, nicht jedoch zur Lösung meines Problems. Und so wenden wir uns nach einer kurzen Lachpause wieder ernsthafteren Überlegungen und Alternativen zu.

Wie wäre es denn mit Zeitungspapier, wie es auch hierzulande zumindest in Zeiten der Plumpsklos üblich war? Allseitiges Naserümpfen, denn abgesehen von der färbenden Druckerschwärze scheinen moderne WCs etwas zu verstopfungsanfällig für eine solche Variante. Da klingt Samuels Vorschlag schon besser. Er meint, wir sollten von unseren recht zahlreichen Besuchern je eine Rolle Klopapier quasi als Eintritt verlangen. Ich fürchte mich dadurch dem Verdacht des Geizes auszusetzen und überdies liebe Freunde zu vergraulen, und lehne bedauernd ab. Mit Marlenes Idee würde man zwar diese Probleme vermeiden, sich aber selbst größten Unbequemlichkeiten aussetzen. »Wir könnten ja einfach nur mehr auswärts aufs Klo gehen«, meint sie grinsend.

Je lustiger unsere Sammlung an Klopapieralternativen wird, desto ferner rückt eine praktikable Lösung des Problems. Dazu gehört ebenfalls eine Idee, die Sabine und mir fast gleichzeitig kommt, sich am Ende jedoch weder als zündend noch als durchführbar erweist. Da wir beide unsere Kinder hauptsächlich mit Stoffwindeln gewickelt haben, fällt uns plötzlich ein, man könnte vielleicht den Windelkübel umfunktionieren, mit Wasser gefüllt neben die Toilette stellen, ein paar Waschlappen danebenlegen und diese alle paar Tage waschen. Nein, lieber nicht. Es ist halt ein Unterschied, ob man es mit einem einzigen Baby zu tun hat oder mit fünf mehr oder weniger großen Menschen, die für jeden Toilettengang mindestens einen Waschlappen brauchen würden. Die Reaktionen unserer Gäste auf diese experimentelle Lösung möchte ich mir gar nicht erst vorstellen. Auch Sabines letzter Vorschlag, Papiertaschentücher statt Klopapier zu verwenden, bringt keinen Durchbruch, weil ich diese bislang ebenfalls nicht ohne Plastikzugabe entdeckt habe.

Es ist zum Verzweifeln. Immerhin verspricht meine Freundin mir, die Augen für mich offen zu halten. Und sie vermittelt mir eine alte Blechmilchkanne, die seit Jahren unbenutzt bei ihrer Mutter herumsteht. Wenigstens ist damit der plastikfreie Milcheinkauf gesichert. Endlich also ein kleiner Erfolg!

Den Rest des Nachmittags verbringen wir damit, uns über den Film zu unterhalten, obwohl Sabine ihn selbst noch nicht gesehen hat. Aber sie weiß einiges darüber und interessiert sich nicht zuletzt für die gesundheitlichen Aspekte. Sie ist, ebenso wie ich einige Tage zuvor, sehr erstaunt darüber, dass es in einem Land wie Österreich tatsächlich keine Garantie für unschädliche Kunststoffprodukte und Verpackungen gibt. Ich erzähle ihr, was Margot Wallström, von 1999 bis 2010 Vizepräsidentin der Europäischen Kommission und dort einige Jahre lang für Umweltfragen zuständig, in *Plastic Planet* zu diesem Thema sagt. Ihren Aussagen zufolge war es in zehn Jahren lediglich möglich, elf Substanzen auf ihre Gefährlichkeit zu testen, obwohl es circa 10 000 gibt, die bei der Herstellung von Plastik und Kunststoff zur Anwendung kommen.

Die Industrie hat sozusagen den Spieß umgedreht. Anstatt nur Stoffe einzusetzen, deren Unschädlichkeit für Mensch und

Natur sicher belegt ist, bedient sie sich hemmungslos bei Materialien, die noch nicht getestet wurden. Das Argument dafür ist so einfach wie fatal:»Niemand kann beweisen, dass eine Gefährdung durch diese Stoffe besteht, also dürfen wir sie produzieren und verwenden.« Was mich als Konsumentin so wütend macht, ist die Tatsache, dass ich bislang gar keine Möglichkeit hatte, diesen eigentlich sehr simplen Sachverhalt zu durchschauen. Ich habe mich wie die meisten Menschen in der trügerischen Sicherheit gewiegt, dass alles, was verkauft wird, generell zuvor hinreichend getestet und geprüft wurde. Zumindest europaweit im Rahmen der EU. Wie trügerisch diese Illusion war, hat mir erst Werner Bootes Film vor Augen geführt.

Sabine teilt meine Empörung. Auch sie dachte immer, giftige Stoffe in Schnullern und Nuckelfläschchen seien bei uns in Europa undenkbar. So was käme höchstens in China vor, von wo bisweilen einschlägige Meldungen zu uns herüberdringen. »Es ist ja wirklich verrückt«, meint sie. »Da kaufen wir Jahr und Tag biologische Lebensmittel, damit wir möglichst wenig Pestizide und sonstige Schadstoffe mitessen, und dann steckt das Gift in der Verpackung.« Meine Freundin hat immer schon viel Wert auf gesunde Ernährung gelegt.

Ich kann ihr nur recht geben. »So zynisch es klingt, aber das Problem besteht darin, dass die giftige Dosis zu gering ist. Nur wenn man sie unmittelbar spürt, wenn sofort viele krank werden oder Symptome zeigen, reagieren die Leute. Langfristige Folgen interessieren die meisten nicht und bewegen sowieso keinen zum Umdenken.«

Obwohl Sabine von ihrem Naturell gelassener und weniger kämpferisch veranlagt ist als ich, ermuntert sie mich, mein Experiment nicht vorschnell hinzuschmeißen, weil die Anlaufschwierigkeiten beträchtlich sind. »Vielleicht solltest du alles auflisten, damit du am Ende noch weißt, wo man welche plastikfreien Produkte einkaufen kann. Wäre doch ganz praktisch für eventuelle Nachahmer.«

Sabines Worte bringen mich auf einen Gedanken. »Ich glaube, ich werde auf jeden Fall Tagebuch über unser Experiment führen. Wer weiß, möglicherweise kann später wirklich jemand etwas mit unseren Erfahrungen anfangen.«

Sabine lacht und hat gleich einen passenden Titel zur Hand: *Spannende Anleitung für ein plastikfreies Einkaufsabenteuer.*

Nun, der Vorschlag sollte nicht bis zum Erscheinen dieses Buches überleben, aber eine Idee wurde an jenem Nachmittag immerhin geboren.

Zwei E-Mails und eine folgenreiche Idee

Der Gedanke nahm zunehmend Gestalt an. Ich schlug Peter vor, wir könnten das Tagebuch ja demjenigen zur Verfügung stellen, auf den unser Experiment zurückgeht: Werner Boote, den Regisseur von *Plastic Planet*. Zumindest im Film hatte er sehr locker gewirkt, sodass ich mir durchaus vorzustellen vermochte, dass er Interesse an unserem Selbstversuch zeigen könnte. Und vielleicht würde er eine Idee haben, ob und wie sich unsere Erfahrungen einem größeren Kreis zugänglich machen lassen. Peter, der eine kreative Ader besitzt, ergänzte meinen Vorschlag dahingehend, dass man die Berichte durch Fotos oder Filmaufnahmen illustrieren könnte, um sowohl negative als auch positive Produktbeispiele bildlich festzuhalten, und erklärte sich bereit, Einkaufsszenen zu filmen – ein wenig im Sinne von »*Plastic Planet*, der praktische Teil«.

Ich setzte mich also an den Computer und schrieb an Werner Boote, dessen Adresse problemlos im Internet zu finden war.

Sehr geehrter Herr Boote!

*Mein Name ist Sandra Krautwaschl, ich bin Physio-
therapeutin, Mutter von drei Kindern und lebe mit meiner
Familie in der Nähe von Graz.*

*Am 17. 9. 09 habe ich »Plastic Planet« bei der Steiermark-
premiere gesehen, und gleich unmittelbar danach kam mir die
Idee zu einem »plastikfreien Experiment«.*

*Meinen Mann und meine Kinder konnte ich mittlerweile
ebenfalls von dem Vorhaben überzeugen. Die Idee dazu ist,
dass wir zumindest einen Monat lang plastikfrei einkaufen
und so weit wie möglich plastikfrei leben wollen.*

*Es wird also einige Vorarbeiten und Recherchen und sicher
auch einige Kompromisse erfordern, dieses Experiment
durchzuführen.*

*Voraussichtlich wollen wir den November zum plastikfreien
Monat erklären.*

In diesem Zusammenhang habe ich zwei Fragen an Sie:

*1. Ich möchte den Verlauf des Experiments gerne dokumentieren
(Einkaufstagebuch, Fotos, Filmaufnahmen usw.) und am
Schluss ein Resümee schreiben. Wären Sie interessiert daran,
dass ich Ihnen die Ergebnisse zukommen lasse?*

*2. Bei vielen Produkten ist es nicht ganz eindeutig, welche
Materialien verwendet werden. Wären Sie bereit, mir
gegebenenfalls diesbezüglich ein paar Fragen zu beantworten
bzw. die nötigen Kontaktadressen weiterzuleiten?*

*Über eine Antwort würde ich mich sehr freuen, in jedem Fall
aber möchte ich mich dafür bedanken, dass Sie diesen Film
gemacht haben.*

Mit freundlichen Grüßen
Sandra Krautwaschl

Natürlich wartete ich gespannt darauf, ob er auf mein Schreiben reagieren würde. Da Werner Boote ein sehr beschäftigter

Mann ist, rechnete ich nicht wirklich damit. Zumindest nicht sehr schnell.

Zwei Stunden später war die Antwort da. Ich konnte es nicht fassen und stieß einen kleinen Jubelschrei aus, noch bevor ich die Mail las.

Liebe Frau Krautwaschl!
Das ist eine wunderbare Sache! Natürlich helfe ich Ihnen gerne dabei und freue mich auf Ihre Berichte bei diesem Experiment. Ich schicke dieses Mail CC an den Produzenten des Films, Thomas Bogner, und würde mich freuen, wenn viele von Ihrem Projekt lernen könnten.
Ich bin sicher, dass wir Möglichkeiten finden, Ihr wunderbares und lehrreiches Experiment anzukündigen und zu begleiten!
Lieben Gruß und bis bald
Werner Boote

Ich war begeistert. Diese schnelle Reaktion und dazu mit einem derartig positiven Inhalt übertraf alle meine Erwartungen. Das wirkte auf mich nach den Frustrationen der letzten Tage wie ein warmer Regen und machte mir Mut.

Peter allerdings reagierte mit der ihm eigenen Gelassenheit, um mich vor allzu überzogenen Erwartungen zu bewahren. »Schauen wir halt mal, was draus wird. Wer weiß, ob das alles so ernst gemeint ist.«

Wir diskutierten ein Weilchen über das Pro und Contra, und obwohl ich meinem vorsichtigeren Mann recht geben musste, vermochte ich meine Euphorie nur schwer zu bändigen. Und sah mich noch am gleichen Tag bestätigt durch eine weitere Mail.

Diesmal kam sie von Thomas Bogner, dem Produzenten von *Plastic Planet*. Er halte die Idee für sehr interessant und wolle sich mit seinem Team beraten, wie man dieses Experiment möglichst gut begleiten und zumindest via Internet einer breiteren

Öffentlichkeit zugänglich machen könne, schrieb er und deutete konkrete Überlegungen an, eine bekannte österreichweit vertriebene Tageszeitung mit einzubinden. Außerdem würde er uns gerne persönlich kennenlernen. Am Schluss lud er uns zu einem Treffen nach Wien ein, damit wir dort gemeinsam mit Werner Boote den weiteren Ablauf besprechen könnten.

Nun war ich endgültig aus dem Häuschen. »Breitere Öffentlichkeit«, das klang einfach fantastisch für mich, denn auf diese Weise konnte mehr aus dem Experiment werden als eine kleine Familienangelegenheit. Und das wurde es ja tatsächlich, im Rückblick betrachtet. Damals allerdings war es nur eine Vision, die durch die rasche Reaktion von Werner Boote beflügelt wurde. Die Vorstellung, dass möglicherweise mehr Menschen davon erfuhren und darüber nachdachten, dass sich dadurch vielleicht etwas bewegen ließ, löste zudem ein für mich ziemlich typisches Denkmuster aus – einen Rest meines alten Kinderglaubens, die Welt besser machen zu können, zumindest ein kleines bisschen.

»Weltrettungsstimmung« ist mein persönlicher Ausdruck dafür. Aber aus anderen Situationen wusste ich, dass mein Mann diesen Überschwang nicht gerade teilt, und so bemühte ich mich schon aus taktischen Gründen um eine für meine Verhältnisse sehr sachliche Form der Nachrichtenübermittlung, als ich Peter über die neueste Entwicklung in Kenntnis setzte.

Ich lag richtig mit meiner Vorsicht, denn vor allem für die Sache mit der Zeitung konnte er sich zunächst gar nicht erwärmen, weil er deren Seriosität anzweifelte. Zum Glück stimmte er einem Treffen in Wien jedoch trotzdem zu. Das war vorerst die Hauptsache. Danach würden wir weitersehen.

Ein ganz neues Einkaufsfeeling

Beflügelt von der in Aussicht gestellten Zusammenarbeit mit Werner Boote, die mich ungeheuer motivierte, trieb ich die Recherchen für unser Experiment voran. Gleichzeitig begann ich in unserem Freundes- und Bekanntenkreis Diskussionen über das Thema Plastik zu führen, um unser Experiment zumindest bei den Leuten, die uns wichtig sind, einigermaßen nachvollziehbar und sympathisch zu machen – und erhielt ganz nebenbei ein paar nützliche und alltagstaugliche Hinweise für ein plastikfreieres Leben.

Beispielsweise durch meine Freundin Nicole, mit der ich in der Filmpremiere gewesen war. Sie hat daraufhin die Jausenboxen aus Tupperware für ihre drei Kinder gegen Keksdosen aus Weißblech ausgetauscht, was allerdings nicht ganz optimal ist, weil diese Dosen meist recht groß, nicht fest verschließbar und zudem relativ leicht verformbar sind. Nach wie vor schwebten mir Edelmetallboxen vor, doch da wir in dieser Hinsicht zunächst nicht fündig wurden, folgte ich mangels einer besseren Alternative Nicoles Beispiel und stattete meine drei ebenfalls mit solchen Dosen aus.

Von Gerhard erhielten wir als Leihgabe eine Alubox, die ich seitdem auch mit zum Einkaufen nehme, um mir darin Wurst oder Käse einpacken zu lassen. Jedenfalls stellte sie gegenüber Schüsseln und Gläsern eine deutliche Verbesserung dar und wurde vom Verkaufspersonal überdies seltener mit schiefen Blicken oder verwundertem Kopfschütteln bedacht.

Wenngleich ich nicht zu den Menschen gehöre, die sich durch solche Reaktionen aus dem Konzept bringen lassen, genoss ich besonders anfangs die größere Akzeptanz. Einfach weil »Legen Sie mir den Käse bitte gleich in die Dose« viel professioneller klingt als etwa »Stellen Sie mir die zerteilten Käsehälften bitte aufrecht in das Marmeladenglas«. Und es musste sich niemand mehr über Forderungen wie diese wundern: »Schneiden Sie bitte den Leberkäse zweimal der Länge nach durch, damit er in mein Glas hineinpasst«, wie bei meinem ersten plastikfreien Einkaufsversuch im Biosupermarkt geschehen.

Insgesamt stellte sich langsam eine gewisse Routine bei unseren Einkäufen ein. Brot und Gebäck waren sowieso kein Problem, es sei denn, man wollte fertig abgepackten Produkten im Supermarktregal den Vorzug geben, was wir jedoch ohnehin kaum zu tun pflegen. Auch unsere Nudelmisere ließ sich zum Glück lösen, und zwar gleich mehrfach.

Ein Bauer aus unserer Gegend verkauft in der Bauernecke unseres Lagerhauses, einem großen Markt für Landwirtschafts-, Haushalts- und Gartenbedarf, selbst erzeugte Vollkornnudeln, die er normalerweise allerdings in Plastik verpackt, doch erklärte er sich trotz anfänglicher Skepsis zu gesonderten 2-Kilogramm-Papierverpackungen bereit. Dort entdeckten wir auch Joghurts, die nicht nur ökologisch einwandfrei verpackt angeboten werden, nämlich im Pfandglas, sondern überdies ausgezeichnet schmecken. Außerdem wurde in dieser Verkaufsstelle der umliegenden Bauern, fast als wollte jemand unser Experiment unterstützen, erst vor kurzer Zeit ein Milchautomat installiert, der rund um die Uhr und sogar am Wochenende in Betrieb ist, während auf den Höfen die Milch normalerweise nur am frühen Abend geholt werden kann.

Etwa gleichzeitig mit den Nudeln des Bauern bekamen wir von Nicole den Hinweis, dass es in einem Spar-Supermarkt tatsächlich Nudeln in reiner Kartonverpackung ohne Plastiksichtfenster gibt. Als ich mich dort kurz darauf mit einer größeren Menge eindecken wollte, erlebte ich, nachdem ich mich fast drei Wochen lang hauptsächlich in Bioläden, Reformhäusern, auf Märkten oder bei Bauern herumgetrieben hatte, einen regelrechten Plastikschock. Bereits nach relativ kurzer Abstinenz fühlte ich mich erschlagen von der ungeheuren Fülle des plastikverpackten Angebots.

Seitdem befallen mich beim Betreten eines normalen Supermarkts immer zwiespältige Empfindungen, denn hier springt einem der ganze Plastikunsinn sehr deutlich ins Auge. Das beginnt schon in der Obst- und Gemüseabteilung. Gerade die Produkte, die ich früher recht gerne kaufte, weil sie aus biologischer Landwirtschaft kommen, sind fast alle in Plastik verpackt. Will man zusätzlich darauf achten, dass sie aus der Region oder zumindest aus Österreich stammen und einigermaßen zur Saison passen, dann wird es schon schwierig. Manchmal bleibt nichts als ein Krautkopf und ein paar Biokartoffeln im Papiersack, wobei ich das möglicherweise aus Kunstfaser bestehende Sichtgitter zu ignorieren pflege.

Nicht besser sieht es im Supermarkt mit Milch, Käse und Milchprodukten aus. Alle von uns bisher bevorzugten Käsesorten sind entweder in eine Plastikschicht gehüllt oder stecken in einer Kombination aus Papier, Karton und Plastik. Lediglich eine bestimmte Sorte Blauschimmelkäse scheint »nur« in Alufolie verpackt zu sein, wobei das allerdings näher zu untersuchen wäre. Milch gibt es in Tetrapacks, die ebenfalls aus einem Verbundmaterial aus Papier, Alu und Kunststoff bestehen. Nicht anders verhält es sich bei Buttermilch, Sauermilch, Sauerrahm oder Schlagobers, die alternativ in Plastikbechern angeboten werden. Früher konnte man diverse Milchprodukte in Gläsern, sogar in Pfandflaschen kaufen, aber irgendwann sind sie verschwunden. Warum, weiß ich nicht. Als ich einmal eine Verkäuferin nach den Gründen fragte, bekam ich zur Antwort: »Das wollten die Leute nicht mehr. Zu schwer und zu umständlich. Und außerdem ist das Waschen so aufwendig, und man braucht scharfe Mittel dafür – das ist für die Umwelt schlecht.«

Eine Aussage, die nachdenklich stimmt. Ich kann mich nicht mehr daran erinnern, ob ich tatsächlich überwiegend Flaschenmilch gekauft habe, als es sie noch gab, oder ob ich mir wie andere das Schleppen der schweren Glasflaschen ersparen wollte. Bleibt noch das Argument mit den schädlichen Reinigungsmitteln vor einer Wiederverwendung. Jedenfalls geht mir seitdem im Kopf herum, dass ich mich bei Gelegenheit etwas genauer mit den diversen Ökobilanzen der unterschiedlichen Verpackungsarten auseinandersetzen sollte, um bei unserem Experiment am Ende nicht einem großen Selbstbetrug aufzusitzen. Zumindest fühlte ich mich durch die Antwort der Verkäuferin so weit verunsichert, dass ich sie nicht von vornherein als Ausrede abtun wollte.

Rudi und der Schütteltest

Ein Problem treibt mich nach wie vor um, und zwar im wahrsten Sinne des Wortes. Da ich die Hoffnung noch nicht ganz aufgegeben habe, ein plastikfreies Mittel für den Geschirrspüler zu finden, inspiziere ich in jedem Supermarkt, an dem ich vorbeikomme, die Putz- und Waschmittelabteilung, die sozusagen das Herzstück des Plastikparadieses darstellt.

Plastikflaschen, Plastikdosen und Tuben in allen Farbschattierungen und Größenordnungen reihen sich hier aneinander. Ich habe jedes Mal das Gefühl, *Plastic Planet* live zu erleben. Die Mittel für den Geschirrspüler, ob Tabs oder Pulver, sind zwar generell im Karton verpackt, doch hat mich die Erfahrung seit unserem ersten plastikfreien Einkaufsversuch gelehrt, dass darunter zusätzlich immer etwas anderes steckt.

Bisher konnte ich keine Alternative entdecken, und so stehe ich mal wieder vor einem gut bestückten Sortiment mit Geschirrspülmitteln, nehme eine Packung nach der anderen in die Hand und versuche durch Schütteln und Klopfen herauszufinden, ob sich im Innern des Kartons eine Plastikhülle befindet. Ich kann ja schließlich die Verpackungen nicht alle aufreißen, um nachzuschauen, auch wenn ich das am liebsten täte. Plötzlich fühle ich mich beobachtet. Und bevor ich mich umdrehen kann, höre ich bereits ein bekanntes Lachen hinter mir.

»Machst du da eine neuartige Musik, oder willst du rausfinden, wo am meisten drin ist?« Mein Nachbar Rudi amüsiert sich prächtig über meine Schüttelversuche.

»Ich versuche tatsächlich etwas herauszufinden, da hast schon recht. Aber ich will eher wissen, wo weniger drin ist, nämlich kein Plastikbeutel im Innern. Das ist gar nicht so einfach. Man hört das teilweise ganz schlecht«, antworte ich, ohne meine Tätigkeit zu unterbrechen.

Rudi ist sichtlich verwundert. »Wozu das denn?«

»Na ja, wir wollen einen Monat lang plastikfrei einkaufen, und da bin ich eben auf der Suche nach einem Mittel für den Geschirrspüler, das ohne Plastikverpackung auskommt.«

Diese Erklärung scheint Rudis Verständnis für meine Aktivität kaum zu verbessern, wie ich an seinem fast ungläubigen Gesichtsausdruck erkenne, und so sehe ich mich gezwungen, etwas weiter auszuholen.

Unterdessen habe ich eine Packung mit Geschirrspültabs gefunden, bei der mich die Schüttelprobe vermuten lässt, es könnte kein Plastik im Spiel sein. Nun wird es wirklich spannend. Obwohl ich eigentlich ein korrekter Mensch bin, verleitet mich die Hoffnung, der Lösung eines unserer Problemfälle endlich nahe zu sein, zu einer unkonventionellen Vorgehensweise. Ohne meinen Bericht über unser Experiment zu unterbrechen, drücke ich ganz vorsichtig mit dem Zeigefinger einen kleinen Spalt zwischen Lasche und Karton, um in das Innere zu spähen, was meinen Nachbarn veranlasst, sich verstohlen umzuschauen, ob jemand mein Treiben beobachtet. Er scheint sich in meiner Gesellschaft nicht mehr ganz wohlzufühlen und unterbricht meinen Redefluss mit den Worten: »Meinst nicht, dass du ein bisschen übertreibst?«

Plötzlich macht es ratsch, und ich stecke mit dem Zeigefinger bis zum Ansatz in dem Karton mit den Tabs. Leider ohne das gewünschte Resultat. Jedes einzelne Teil ist auch in dieser Packung in Plastik eingeschweißt. Bloß weil hier die Folie ziemlich fest an den Tabs anliegt, fehlte bei der Schüttelprobe vermutlich der typische Rascheleffekt.

»Wieder nichts«, seufze ich frustriert.

Mein Nachbar, dem die ganze Aktion nun vollends peinlich zu sein scheint, nimmt mir die Packung aus der Hand. »Gib her, ich nehm die. Wir brauchen eh welche«, sagt er und wendet sich in eine andere Richtung, weg von den Reinigungsmitteln und mir. Mich lädt er noch auf einen Kaffee ein, was ich gerne annehme, weil der Rudi an und für sich ein netter, kontaktfreudiger Zeitgenosse ist. Obwohl ich ihn in diesem Fall ein wenig im Verdacht habe, seine Einladung würde in erster Linie dazu dienen, mir und sich selbst weitere Peinlichkeiten zu ersparen. Egal. Schließlich kann es nie schaden, einmal die Meinung eines Außenstehenden zu unserem Experiment zu hören.

Als wir auf dem Weg zu den Kassen durch die Abteilung Süßigkeiten und Knabbereien kommen, fällt mir ein anderes Problem ein, das ich Rudi gleich brühwarm erzähle. Kartoffelchips! Sie sind eine meiner Leidenschaften und gleichzeitig ein essenzieller Bestandteil meines abendlichen Entspannungsrituals. Dass ich dieses Thema bisher ignorieren konnte, liegt nur daran, dass ich noch über ein beträchtliches Chipsdepot verfüge und somit bislang keine Notwendigkeit für Neukäufe bestand. Wir hatten uns ja darauf verständigt, vorhandene Lebensmittel vor dem offiziellen Beginn des Experiments aufzubrauchen.

Aber dann! Was sollte ich anschließend machen? Etwa auf Chips verzichten?

»Kennst du zufällig irgendwelche Kartoffelchips, die in Papiersackerln verpackt sind?«

Mit meiner Frage gerate ich an den Richtigen. Der Blick meines Nachbarn spiegelt eine Mischung aus Mitleid und Verzweiflung wider. Natürlich weiß er keine Alternative. Wie sollte er, denn schließlich will er ja keinen Plastikverzicht üben.

»Nein, keine Ahnung! Kann ich mir auch nicht vorstellen. Das Zeug ist doch viel zu fettig und würde jedes Papier aufweichen. Irgendein Plastik braucht man da schon. Oder Alu, damit könnte es eventuell ebenso funktionieren.«

Ich schweige, was selten vorkommt. Heute scheint wirklich nicht mein Tag zu sein – bei keinem unserer Problemfälle bin ich nur einen winzigen Schritt weitergekommen. Und nun tut sich zu allem Überfluss ein zusätzliches auf, das zwar zugegebenermaßen keinen lebenswichtigen Bereich betrifft, jedoch sehr wohl Einfluss auf meine Laune haben könnte.

Während wir wortlos den Kassen zustreben, schreckt Rudi mich mit einem plötzlichen Ausruf aus meinen Gedanken. »Vor lauter Plastikgerede vergesse ich ganz, was ich eigentlich einkaufen wollte.« Spricht es und dreht sich um, läuft zu den Regalen mit den Getreideprodukten, Cornflakes und Müslis.

Da wir ja noch gemeinsam ins Kaffeehaus wollen, folge ich ihm notgedrungen und werde völlig unerwartet für die Enttäuschungen dieses Tages entschädigt. Rein zufällig fällt mein Blick auf eine Müslipackung mit einer höchst erfreulichen Aufschrift. »Alles Bio plus 100 Prozent biologisch abbaubarer Müslibeutel« steht da in weißen Buchstaben auf rotem Grund. Ich stürze mich förmlich auf die Packung, um sie genauer in Augenschein zu nehmen, und lese mit wachsender Begeisterung den Text auf der Seite: »Der Müslibeutel wurde aus dem nachwachsenden Rohstoff Zellulose hergestellt, ist somit 100 Prozent biologisch abbaubar und kompostierbar. Die Kartonpackung bitte gefaltet in den Altkartoncontainer geben.«

Ich kann es nicht fassen. In diesem Moment erscheint es mir tatsächlich so, als würde man für besonders ausdauerndes und frustrierendes Suchen am Ende belohnt. Und weil sich diese Freude irgendwie entladen muss, falle ich dem völlig verdatterten Rudi um den Hals, der vor lauter Schreck zwei Packungen mit Cornflakes zu Boden fallen lässt.

Während er schweigend den Kopf schüttelt und sich sichtlich von hier und von mir wegwünscht, decke ich mich mit mehreren Packungen des Supermüslis ein, von dem es drei verschiedene Sorten gibt, unter anderem ein Schokoknuspermüsli. Das wird eine Freude für die Kinder, denke ich. Die essen nämlich sehr gerne Müsli, vor allem mit Beigabe von Schokoflakes. Bislang aber haben wir nur eine einzige unverpackte Müslisorte im Bioladen entdeckt, während Schokoflakes, Zimtchips oder Knuspermüsli samt und sonders im Plastikbeutel angeboten werden. Jetzt haben wir alles, was das Herz begehrt, und dazu plastikfrei. Welch schöner Tag!

Bevor wir jedoch unseren wohlverdienten Kaffee genießen können, muss sich der arme Rudi noch einmal für mich schämen. Ganz selbstverständlich greift er nach dem Bezahlen zu den Plastiksackerln, die seitlich neben den Kassen hängen. Entsetzt gehe ich dazwischen und will ihm eine meiner Stofftaschen anbieten, was bei ihm allerdings wenig Freude auslöst »Bitte! Wir haben schon genug Aufsehen erregt«, zischt er mir zu und packt dabei seine Sachen seelenruhig weiter in das nagelneue Plastiksackerl.

Beide sind wir heilfroh, als wir den Supermarkt endlich verlassen können. Jeder auf seine Weise.

Im Kaffeehaus entspannt sich die Stimmung schnell, und es zeigt sich, dass mein Nachbar unser Experiment eigentlich recht interessant findet, wenngleich er nicht alles ganz so dramatisch sieht. Beim Thema Milchflaschen, von dem ich ihm berichte, vertritt er die Meinung, dass die Ökobilanz von Tetrapacks insgesamt besser sei als die von Pfandglasflaschen. Ich wende ein, dass, selbst wenn er recht haben sollte, immer noch die gesundheitlichen Aspekte gegen Plastik sprächen. Was er wiederum für Panikmache hält. Im Endeffekt gebe es heutzutage so viel Gift in der Umwelt, dass wir dem ohnehin nicht entkommen könnten, meint er. »Ich habe jedenfalls keine Lust, mir zusätzlich über das Gift in Plastikstoffen Gedanken zu machen! Das führt höchstens dazu, dass meine Psyche auch noch krank wird. Zu Tode gefürchtet ist ebenfalls gestorben!«

Natürlich weiß ich, dass viele so denken wie er, und schließlich ist meine Oppositionshaltung in Bezug auf Plastik ebenfalls noch ziemlich neu. Gut möglich, dass ich vor kurzer Zeit ganz ähnlich reagiert hätte wie er, denn früher habe ich die potenziellen Gefahren, die von Kunststoffprodukten ausgehen, auch nicht wirklich ernst genommen.

Dennoch versuche ich nun Überzeugungsarbeit zu leisten, gebe zu bedenken, dass Chemikalien, die bei der Produktion von Kunststoffen eingesetzt werden, sogar in unseren Hormonhaushalt eingreifen, bei Fischen zu Geschlechtsumwandlungen führen und bei Menschen unter Umständen Unfruchtbarkeit, Diabetes oder Krebs auslösen. Und deshalb, argumentiere ich, sollten meiner Meinung nach zumindest Lebensmittel nicht in Materialien verpackt werden, aus denen giftige Stoffe freigesetzt werden können. Ich würde Rudi gerne vermitteln, dass sowohl die gesundheitlichen Aspekte als auch die Müll- und Ressourcenproblematik für sich allein betrachtet Grund genug sein müssten, Plastik wo immer möglich zu vermeiden.

Doch mein Nachbar scheint relativ resistent gegen solche Horrorvisionen zu sein. Außerdem äußert er Skepsis, ob Papier als Verpackungsalternative wirklich so toll sei. Schließlich kämen bei der Papierherstellung ebenfalls schädliche Chemikalien zum Einsatz. »Denk mal an Bleichmittel«, sagt er und fügt gleich hinzu, dass Druckerschwärze ebenfalls nicht unbedingt gesund sei.

Seine Argumente geben mir zu denken, obwohl ich nach wie vor das Papier unter Umweltaspekten für besser halte, weil es sich zumindest problemlos recyceln lässt und zudem aus einem nachwachsenden Rohstoff erzeugt wird. Trotzdem will ich berechtigte Einwände nicht in den Wind schlagen. Schließlich ist es nicht Sinn der Sache, das eine Übel durch ein anderes zu ersetzen. Unser Experiment soll ja dazu dienen, *sinnvolle* Alternativen zu finden.

»Wahrscheinlich hast du recht. Man muss sich wirklich genau überlegen, welches Material in welchem Fall mehr Sinn macht«, gestehe ich nachdenklich ein. »Das ändert allerdings nichts daran, dass wir generell mit allen Verpackungsarten weitaus sparsamer umgehen sollten. Nimm doch mal unsere Geschirrspültabs: Warum müssen die, wenn sie in einem Karton sind, zusätzlich einzeln in Plastikfolie eingeschweißt werden?«

»Na ja, man kann es auch anders sehen. Wenn man bedenkt, was für Chemiebomben in so einem Tab stecken, dann ist es vielleicht besser, die Dinger nicht mit bloßen Händen anzufassen. Wer sich Sorgen um seine Gesundheit macht oder der Umwelt was Gutes tun will, sollte auf das ganze Zeug verzichten.« Ich bin verblüfft, Rudi so gnadenlos kritisch zu erleben, vor allem als er auch noch nachsetzt:»In diesem Fall dürfte der Inhalt wohl das weitaus größere Übel als die Verpackung sein.«

Wieder etwas, worüber ich nachdenken müsste, denn diesem von Rudi behaupteten Zusammenhang habe ich bei meiner Suche nach plastikfreien Alternativen bisher nicht allzu viel Bedeutung beigemessen. Was sich ändern sollte, weil ich in den nächsten Monaten noch oft an diesen Satz meines Nachbarn erinnert würde.

Nachdenkliches von Veronika

Kaum bin ich zu Hause angekommen, ruft Veronika an. Sie ist wie ich Physiotherapeutin, und ich habe von ihr auf unaufdringliche Weise sehr viel über gesunde und ökologische Lebensweise gelernt. Außerdem sind wir mit der ganzen Familie, zu der noch ihr Mann Toni und die Söhne Lukas und Felix gehören, befreundet.

Bei Veronika ist mir beispielsweise schon lange aufgefallen, dass sie nur alle paar Jahre mal neue Schuhe kauft und diese lange trägt, ohne dass sie schäbig aussehen. Allerdings kosten sie so viel wie drei bis vier Paar meiner Schnäppchenkäufe. Obwohl Veronika meine Begeisterung für Flohmärkte und Secondhandshops teilt, achtet sie auf Qualität, während ich zusätzlich immer recht viel billiges Zeug neu dazukaufe.

Als ich Veronika völlig euphorisch von unserem Vorhaben berichte, unseren Haushalt von Plastik zu befreien, das ja ohnehin schädlich sei und so weiter, merke ich, dass sie meinen Gefühlsüberschwang gar nicht so recht nachvollziehen kann. Sie habe nicht den Eindruck, allzu viel Plastikzeug zu besitzen, wirft sie ein.

Ich lasse ihr Haus vor meinem inneren Auge Revue passieren. Ja, stimmt. Bei ihr gibt es prinzipiell weniger unnötige Dinge und dadurch entsprechend weniger Plastik. Und was die Kinder betrifft, die im Alter von Samuel und Marlene sind, so haben sie zum einen weniger Spielzeug, und zum anderen ist vieles davon aus Holz. Insofern wäre eine Entrümpelungsaktion wie die unsere bei Veronika vermutlich weitaus weniger nötig.

Doch etwas anderes beschäftigt sie. Ein Thema, das bereits bei meinem Nachbarn Rudi anklang. Veronika hält es für zu kurz gegriffen, nur über die gesundheitlichen Gefahren von Plastik zu reden. Schließlich würden bei der Papiererzeugung ebenfalls viele schädliche Chemikalien eingesetzt. Wie bereits früher an diesem Nachmittag muss ich eingestehen, dass ich diesen Aspekt bislang wenig oder kaum beachtet habe.

Allein die Tatsache, dass Papier aus einem nachwachsenden Rohstoff hergestellt und meines Wissens weitaus einfacher recycelbar ist, macht es nicht unbedingt in jeder Hinsicht zum besseren Material. Kann man sich wirklich darauf verlassen, dass Papier insgesamt umweltverträglicher produziert wird als Plastik? Jedenfalls scheinen vor allem beim Bedrucken von Papier und Karton teilweise äußerst schädliche Farbstoffe zum Einsatz zu kommen.

Allerdings steuert Veronika am Ende noch eine Geschichte über die Gefährlichkeit von Kunststoffen bei, durch die ich mich bestätigt fühle. Ein Bekannter ihres Mannes, der als Autoverkäufer arbeitet, hat sie erzählt.

Wie in dieser Branche üblich, bekam er von seiner Firma alle paar Monate ein neues Auto zur Verfügung gestellt, das dann als Vorführwagen verkauft wurde. Nach einiger Zeit begann er unter großen gesundheitlichen Problemen zu leiden: zuerst unter starken Kopfschmerzen und Schwindelattacken, danach Sensibilitätsstörungen in Armen und Beinen sowie Beeinträchtigungen des Sehvermögens und schließlich sogar unter motorischen Ausfällen. Zeitweilig ging das so weit, dass ihm die Kraft in den Händen fehlte, um irgendetwas festzuhalten. Es wurden alle möglichen neurologischen Erkrankungen vermutet und abgeklärt, ohne dass sich ein eindeutiger Befund ergab. Erst ein Neurologe, der sich intensiver mit seiner beruflichen Tätigkeit befasste, gab schließlich den entscheidenden Hinweis. Er meinte, dass die »Dämpfe«, die von neuen Autos abgegeben werden, die Probleme verursachen könnten. Der Mann stieg daraufhin auf einen etwas älteren Wagen um, und tatsächlich verbesserte sich die Symptomatik rasch, bis er nach zwei bis drei Monaten so gut wie beschwerdefrei war.

Bei Veronikas Geschichte ist mir sogleich eingefallen, dass ich als Kind in neuen Autos oft unter Kopfweh, Schwindelgefühlen und Übelkeit litt. Und Marlene klagt speziell im Sommer häufig über ähnliche Beschwerden. Bei Hitze riecht es selbst in unserem Auto, obwohl es fast sechs Jahre alt ist, immer noch ziemlich »chemisch«.

Wohin man schaut, scheinen Umwelt- und Gesundheitsgefahren zu lauern. Und dass diese sich nicht so einfach vermeiden lassen, wie man sich das manchmal vorstellt, das haben mir die Gespräche dieses Tages gezeigt. Mir schwirrt der Kopf. Es sieht so aus, als würde unser Experiment weitaus umfangreichere Dimensionen annehmen als ursprünglich geplant ...

Ein Haus voller Plastik

Als ich Peter am Abend von meiner Begegnung mit Rudi und meinem Telefongespräch mit Veronika erzähle, geht es längst nicht mehr nur um Geschirrspültabs ohne Plastikhülle, denn die Gespräche mit meinem Nachbarn und mit meiner Freundin haben noch ganz andere Zweifel in mir wachgerufen.

Das fängt damit an, dass der Geschirrspüler selbst zu einem Großteil aus Kunststoff besteht, aus dem sich – wie ich dank Werner Bootes Film weiß – gerade unter dem Einfluss von Flüssigkeiten und bei hohen Temperaturen besonders viele Schadstoffe lösen können. So gesehen ist die Verwendung eines Geschirrspülers per se problematisch, speziell was die gesundheitlichen Aspekte anbelangt. Hinzu kommen Reinigungsmittel, die bekanntermaßen die Umwelt belasten und schädigen.

Um für mich einen gewissen Kompromiss zu finden, verwende ich seit einigen Jahren immer nur ein halbes oder teilweise sogar nur ein Viertel Tab. Jetzt allerdings frage ich mich ernstlich, ob es überhaupt zu verantworten ist, solche Mittel im Haushalt einzusetzen. Aber gibt es eine wirklich sinnvolle Alternative? Wieder einmal diskutieren wir darüber, ob der Geschirrspüler zumindest im Rahmen unseres Experiments nicht völlig verzichtbar ist.

Ich bin dagegen und führe vorerst vor allem sachliche Gründe an, obwohl ich mir nicht 100-prozentig sicher bin, dass sie wirklich den Tatsachen entsprechen. Erstens sage ich, verbrauche ein gut gefüllter Geschirrspüler im Vergleich zum Abwasch per Hand weitaus weniger Energie, besonders in Küchen wie der unsrigen, wo das Wasser mit einem elektrischen Boiler erwärmt werden muss. Auch der Wasserverbrauch selbst spreche, zumindest bei neueren Geräten, für die Maschine, denn man unterschätze den Verbrauch beim Handspülen ganz gewaltig.

Zweitens, fahre ich fort, würde ich befürchten, dass sich die Stimmung in unserer Familie durch eine solche Maßnahme dramatisch verschlechtern könnte, weil niemand gerne abwasche und die ungeliebte Tätigkeit in erster Linie an mir hängen bliebe – zugegebenermaßen der Hauptgrund für mich, den Einsatz des Geschirrspülers zu verteidigen.

Mein Mann sieht das anders. Da wir unsere Küche im Winter hauptsächlich mit einem Herd heizen, der mit Holz befeuert wird und auf dem wir auch kochen, sieht er darin eine perfekte Möglichkeit, das Abwaschwasser ohne zusätzlichen Stromverbrauch zu erhitzen. Dieses Thema hat schon öfter zu Diskussionen zwischen uns geführt, weil ich nach Peters Meinung diese Möglichkeit der Wassererwärmung im Gegensatz zu ihm viel zu selten nutze. Außerdem ist er überzeugt davon, dass er in unserem Haushalt ohnehin derjenige ist, der am häufigsten mit der Hand abwäscht. Als er dann noch in leicht gönnerhaftem Ton hinzufügt: »Also, für mich wäre das kein Problem, wir können ruhig versuchen, einen Monat lang ohne Geschirrspüler auszukommen«, gebe ich mich geschlagen und stimme zu. Damit hat sich fürs Erste das Problem mit plastikfreien Tabs erübrigt.

Was aber tun wir mit den anderen Kunststoffgeräten, die so in unserem Haus herumstehen? Kühlschrank, Mikrowelle und Tiefkühltruhe, die Waschmaschine und der Staubsauger, um nur einige wenige zu nennen. Am leichtesten fällt uns die Entscheidung bei der Mikrowelle. Da wir sie ohnehin nur sehr selten und lediglich zum Aufwärmen von Speisen verwenden, wollen wir sie während des Experiments einfach wegräumen. Beim Kühlschrank wird es schon schwieriger. Angesichts des nahenden Winters und in Anbetracht unseres relativ kühlen Kellers wäre ein befristeter Verzicht zwar vorstellbar, doch befürchte ich, dass es ziemlich lästig sein dürfte, jedes Mal ins Freie oder in den Keller zu gehen, wenn jemand Hunger hat. Was in unserer Familie eigentlich ständig der Fall ist. Und da die Zubereitung von Essen ohnehin bei uns ziemlich viel Zeit in Anspruch nimmt, weil wir, von seltenen Ausnahmen abgesehen, immer frisch kochen, will ich mir nicht noch lange Wege antun, um Lebensmittel zu holen und wieder wegzubringen.

Während Peter noch über irgendwelche gut verschließbaren Holzkisten nachdenkt, um darin die Lebensmittel außerhalb der Wohnung zu lagern, ist für mich die Entscheidung gefallen. Nein, selbst wenn es möglich wäre – auf den Kühlschrank will ich im Moment nicht verzichten, zumal unser Experiment ja unabhängig von der Jahreszeit funktionieren sollte.

Was den Gefrierschrank betrifft, brauchen wir nicht lange nachzudenken. Er ist voll. Mit Obst und Gemüse aus unserem Garten und mit Rindfleisch, das Peter soeben erst von einem Kollegen, der eine kleine Nebenerwerbslandwirtschaft betreibt, geholt hat. Wie wir, falls wir das Experiment verlängern sollten, später mit diesem Problem umgehen, das ist eine Frage, die wir vorerst aussparen.

Relativ rasch fällt unsere Entscheidung ebenfalls beim Staubsauger, allerdings in diesem Fall dagegen. Da bei mir vor etwa einem Jahr eine Allergie gegen Hausstaubmilben festgestellt wurde und Staubsaugen ja bekanntlich nicht nur Staub einsaugt, sondern auch aufwirbelt, habe ich diese Tätigkeit in letzter Zeit eher gemieden und sie an Peter oder die Kinder delegiert. Jetzt wollen wir es ganz lassen und uns auf Kehren und Wischen des Bodens beschränken. Unsere nicht sehr zahlreichen Teppiche werden ohnehin des Öfteren im Freien ausgeschlagen oder geklopft und bei Bedarf gewaschen. Dem vorläufigen Staubsaugerverzicht steht also nichts im Wege. Eine Maßnahme, die zusätzlich eine kleine Reduzierung des Stromverbrauchs bringen wird, also einen echten, wenn auch geringfügigen ökologischen Beitrag darstellt.

Dachte ich zumindest, bis Samuel, der unser Gespräch aus dem Nebenzimmer ziemlich genau verfolgt hat, ganz nüchtern einwirft: »Da müsst ihr aber schon bedenken, dass Kehren viel mehr Kalorien verbrennt als Staubsaugen. Und länger dauert. Das heißt, wir werden mehr Essen brauchen und verschwenden dann durch zusätzliches Kochen wieder mehr Energie.«

Trotz der bestechenden Logik in der Argumentation unseres fast dreizehnjährigen Sohnes lassen wir uns vorerst nicht von unserem Vorhaben abbringen, einigen uns jedoch darauf, den »Kehrversuch« neu zu diskutieren, falls er zu einem drastischen Anstieg des Lebensmittelverbrauchs führen sollte.

Ein ausgesprochen heikles Thema ist im Rahmen unseres Experiments die Frage, wie wir es mit der Wäsche halten sollen. Da in unserem Haushalt bislang hauptsächlich ich dafür zuständig war – zugegebenermaßen hauptsächlich deshalb, weil mir Peters Umgang mit feinen Wäschestücken zu sorglos ist –, bin ich verständlicherweise an der weiteren Verwendung der Waschmaschine interessiert. Ein wenig sympathisiere ich zwar mit dem Gedanken, alle Familienmitglieder zumindest ihre reichlich anfallende Sportwäsche einen Monat lang selbst mit der Hand waschen zu lassen, doch bei genauerer Betrachtung dieser Idee komme ich zum Schluss, dass diese Regelung zu ziemlich chaotischen Zuständen führen dürfte. Die Waschmaschine bleibt also vorläufig unangetastet, einen Wäschetrockner besitzen wir ohnehin nicht, weil wir die Wäsche möglichst im Garten aufhängen. Nur über die Plastikwäscheleine müssen wir uns eventuell Gedanken machen, aber hier gibt es theoretisch zumindest Abhilfe in Form von Naturfaserschnüren oder Wäscheständern aus Metall.

Kleinere Geräte wie Mixer oder Haarföhn beschließen wir vorläufig wegzulassen. Wir besitzen noch zwei alte Handquirle aus Metall, und die Haare lassen wir alle sowieso fast immer an der Luft trocknen. Sämtliche Maßnahmen zusammengenommen, rechnen wir uns aus, würden uns neben der Plastikreduktion als positiver Nebeneffekt eine Ersparnis beim Stromverbrauch bringen. Über andere Geräte wie Fernseher, Stereoanlage, Computer, Fotoapparat, Filmkamera, die ohnehin Luxusartikel sind, diskutieren wir an diesem Tag nicht. Sie würden jedoch speziell nach unserer ersten Begegnung mit Werner Boote zum Gesprächsthema werden, wenngleich anders als erwartet.

Dass es im Übrigen gar nicht so leicht ist, auf diverse Geräte zu verzichten, sollten wir noch schmerzlich erfahren, denn die Nichtbenutzung insbesondere von Geschirrspüler und Staubsauger würde nicht wirklich dazu beitragen, unsere Laune zu heben, und immer wieder zu Diskussionen führen, wer dran sei mit dem nun mühseliger gewordenen Abwasch oder dem nicht weniger unbeliebten Auskehren, jetzt allerdings mit experimentkonformem, plastikfreiem Holzbesen und Metallschaufel.

Während wir noch über den Umgang mit unseren zahlreichen Großgeräten aus Kunststoff diskutieren, löst sich ein kleineres, wenngleich dringliches Problem plötzlich wie von selbst.

Sabine ruft an und berichtet von ihrem Einkauf bei der Metro. Wie versprochen hat sie dort nach Klopapier, Taschentüchern und Küchenrollen ohne Plastikverpackung geschaut und kann zumindest einen Teilerfolg vermelden. Zwar lassen sich die gewünschten Artikel auch dort nicht ohne Plastik auftreiben, dafür hat sie Einmalhandtücher aus Recyclingpapier entdeckt, die in Kartonschachteln verpackt sind und ihrer Meinung nach unser Klopapierproblem lösen könnten. Nur seien sie reichlich groß, was möglicherweise eine erhöhte Verstopfungsgefahr für die Toilette mit sich bringe. Meine Erleichterung, dass sie überhaupt etwas gefunden hat, ist derart überwältigend, dass ich diesen Einwand locker vom Tisch fege: »Ach was, das wird schon gehen. Notfalls müssen wir die Dinger halt auseinanderschneiden.«

Zwei Tage später bin ich bereits stolze Besitzerin eines Kartons mit 25 mal 200 Stück Einmalhandtüchern. Die Anschaffung war mit knapp 20 Euro nicht ganz billig, aber meiner Ansicht nach müssten wir mit dieser Menge mindestens ein halbes Jahr auskommen, eventuell sogar länger. Ich bin jedenfalls sehr gespannt, wie sich diese neue Klopapiervariante bewähren wird und beginne mit Marlenes Hilfe gleich mit dem Zurechtschneiden.

Nachdem wir circa die Hälfte des ersten Stapels fein säuberlich zerschnitten haben, stellt Marlene fest, dass sich die Papiertücher auch problemlos reißen lassen, was den Zeitaufwand für die Aktion deutlich verringert. Das Körbchen, das wir in Zukunft für das Papier verwenden wollen, ist rasch gefüllt und Marlene sichtlich zufrieden mit dem Ergebnis unserer Arbeit. Als Peter etwas später von der Arbeit heimkommt, empfängt sie ihn strahlend mit den Worten: »Jetzt müssen wir doch keine Blätter sammeln!«

Fast wie in alten Zeiten

Langsam ging es weiter voran. Ein paar der wichtigsten Plastikprobleme waren gelöst, und der Einkauf zumindest der wesentlichsten Dinge funktionierte einigermaßen. Lediglich für meine geliebten Kartoffelchips wollte sich keine plastikfreie Lösung finden. Doch daran sollte es nicht scheitern. Also beschlossen wir irgendwann, mit dem Experiment baldmöglichst richtig zu starten, zumal wir uns nach rund drei Wochen der Vorbereitung eigentlich gut gerüstet und auf die bevorstehende Begegnung mit Werner Boote ausreichend vorbereitet fühlten.

Dann ist es so weit. Da wir das Treffen in Wien mit einem Besuch bei Freunden verbinden wollen, beschließen wir, die Kinder für dieses Wochenende zu Peters Eltern nach Mürzzuschlag, einer kleinen Stadt in der nordöstlichen Steiermark, zu bringen.

Die beiden, die nur grob über unser Vorhaben informiert sind, haben keine wirklich konkrete Vorstellung davon, was wir eigentlich bezwecken, zeigen sich aber wie immer trotz ihres Alters – die Oma ist siebzig, der Opa bereits Mitte achtzig – prinzipiell sehr interessiert und aufgeschlossen für neue Ideen. Bloß übertreiben sollten wir es nicht, meint meine Schwiegermutter. Außerdem, gibt sie zu bedenken, würde es nicht funktionieren, ganz ohne Plastik einzukaufen. »Nicht dass ihr deswegen einen riesigen Stress bekommt«, fügt sie hinzu. Obwohl ich ihr insgeheim recht geben muss – denn schließlich habe ich selbst inzwischen festgestellt, dass Kompromisse notwendig sind –, bricht mein missionarischer Eifer mal wieder durch. »Übertrieben ist, was wir alles täglich einkaufen, nur um es sofort wieder wegzuschmeißen. Wir wollen ja nicht auf das Essen verzichten oder auf irgendetwas, das wir wirklich sonst zum Leben brauchen. Es geht vor allem um diese sinnlosen Verpackungen, damit die mal wegkommen. Und dabei kann man meiner Meinung nach gar nicht übertreiben.«

Meine Schwiegermutter reagiert gelassen: »Hast ja recht. Vieles ist wirklich überflüssig. Ich brauche nur daran zu denken, wie wir eingekauft haben, als ich noch ein Kind war. Da hat es all diese abgepackten Sachen nicht gegeben, und wir sind auch groß geworden.«

»Besser vielleicht als heute, was die Ernährung betrifft«, sage ich und denke an all das Fast-Food-Zeug, von dem sich manche Kinder heutzutage ernähren dürfen oder müssen, oder an die Lebensmittel, die von weiß Gott woher importiert werden, die mit Pestiziden belastet oder gentechnisch verändert sind und die man bestrahlt und aufwendig verpackt, damit sie die langen Transportwege unbeschadet überstehen.

»Ja, wir haben das gegessen, was es in der jeweiligen Jahreszeit bei uns gab, und im Winter eben Gemüse, das man gut lagern konnte. Und Müll ist beim Einkaufen sowieso kaum angefallen. Wir haben immer einen Korb dabeigehabt, und die Verpackungen, wenn überhaupt, bestanden fast ausschließlich aus Papier.«

Wann hat das eigentlich angefangen mit dem vielen Plastik? Ich versuche mich zu erinnern. Meine Oma ist zwar immer mit dem Korb am Arm ins Dorf zum Einkaufen gegangen, aber Joghurtbecher, Margarineschalen, beschichtetes, nicht durchfettendes Einwickelpapier für die Butter und andere Dinge gab es damals schon. Allerdings wurde es mit der Zeit immer ärger mit den Verpackungen. Vielleicht auch weil die Anzahl der verschiedenen Produkte ständig gewachsen ist und noch wächst. Teilweise ist die Auswahl inzwischen so groß, dass man sich kaum entscheiden kann. Und das erleichtert es nicht gerade, gute und schlechte Qualität voneinander zu unterscheiden.

Merkwürdig, wie das alles zusammenhängt. Wer weiß, überlege ich, vielleicht wird unter diesem Aspekt das Einkaufen durch unser Experiment gar nicht komplizierter, sondern einfacher, weil sich schlicht und einfach die Auswahl reduziert. »Na ja, ich bin gespannt, wie es euch ergehen wird. Aber wie gesagt, übertreibt es nicht«, sagt Peters Mutter abschließend und beendet damit das Gespräch.

Ich hänge noch ein wenig meinen Gedanken nach und versuche mir die weitgehend plastikfreie Kindheit meiner Schwiegermutter vorzustellen, damals in den Dreißiger- und Vierzigerjahren in ländlicher Umgebung. Zwar gab es dieses fortschrittliche und als segensreich betrachtete Material bereits, doch es war weniger verbreitet und weit entfernt davon, das beliebteste Wegwerfprodukt der Menschheit zu sein. Obwohl ich soeben eine Kehrtwende in unserem Alltag herbeiführen möchte, vermag ich mir nicht wirklich vorzustellen, wie das früher so ganz ohne Plastik funktioniert hat.

In meinem Kopf schwirrt eine Unmenge an Gedanken und Fragen. Während ich mich bemühe, ein wenig Ordnung in dieses Wirrwarr zu bringen, sehe ich mich im Esszimmer meiner Schwiegereltern um. Mein Blick schweift vom alten Kaminofen über die Eckbank zum Diwan, der Kommode mit dem Telefon und dem kleinen Eckkasten mit dem Fernsehapparat.

Ich habe mir bisher nie die Frage gestellt, ob im Haushalt meiner Schwiegereltern weniger Plastik verwendet wird als in unserem, jetzt aber fällt mir auf, dass es hier ausschließlich alte Vollholzmöbel gibt. Und im Gegensatz zu vielen von uns in den letzten Jahren angeschafften Billigmöbeln bezieht sich der Ausdruck Holz nicht nur auf die Fronten der jeweiligen Möbelstücke, sondern auch auf deren Innenleben. In diesem Zusammenhang fällt mir sogleich unser mittlerweile mehr als schäbiger IKEA-Küchentisch ein, den wir vor zwei Jahren wegen des günstigen Preises gekauft haben und dessen beschichtete Pressholzplatte bereits einige Wochen nach dem Kauf hässliche Sprünge und Kratzer aufzuweisen begann. So etwas könnte hier nicht passieren. Diese Möbel sind großteils über vierzig Jahre alt und sehen nach wie vor sehr schön aus.

Nun gut, dass ich in Ess- und Wohnzimmer Kunststoff nur an Fernseher, Stereoanlage und Telefon entdecke, ist vielleicht nichts Besonderes. Das sieht in vielen Haushalten auch nicht dramatisch anders aus. Interessanter wäre da schon, was sich in den Schränken befindet. Und natürlich in der Küche.

Neugierig begebe ich mich auf Entdeckungsreise. Die Elektrogeräte sind alle aus Kunststoff, und auf der Spüle steht eine Plastikflasche mit Geschirrspülmittel. Ich öffne gerade die erste Schublade, als ich plötzlich die Stimme meiner Schwiegermutter höre:»Suchst du etwas?«

»Nein, nicht direkt, ich sehe mich nur um, was ich bei dir aus Plastik finde.«

Peters Mutter lacht:»Allzu viel gibt es da nicht.« Sie öffnet eine Lade.»Das sind meine gesamten Plastikschätze.«

Ich blicke kopfschüttelnd auf den Inhalt, der aus drei oder vier Tupperwarebehältern besteht. Nicht einmal Kochlöffel aus Plastik oder ein Sieb.»Das ist ja fast gar nichts. Du müsstest mal unser Lager sehen«, murmle ich erschüttert.

Mit Erlaubnis meiner Schwiegermutter inspiziere ich auch die restlichen Räume: Badezimmer, Vorraum, Schlafzimmer, das ehemalige Kinderzimmer und abschließend Vorratskeller und Waschküche. Zwar finde ich die üblichen Plastikbehältnisse für Kosmetika sowie für Wasch- und Putzmittel, allerdings verglichen mit unseren Beständen in recht bescheidener Auswahl. Was ich, wie ich leider gestehen muss, nicht allein auf die Tatsache schieben kann, dass keine kleinen Kinder mehr im Haus sind, die überwiegend Plastikspielzeug benutzen.

Insgesamt gewinne ich bei meiner Runde den Eindruck, dass sich hier viel weniger Unnötiges befindet als bei uns. Wenn ich nur an all die Plastikboxen und Aufbewahrungssysteme denke, die ich in den letzten Jahren nach und nach angeschafft habe! Alles in dem letztendlich erfolglosen Bemühen, endlich einmal Ordnung in unser Chaos zu bringen. Die meisten meiner Neuanschaffungen führten jedoch eher dazu, das Chaos noch unübersichtlicher zu gestalten.

Das nur nebenbei. Meine Schwiegereltern besitzen einfach Einrichtungs- und Gebrauchsgegenstände, die aus einer Zeit stammen, als Kunststoffe für solche Zwecke wenig gebräuchlich waren. Vor allem die Möbel sollten ein Leben lang halten. Was man heute leider kaum mehr behaupten kann, denn wir haben uns ein Einkaufsverhalten angewöhnt, das in dem Bestreben, immer auf dem neuesten Stand zu sein, letztlich auf einer Wegwerfmentalität beruht.

Als ich schließlich im wohlgeordneten, plastikfreien Vorratskeller meiner Schwiegereltern vor einem alten Holzregal mit selbst eingekochten Marmeladen und Kompott in Rexgläsern (Einmachgläsern) stehe, fasse ich den Entschluss, nicht nur Plastik als Verpackungsmaterial zu vermeiden, sondern es auch bei den diversen Gebrauchsgegenständen und Behältern im gesamten Haushalt nach Kräften zu reduzieren. Nicht nur für die Dauer des Experiments. Zwar steht uns möglicherweise ein mühsamer Prozess bevor, aber ich bin wild entschlossen, das durchzuziehen.

Vor allem die Rexgläser haben es mir angetan. Meine Schwiegermutter erzählt, dass einige davon weit über zwanzig Jahre alt sind. Sie taten damals bereits gute Dienste bei einem Wohnmobilurlaub in Skandinavien, weil sich darin das vorgekochte Essen für die gesamte Reise mitnehmen ließ. Obwohl ich keine Ambitionen verspüre, die Oma in dieser Hinsicht nachzuahmen, freue ich mich, als sie mir ein paar Gläser schenkt. Angesichts der bevorstehenden Plastikreduktion in unserem Haushalt scheinen sie mir ein perfekter Ersatz zu sein.

Peter, der mich beim Einpacken beobachtet, ist weniger begeistert. »Was schleppst du denn da schon wieder mit? Wir haben schließlich genug Zeug im Haus«, nörgelt er. Meine Schwiegermutter indes schaut mich mit einem verschmitzten Lächeln an:

»Oft kommt man eben wieder auf die alten Dinge zurück, wenn man etwas Neues ausprobieren will!«

Ich kann dem nur zustimmen, obwohl mir in diesem Moment gar nicht wirklich bewusst ist, wie recht sie mit dieser Aussage hat.

Nervosität vor dem Start

Dann sind wir auf dem Weg nach Wien. »Was hast du da eigentlich die ganze Zeit mit meiner Mutter besprochen?«, will Peter wissen. Ich bin erstaunt, dass er überhaupt etwas davon mitbekommen hat, da seine Nase fast die ganze Zeit hinter der Zeitung steckte. Nun habe ich endlich Gelegenheit, auch ihm zu erzählen, was mir seit Stunden so alles im Kopf herumgeht. Warum etwa Plastik in solchen Mengen und zudem derartig billig produziert werden kann, obwohl Erdöl, der Ausgangsstoff, nicht gerade preiswert ist. Ganz im Gegenteil.

Bei diesem Thema ist Peter in seinem Element. Er findet Erdöl eigentlich viel zu billig, weil der Großteil der Leute nach wie vor ziemlich hemmungslos Auto fährt. »Schau sie dir doch an. Alle schimpfen zwar über die hohen Spritpreise, aber wenn es drum geht, zwei oder drei Kilometer zum nächsten Geschäft zu gehen oder mit dem Rad zu fahren, setzen sich trotzdem fast alle ins Auto. Man müsste endlich mal all die Folgekosten mit einrechnen, die diese Verschwendung mit sich bringt. Dann würde Erdöl praktisch unerschwinglich sein, denn wer könnte schon, nur als ein Beispiel, die Schäden des globalen Klimawandels mitfinanzieren? Ganz abgesehen davon, dass Erdöl nicht erneuerbar ist, zumindest nicht in menschlichen Zeitdimensionen. Und genau deshalb passt es mir überhaupt nicht, dass wir heute mit dem Auto nach Wien fahren.«

Nach diesem für Peters Verhältnisse ungewöhnlich langen Monolog herrscht erst einmal Stille.

Wenn es ums Autofahren geht, neigt Peter ganz im Gegensatz zu seinem ansonsten eher ausgleichenden Wesen zur Radikalität. Für diese Herzenssache würde er vielleicht sogar auf die Barrikaden gehen, wenn es welche gäbe. »Das nächste Mal fahren wir wieder mit dem Zug«, beruhige ich ihn, um auf mein Ausgangsthema zurückkommen zu können, warum Plastik gegen alle Logik so billig ist.

Klar, es gibt auch sogenannte hochwertige, sprich teure Kunststoffe, die zumeist bei Designermöbeln oder Markenkleidung zum Einsatz kommen. Allerdings habe ich schwere Zweifel, ob der behauptete »Hochwert« wirklich etwas mit der Güte des Materials zu tun hat. Ich persönlich glaube jedenfalls nicht, dass irgendein Adidas- oder sonstiger Markentrainingsanzug aus Polyester sich in der tatsächlichen Wertigkeit von einem vergleichbaren Billigprodukt wesentlich unterscheidet. Es dürfte wohl eher am Markennamen liegen, dass solche Artikel teilweise enorm überzogene Preise haben, *obwohl* sie aus Kunststoff sind.

Hochwertige Kunststoffe – das weiß ich durch meine Tätigkeit als Physiotherapeutin nur allzu gut – finden sich natürlich auch massenhaft im medizinischen Sektor. Wobei sogar in diesem höchst sensiblen Bereich meiner Meinung nach nicht offensichtlich erkennbar ist, ob und in welchem Ausmaß die eingesetzten Materialien nicht doch schädliche Chemikalien enthalten. Je länger ich mich mit dem Thema befasse, desto mehr wird mir bewusst, dass man auf jeden Fall zwischen hohem Wert und hohem Preis unterscheiden sollte.

Dennoch bleibt meine brennendste Frage: Warum kann Plastik – als Verpackungsmaterial oder für diverse Niedrigpreisprodukte – derartig billig hergestellt werden, obwohl klar ist, dass der Ausgangsstoff nur begrenzt zur Verfügung steht?

»Das Denkvermögen der Menschheit ist eben noch begrenzter, als es die Erdölvorräte der Erde sind«, antwortet Peter trocken, und wenngleich ich befürchte, dass er recht haben könnte, muss ich lachen.

»Gut, dann hören wir zumindest jetzt damit auf. Und neben allem anderen werde ich mich außerdem verstärkt bemühen, so wenig wie möglich mit dem Auto zu fahren.«

Die Fahrt von Mürzzuschlag nach Wien dauert nur etwas mehr als eine Stunde, und als wir schließlich vor der Wohnung unserer Freunde ankommen, diskutieren wir noch immer, welche Autofahrten wir in Zukunft zusätzlich vermeiden könnten, welche Plastikartikel oder Verpackungen gänzlich entbehrlich sind und was man darüber hinaus alles tun müsste, um diese Welt zu einem besseren Ort zu machen.

Wenn wir so darüber reden, fällt es uns nicht schwer, Theorien und Strategien zu entwickeln, doch die tatsächliche Umsetzung ist natürlich viel schwieriger. Und wie soll man erst andere davon überzeugen, Denken und Handeln zu verändern? Wie kommt man von verbalen Weltrettungstheorien zu einem konkreten und zumindest für gewisse Menschen nachahmenswerten Handlungsansatz? Wir hoffen in dieser Hinsicht sehr auf das bevorstehende Treffen mit Werner Boote.

Im Vorfeld, noch zu Hause, kam es allerdings zu einer etwas heiklen Diskussion zwischen Peter und mir, die auf einen Grundwiderspruch des geplanten Experiments verwies. Thomas Bogner, der Produzent von *Plastic Planet*, mit dem ich in recht regelmäßigem Kontakt stehe, hatte mir in einem seiner E-Mails eine durchaus interessante Frage gestellt: »Wie wollen Sie denn ohne Plastik Texte für einen Weblog schreiben oder Fotos dafür machen?« Inzwischen diskutieren wir nämlich die Möglichkeit, auf diese Weise an die Öffentlichkeit zu gehen, ziemlich ernsthaft.

Obwohl die Frage mit einem Smiley versehen war, löste sie bei mir ernsthafte Zweifel aus. Zum einen fragte ich mich, ob die Ideen von Werner Boote und Thomas Bogner hinsichtlich einer

Veröffentlichung unseres Experiments nicht zu aktionistisch für uns seien, und vor meinem inneren Auge entstanden bereits lebhafte Bilder: Peter, wie er vor laufender Kamera unsere Lichtschalter abmontiert und die Kunststoffwasserrohre aus den Wänden stemmt. Eine Vorstellung, die mich nervös machte. Hatte ich bei den beiden vielleicht mit meiner Ankündigung, so weit wie möglich ohne Plastik leben zu wollen, falsche Erwartungen geweckt?

Etwas anderes kam hinzu. Der Hinweis auf Fotoapparat und Computer machte mir überdeutlich klar, dass man niemals, selbst während des Experiments nicht, jeglichen Kunststoff aus dem Haushalt verbannen konnte. Aber was war wirklich verzichtbar? Als ich Peter darauf ansprach und vorschlug, zumindest den Fernsehapparat in dieser Zeit aus der Wohnung zu verbannen, legte er ein klares Veto ein. Zwar nimmt Fernsehen in unserer Familie eigentlich keinen besonderen Stellenwert ein, doch mochte Peter vor allem nicht auf Übertragungen von Fußballspielen und diversen sportlichen Großereignissen verzichten. Selbst für vier Wochen nicht. Für mich hingegen schien es schwer vorstellbar, Radio beziehungsweise Stereoanlage wegzuräumen. Gleiches galt für die Kinder mit ihren Radios und CD-Decks, die fast täglich verwendet werden.

In unserem Gespräch damals ist mir klar geworden, dass all diese Dinge zwar theoretisch absolut verzichtbar wären, die praktische Umsetzung dieses Verzichts jedoch eine ziemliche Gefährdung des Familienfriedens darstellen würde und mir überdies nicht gerade zeitgemäß zu sein scheint. Überdies brauche ich sowohl Computer und Internet als auch Telefon oder Handy teilweise beruflich, und die Kinder müssen manche Hausaufgaben am Computer erledigen. Obwohl ich Informationsüberfluss und weltweiter Vernetzung unserer Gesellschaft durchaus kritisch gegenüberstehe, möchte ich kein Exempel à la »Ein paar Wochen lang leben wie im 19. Jahrhundert« statuieren. Zudem soll unser Experiment ja beweisen, dass sich auf viel Plastik verzichten lässt, auch dauerhaft und ohne dass man sich zum Außenseiter entwickeln muss. Welcher Mittelweg sich da anbietet, auch das wollen wir bei unserem Treffen mit Werner Boote besprechen.

Eine schicksalhafte Begegnung

Am nächsten Tag geht es dann endlich los zu dem Treffen, von dem wir uns so viel erhoffen und das auch am Abend zuvor bei Karin und Ewald, alten Freunden von Peter aus Mürzzuschlag, Gesprächsgegenstand war. Wobei hier eine pikante Tatsache hinzukam: Karin verdanken wir nämlich einen Großteil unserer Ausstattung mit Tupperware, weil sie einige Jahre für diese Firma im Einkauf tätig war und mich mit ganz speziellen Plastikschnäppchen versorgte. Eines meiner Lieblingsstücke aus dieser Ära ist eine rosa Salatschleuder mit pinkfarbenem Griff, ein Teil mit echtem Kultstatus und eines der wenigen Tupperwareprodukte, die wir bis jetzt relativ regelmäßig verwendet haben.

Als Karin bei der Firma kündigte, war ich ehrlich gesagt fast ein bisschen enttäuscht, an diesem Abend jedoch recht froh darüber. Denn ich empfinde es immer als sehr unangenehm, mit Freundinnen und Freunden über ein Thema zu sprechen, bei dem sie sich persönlich angegriffen fühlen könnten. Insofern sah ich dem Gespräch über unsere plastikfeindlichen Aktivitäten mit eher gemischten Gefühlen entgegen.

Zum Glück erwiesen sich meine Befürchtungen als unbegründet. Karin und Ewald reagierten ganz gelassen auf unsere Idee, was ich als sehr wohltuend empfand und als Ausdruck eines gesunden Selbstwertgefühls. Sie fanden die Sache spannend, besonders Karin, und hörten sich interessiert an, was wir so alles umkrempeln wollten in unserem Alltag, ohne es zu bewerten oder sich selbst für irgendetwas zu rechtfertigen. Und obwohl die beiden einen völlig anderen Lebensstil haben als wir und zum Beispiel leidenschaftlich gerne mit dem Flugzeug in weit entfernte Länder reisen, fiel es mir in diesem Fall überhaupt nicht schwer, mich jeglicher Polemik und aller Bekehrungsversuche zu enthalten.

Peter und ich reden noch über den Abend mit den Freunden, als wir den vereinbarten Treffpunkt erreichen: das Gebäude der Neuen Sentimental Film, der Produktionsfirma von *Plastic Planet*. Die Spannung bei uns beiden steigt, und zumindest ich bin etwas nervös. Wie wird dieser erste direkte Kontakt wohl ablaufen?

Werner Boote kommt ungefähr eine halbe Stunde zu spät, für seine Verhältnisse jedoch durchaus noch pünktlich, wie sich später herausstellen sollte. Schon in den ersten Minuten unseres Gesprächs bestätigt sich der Eindruck, den ich bereits nach der Filmpremiere von ihm hatte. Boote wirkt lustig, locker, ein bisschen chaotisch, charmant und dabei ganz normal. Wir finden sofort einen Draht zueinander, gehen schnell zum Du über und sind uns über die wichtigsten Punkte des Experiments einig. Zu meiner großen Erleichterung bewahrheitet sich meine heimliche Sorge, er könnte das ganze Projekt nur als Riesenspektakel sehen, nicht.

Auch Produzent Thomas Bogner trägt mit seiner besonnenen und ruhigen Art sehr viel dazu bei, dass die Idee, unseren Versuch öffentlich zu machen, für mich immer konkretere Formen annimmt. Außerdem fällt mir ein Stein vom Herzen, als ich merke, dass Peter sich ebenfalls lebhaft an der Unterhaltung beteiligt. Damit die Sache wirklich funktioniert – das ist mir inzwischen klar geworden –, genügt es nicht, dass er das Experiment duldet. Es kann nur klappen, wenn er tatsächlich vorbehaltlos dahintersteht.

Noch größer ist meine Erleichterung darüber, dass unsere teilweise frustrierenden Diskussionen über das Ausmaß eines Plastikverzichts sich als gegenstandslos erweisen. Natürlich dürfen wir weiter elektrische und elektronische Geräte in unserem Haushalt verwenden, hören wir jetzt. Das sei sogar erwünscht, weil das Experiment andernfalls einen zu radikalen Touch bekäme und kaum noch nachahmenswert wäre. Gott sei Dank, seufze ich innerlich, denn diese Problematik hat mir doch ganz schön auf der Seele gelegen.

Als Nächstes erklärt Thomas Bogner uns, wie er sich die Gestaltung des Weblogs vorstellt. Ich solle einen Monat lang regelmäßig über unsere Erfahrungen beim plastikfreien Einkauf berichten, und diese Texte würden dann durch kurze Filmbeiträge, passend zum Thema, ergänzt. Ferner bekämen Leserinnen und Leser des Blogs die Möglichkeit, Kommentare und Meinungen zu posten. Außerdem, sagt er, halte er es für sinnvoll, auf dieser Seite Firmen vorzustellen, die gute Alternativen zu Plastikprodukten anbieten. Ich bin begeistert von dieser Idee und erkläre mich mit seinen Vorschlägen einverstanden.

Bei einem gemeinsamen Mittagessen besprechen wir weitere Details, und in diesem Zusammenhang kommt auch ein kritischer Punkt zur Sprache: die Zusammenarbeit mit der besagten großen Tageszeitung, an deren Seriosität Peter bekanntlich zweifelt. Jetzt lerne ich eine neue Eigenschaft von Werner Boote kennen: seine unschlagbare Überredungskunst. Es gelingt ihm nämlich innerhalb kürzester Zeit, meinen äußerst skeptischen Mann davon zu überzeugen, dass diese Kooperation für unser Anliegen absolut unentbehrlich ist, und seine Bedenken zu zerstreuen.

»Ich kenne diese Journalistin persönlich, und ihr liegt viel an der Sache. Ihr müsst euch da überhaupt keine Sorgen machen«, meint er und hat gewonnen.

Peter lenkt ein: »Du kannst sie uns ja mal vorstellen, und dann sehen wir weiter …«

»Genau, so machen wir das, und sobald ihr sie kennt, kann sie ja gleich das erste Interview mit euch machen.«

Werner Boote lässt nicht locker, auch wenn Peter letzte Spuren von Widerstand zeigt. »Na ja, je nachdem wie es passt …«

Bevor er weiterreden kann, ist dieses Thema für Werner abgehakt, und er lässt die nächste Bombe platzen: »Das wird ganz sicher passen, aber vorher müsst ihr euer Haus ausräumen. Und wir filmen das.«

Mir fallen Szenen aus seinem Film ein: Menschen aus den verschiedensten Teilen der Welt, die sämtliche Plastik- und Kunststoffgegenstände ihres Haushalts vor die Tür räumen. Ein unglaublicher Aufwand! Nur eine einzige Familie war recht schnell fertig und produzierte lediglich einen verhältnismäßig kleinen Plastikberg. Allerdings handelte es sich um Bewohner einer indischen Barackensiedlung, die sicher nicht als repräsentativ gelten können, zumindest nicht für die Mengen mitteleuropäischen Überflussmülls.

Mir wird ein wenig schwummrig bei diesem Gedanken, zumal mir in den letzten Wochen unser Sortiment an Plastikartikeln von Tag zu Tag unangenehmer aufgefallen ist. Werner Boote, der meinen Gesichtsausdruck offenbar richtig gedeutet hat, beeilt sich hinzuzufügen: »Wir helfen euch natürlich dabei, das ist ja klar! Genau wie bei den anderen. Das ganze Team packt mit an.«

Diesmal ist es mein Mann, der spontan zustimmt, während ich angesichts dieses unerwarteten Plans sprachlos dasitze. Mehr noch: Peter stellt sogar bereits Überlegungen an, welch positive Auswirkungen eine solche Großräumaktion auf unseren Haushalt hätte. Natürlich habe ich keine grundsätzlichen Einwände, male mir allerdings Horrorszenarien bei dieser Räumaktion aus. Das wird ja schlimmer als ein Umzug, denke ich.

Der Rest des Treffens verläuft recht unspektakulär. Es geht eigentlich nur noch darum, wann wir offiziell beginnen. Auf jeden Fall mit einem signifikanten Startschuss, meinen unsere beiden

Filmleute, die schließlich etwas von werbewirksamen Aktionen verstehen, und ich schlage vor, meine Geburtstagsfeier Anfang November als Anlass zu nehmen.

Die Entrümpelung unseres Hauses allerdings soll vorher stattfinden. »Auch gut«, sage ich, »dann kann ich mir gleich für entsorgte Gegenstände plastikfreien Ersatz von meinen Gästen schenken lassen.« Eine Idee, die Werner Boote ausgesprochen gut gefällt und ihn zu dem Vorschlag veranlasst, als ersten Beitrag für den Weblog eine Einladung zu meiner plastikfreien Geburtstagsfeier zu schreiben.

Als wir uns schließlich verabschieden, kommt es mir vor, als würde ich die beiden schon ewig kennen. In den drei Stunden unseres Zusammenseins hat sich bei mir jedenfalls das Gefühl verstärkt, dass unser Familienexperiment bei ihnen in guten Händen liegt. Und ein wenig beginnt in diesem Moment die Hoffnung zu keimen, vielleicht sogar mehr Menschen für diese Idee begeistern zu können, als wir ursprünglich angenommen haben.

Das Tupperwarekasterl

Auf der Rückfahrt von Wien dachte ich unentwegt an Werners Idee, unser Haus gründlichst und medienwirksam von allem entbehrlichen Plastik zu befreien. Zwar hatten wir ziemlich spontan zugestimmt, doch im Auto türmten sich Detailfragen plötzlich wie ein Berg vor mir auf. Die Aktion insgesamt sowieso. Schließlich musste unser Alltag ganz nebenbei reibungslos weiterlaufen. Ich beschloss, bevor das Filmteam samt Helfern anrückte, unseren aktuellen Plastikbestand wenigstens zu sichten, um später unangenehme Überraschungen zu vermeiden.

Peter war allerdings anderer Meinung. Er fand, dass wir vor der offiziellen Räumung gar nichts verändern sollten, sonst sei es ja nicht authentisch, aber ich konnte mich so weit durchsetzen, vorbereitend wenigstens zusammenzuräumen. »Sonst dauert das ja Tage und nicht nur einen Nachmittag wie geplant«, argumentierte ich.

Gesagt getan. Ein paar Tage später machen Peter und ich uns an die Arbeit. Wir beginnen in der Küche, wo mein Mann es besonders auf meinen Tupperwareschrank abgesehen hat, der, von oben bis unten mit verschiedensten Arten von Plastikgeschirr und -behältern vollgestopft, seit jeher eines von Peters persönlichen Feindbildern darstellt. Was nicht unwesentlich damit zusammenhängen dürfte, dass so gut wie jeder Versuch, ein Stück herauszuholen, mit einer kleinen Plastiklawine endet, die sich auf unseren Küchenboden ergießt.

Dennoch konnte ich meinen Tupperwareschrank bisher immer erfolgreich gegen Übergriffe verteidigen, sobald er seine unmissverständlichen Drohungen ausstieß. »Jetzt schmeiß ich das ganze Plastikklumpert einfach raus!« – »Das braucht doch kein Mensch, das gehört alles entsorgt!« Manchmal reichten schon ein leichtes Zischen, der veränderte Tonfall, die stark vertieften Stirnfalten, um mir zu signalisieren, dass meine Plastikschätze sich in größter Gefahr befanden. Ja, mehr noch als uneinsichtigen Autofahrern gegenüber hat mein Mann in Bezug auf dieses Tupperwarekasterl eindeutig einen gewissen Hang zur Radikalität entwickelt. Deshalb werde ich auch den Verdacht nicht los, dass er der ganzen Hausräumaktion primär nur zugestimmt hat, um diesen Störfaktor ein für alle Mal zu eliminieren.

Außerdem bin ich mir relativ sicher, dass er seine Drohungen schon längst in die Tat umgesetzt hätte, wenn er nicht selbst ein Sammellager verteidigen müsste. In dem ehemaligen Stallgebäude, das auf unserem Grundstück steht, hortet er nämlich seit unserem Einzug vor etwa zehn Jahren unter anderem alte Elektrogeräte, Computer beziehungsweise einzelne Teile, Radios, Schalter, Kabel, Motoren in verschiedenen Größen, kurz die verschiedensten Arten von Elektroschrott. Als Absolvent einer Höheren Technischen Lehranstalt für Elektrotechnik sieht Peter das naturgemäß anders. Zwischen unseren beiden »Sammlungen« jedenfalls herrscht so etwas wie ein Gleichgewicht des Schreckens. Beide Bestände sind kontinuierlich gewachsen, kommen aber bloß selten zum Einsatz.

Wie selten, das merke ich jetzt, als ich mich von vorne nach hinten durch mein überbordendes Tupperarsenal wühle. Je weiter ich mich zu den rückwärtigen Stapeln vorarbeite, desto weniger kann ich mich an den letzten Einsatz erinnern, bis ich schließlich auf Behälter stoße, von denen ich kaum noch weiß, dass sie sich in meinem Besitz befinden. Wie etwa die dreiteilige, in verschiedenen Grüntönen gehaltene Puddingform, die dort seit Jahren ihr Dasein fristet, ohne auch nur ein einziges Mal gebraucht worden zu sein.

In Wien habe ich Werner Boote – ohne unser reichhaltiges Lager zu erwähnen – gezielt nach Tupperware gefragt, das schließlich auf dem Plastikmarkt als Inbegriff von Qualität gilt. Ob diese Produkte nicht vielleicht doch frei von Schadstoffen seien, wollte ich wissen. Seine Antwort war eindeutig: »Der Tupperware-Chef eines europäischen Landes hat mir erklärt, dass sie natürlich ebenfalls Weichmacher und so weiter verwenden, weil es sonst nicht funktionieren würde. Allerdings sind die anderen, die Tupperware nachmachen, vermutlich viel schlimmer.«

Während ich eine alte orangefarbene Plastikbox öffne, um den Inhalt zu inspizieren, steht Peter plötzlich hinter mir. Er versucht erst gar nicht, seinen Triumph zu verbergen, als ich weiße Einmalplastikgabeln auspacke und mit einem Anflug von Verzweiflung frage. »Wo sollen wir das ganze Zeug nur hintun?«

»Na, weg natürlich, was sag ich denn seit Jahren?«

»Weg, weg – was soll das heißen? Wir können schließlich nicht den ganzen Plastikberg einfach wegschmeißen! Was glaubst du, was da zusammenkommt? Das sind Unmengen! Das ganze

Haus ist voll davon. Und überhaupt: Ich wüsste nicht mal, wo man das alles entsorgt.«

»Na ja, im gelben Sack wahrscheinlich, zum Plastikmüll, oder?«

»Glaube ich eher nicht. Der ist doch für Verpackungsmaterial. Außerdem ist das alles noch in Ordnung, hat Geld gekostet. Das kann man nicht so einfach wegwerfen ...«

»Na, vielleicht will's ja irgendjemand haben?«

»Großartig, wir misten unser Plastikzeug aus, weil wir nicht mehr so viel im Haus haben wollen, und verschenken es dann an Freunde und Bekannte. Kommt sicher gut an!«

»Man kann ja mal fragen. Ich meine, bevor die Leute das Zeug neu kaufen, nehmen sie besser unsere gebrauchten Sachen her ...«

»Dann hör dich gleich mal um, wer gerade eine Tortentransportform braucht. Die ist nämlich nagelneu!«

Es war eine bewusste Spitze in Peters Richtung, denn dieses Teil hatte er selbst erst vor wenigen Wochen beim Hofer (Aldi) erstanden, nachdem unser alter Behälter – Tupperqualität wohlgemerkt – im Zuge eines Festes verschwunden war.

Mein Mann lässt das nicht auf sich sitzen. Er habe das gewissermaßen als »Auftragsarbeit« betrachtet, weil ich dem verlorenen Stück ständig hinterhergejammert hätte.

Eine Weile ergehen wir uns noch in derartigen Reibereien, bis wir merken, dass wir so nicht weiterkommen. Deshalb einigen wir uns schließlich darauf, ein vorläufiges Zwischenlager für unser Kunststoffinventar im Stallgebäude einzurichten, neben Peters Elektroschrott, und die endgültige Entscheidung über Wegwerfen oder nicht zu vertagen.

Peter verdächtigte mich auch in der Folgezeit nach wie vor, die Zustände in unserem Haushalt verschleiern zu wollen, indem ich vorsortierte und in Kisten packte. Mag sein, dass er nicht ganz unrecht hatte, denn je länger ich das Plastikvolumen unseres Haushalts in Augenschein nahm, desto peinlicher fand ich es.

Und die Vorstellung, dass fremde Leute beim Ausräumen das ganze Ausmaß sahen, war mir, gelinde gesagt, mehr als unangenehm.

Und so verfiel ich mit Näherrücken des Termins in ein zunehmend hektisches Treiben. Immer wieder ertappte ich mich dabei, dass ich das eine oder andere unansehnliche Stück unauffällig »verschwinden« ließ. Da unsere gesamte Familie leider zur Spezies der Sammler zählt, wurde bei uns bislang alles aufgehoben – angefangen bei kaputten Musikkassetten über undichte Wärmflaschen und neongelben Modeschmuck aus den Achtzigerjahren bis zu lädierten Schwimmflügeln für Babys. Nach dem Motto, es könnte ja noch mal gebraucht oder repariert werden.

Vor allem die defekten Gegenstände waren mir ein Dorn im Auge, denn ich wollte auf keinen Fall, dass man uns zu allem Überfluss womöglich für Messies hielt. Dass wir Plastikjunkies sind, dürfte sich hingegen kaum verheimlichen lassen. Zu meiner Schande muss ich in diesem Zusammenhang gestehen, dass ein beträchtlicher Teil der vorhandenen Kunststoffartikel erst in den letzten Jahren und noch dazu hauptsächlich durch mich in unser Haus gelangte.

Doch das alles war nichts gegen die wirklich große Bewährungsprobe, die uns bevorstand: die Sichtung der beiden Kinderzimmer.

Hände weg von der Ritterburg

Mal davon abgesehen, dass Kinderzimmer heutzutage naturgemäß meist kleine Plastikwelten darstellen, ist bei uns im Rahmen dieser Aktion eine generelle Grundsanierung gefragt, die ich an einem meiner freien Vormittage in Angriff nehmen will.

Samuel, Marlene und Leonard teilen sich mit wechselnder Besetzung zwei relativ große Zimmer, was einige Vorteile, aber ebenso einen entscheidenden Nachteil hat. Letzterer besteht darin, dass – egal, wen von den dreien ich auf das Chaos anspreche – prinzipiell immer »die anderen« dafür verantwortlich gemacht werden. Die wiederum sind der Meinung, dass nicht sie die Urheber der Unordnung seien, und so wird die Verantwortung meist so lange hin und her geschoben, bis sich schließlich alle drei durch ein elterliches Machtwort – von den Kindern meist Erpressung genannt – zum gemeinsamen Aufräumen genötigt fühlen. Danach sieht es in den Kinderzimmern ungefähr für einen Tag einigermaßen ordentlich aus, bevor das ganze Spiel von vorne beginnt.

Ein entscheidender Grund für diesen fast aussichtslosen Kampf gegen das ständig wiederkehrende Chaos ist schlicht und einfach die Menge der Spielsachen. Trotz aller guten Vorsätze, sich diesbezüglich eine gewisse Selbstbeschränkung aufzuerlegen, findet sich in beiden Kinderzimmern so ziemlich alles, was der Markt in den letzten Jahren hergab. Das Einzige, was ich konsequent und erfolgreich verweigert habe, sind diverse elektronische Spielsachen, weil ich der Meinung war und bin, dass Kinder bis zu einem gewissen Alter vor solchen Dingen eher geschützt werden sollten.

Was allerdings nichts daran ändert, dass der überwiegende Teil der Spielsachen aus Plastik besteht oder zumindest nicht gänzlich frei davon ist. Die gesamte Puppensammlung inklusive Tragetasche, Puppenbuggy, Puppenautositz und Puppenküche, Marlenes Schleich-Pferde-Sammlung, Duplo- und Legobausteine, Autorennbahn, selbst die meisten Stofftiere und natürlich Leos heißgeliebte Playmobil-Ritterburg, die er erst vor drei Monaten zum Geburtstag bekommen hat. – alles Plastik!

Während die Kinder noch in der Schule sind, sehe ich mich ungestört in den Kinderzimmern um, und vor meinem inneren Auge entsteht ein neues Schreckensbild: Weinende, völlig aufgelöste Kinder, denen wir vor laufender Kamera ihr Lieblingsspielzeug entreißen. Ich habe Werner Boote zwar als ausgesprochen netten und umgänglichen Menschen kennengelernt, aber wer weiß schon, ob sein kreativer Geist so etwas nicht als guten Gag empfinden könnte.

Ich schüttle energisch den Kopf, denn dergleichen werden wir mit Sicherheit nicht zulassen. Schließlich waren Peter und ich uns von Anfang an einig, dass wir die Kinder weder zwingen noch überreden wollen, ihre Plastikspielsachen wegzugeben. Da sie andererseits von Anfang an in unsere Gespräche und Diskussionen einbezogen wurden, hoffen wir natürlich, dass sie sich aus freien Stücken bereit erklären, sich zumindest für die Dauer des Experiments von dem einen oder anderen Teil zu trennen.

Ich unternehme einen Vorstoß bei Leonard, der als Erster aus der Schule heimkommt, frage ihn sanft, ob er sich vorstellen könnte, seine Ritterburg vorübergehend wegzuräumen und aus dem Haus zu schaffen.

Seine Reaktion lässt keine Zweifel offen: »Nein, sicher nicht«, sagt er und stapft empört davon, ohne mir auch nur die geringste Möglichkeit für weitere Erklärungen oder Erläuterungen zu geben.

Für die beiden Älteren hingegen scheint die Aktion beinahe ein willkommener Anlass zu sein, sich ein wenig von der Überfüllung ihrer Zimmer zu befreien. Zu meiner großen Freude nutzen beide die Gelegenheit, Spielzeug, das ohnehin seit Langem als bloßer Staubfänger herumsteht, auszumisten. Marlene ist sogar willens, alle Puppen mit sämtlichem Zubehör sowie die Puppenküche und einen Großteil der Stofftiere zumindest für einen Monat zu entfernen. Lediglich über die Schleich-Pferde lässt sie nicht mit sich reden.

Wir tragen also alle Sachen, die bei der Hausräumung in den Stall gebracht werden sollen, in einer Ecke der Kinderzimmer zusammen.

Leonard beobachtet das alles vorsichtshalber aus der Ferne und behält seine Ritterburg im Auge. Zwischendurch wirft er mir misstrauische Blicke zu, was mich dazu veranlasst, ihm noch einmal zu erklären, dass die ausgemusterten Spielsachen ja nicht weggeworfen oder hergeschenkt, sondern lediglich für eine Weile weggeräumt werden. Und dass man sie jederzeit wieder hereinholen könne, falls er oder seine Geschwister ein Stück arg vermissen sollten.

»Meine Ritterburg bleibt jedenfalls da.« Leonard zeigt sich kein bisschen kompromissbereit.

Ich versuche ihn zu locken: »Aber für das große Foto mit all unseren Plastiksachen dürfen wir sie schon hinausräumen. Das wäre schließlich schade, wenn sie da nicht drauf wäre.«

Leonard bleibt skeptisch. »Und was ist, wenn irgendjemand von den Leuten sie mitnehmen will?«

»Das wird sicher nicht passieren«, versuche ich ihn zu beruhigen. »Das sind lauter Erwachsene. Die spielen nicht mehr mit Ritterburgen.«

Ich rede mit Engelszungen, doch ohne Marlenes Hilfe hätte ich es vermutlich nicht geschafft. Sie ist es überwiegend, die Leonard überzeugt, wenigstens einem Fototermin für seine Ritterburg zuzustimmen: »Also gut, dann darf sie halt für das Foto nach draußen. Aber ihr müsst mir helfen, sie zu bewachen.«

Ich verspreche es hoch und heilig und bin erleichtert, dieses Problem aus dem Weg geräumt zu haben.

Samuel und Marlene, scheinbar beflügelt von der bevorstehenden Aktion und gespannt darauf, einen »echten Regisseur« und ein »echtes Filmteam« kennenzulernen, machen mich von sich aus sogar auf Problemfälle aufmerksam, die ich bisher völlig ignoriert habe. Es betrifft die Schulutensilien, einen riesigen und in einem Haushalt mit drei Kindern durchaus wichtigen Bereich, der nur so strotzt vor Plastik.

Wie konnte ich das bloß vergessen? Noch dazu, wo dieses Thema eine ständige Konfliktquelle in unserer Familie darstellt. Denn obwohl unsere Kinder jedes Jahr zu Schulbeginn mit allem notwendigen oder obligatorischen Material ausgestattet werden, müssen andauernd irgendwelche neuen Dinge besorgt werden, weil die Sachen entweder kaputtgehen oder verschlampt werden. Deshalb habe ich bisher versucht, unseren Bedarf überwiegend mit preiswerten Sachen zu decken, was dazu führte, dass sich eine beachtliche Menge von qualitativ minderwertigen Filz- und Buntstiften, Linealen und Spitzern angesammelt hat, die in einer großen Plastikbox mit einigen wenigen noch brauchbaren Gegenständen herumliegen.

Da die billigen Stifte meist nur in großen Plastiketuis verkauft werden, befinden sich mittlerweile auch davon einige in unserer Sammelbox. Es ist ein Dilemma: Der ständige Neuerwerb von qualitativ schlechtem Schulbedarf bewirkt, dass sich einerseits immer mehr Müll bei uns ansammelt und die Kinder andererseits sehr oft keine funktionstüchtigen Utensilien zur Verfügung haben. Ich beschließe, das für die Zukunft zu ändern, zumal die bisherige Vorgehensweise letztlich nur Nachteile hat. Finanziell betrachtet ist sie trotz des Schnäppcheneffekts ein Fiasko, unter Umweltaspekten führt sie zu unnötigem Plastikmüll, und der eigentliche Zweck, ordentliches, gebrauchsfähiges Material zu liefern, wird überdies nicht erfüllt.

Ich nehme mir vor, mich bei nächster Gelegenheit ausführlicher mit dem Thema zu befassen und mich auch wegen plastikärmerer Alternativen in diesem Bereich kundig zu machen. Vorläufig begnüge ich mich damit, den Inhalt der hässlichen Plastikbox nach brauchbaren Teilen zu durchsuchen und den Rest zu entsorgen. Angesichts der Tatsache, dass ich einiges davon erst einige Wochen zuvor gekauft habe, eine eher frustrierende Aktion, deren einziger positiver Nebeneffekt darin besteht, dass der am Ende verbleibende Rest in einer relativ kleinen Holzschatulle Platz findet.

Aktion Plastik raus

Ende Oktober: Etwas mehr als ein Monat ist vergangen, seit wir uns für das Experiment entschieden haben. Jetzt ist es so weit: Werner Boote und Thomas Bogner haben ihr Kommen angekündigt. Gleich nach dem Mittagessen werden sie mit vier Mitarbeitern anrücken, um die Befreiung unseres Hauses von Plastik zu unterstützen und filmisch festzuhalten.

Aufgrund meiner Vorarbeiten, von denen ich mich nicht habe abbringen lassen, steht ein Teil unseres Plastikinventars bereits in Kisten und Schachteln zum Hinaustragen bereit, was sich im Nachhinein in der Tat als Segen erweist. Trotz der süffisanten Bemerkungen meines Mannes, damit würde ich jegliche Authentizität zerstören, sind alle angesichts der nicht unbeträchtlichen Restbestände ausgesprochen erleichtert. Wobei Thomas Bogner allerdings anfangs die Gesamtmenge unserer Plastikschätze gewaltig unterschätzt hat. In einer Stunde sei alles so weit vor dem Haus aufgebaut, dass gefilmt werden könne, so seine erste optimistische Prognose. Da hatte er noch keine Ahnung, was sich alles in diversen Kästen, Kommoden, Schubläden und in unserem Stallgebäude verbirgt.

Ständig werden neue Dinge zutage gefördert, nicht zuletzt in den Kinderzimmern, die wir unserer Meinung nach doch besonders gründlich ausgemistet haben. In einer Kommode etwa entdecke ich hinter Matchboxautos und einem großen Feuerwehrwagen lauter kleinen Plastikkrimskrams wie Figürchen aus Überraschungseiern, Geschenke von Weltspartagen, Werbeaktionen oder Gewinnspielen. Lauter unnützes Zeug, das ausgepackt und mit Glück zusammengebaut wurde, um dann für immer in den Tiefen irgendwelcher Kästen zu verschwinden. Wehe aber, ich habe versucht, etwas von diesen Dingen zu entsorgen! Dann brach sofort Geschrei los, und alle stürzten sich auf die kleinen Spielsachen, nur um sie bei nächster Gelegenheit wieder in eine Ecke zu werfen.

Jetzt sehe ich die Gelegenheit gekommen, das Zeug heimlich verschwinden zu lassen – nur Leonard, der wegen seiner Ritterburg ständig mit argwöhnischem Blick ins Kinderzimmer gelaufen kommt, hätte meinen Plan um ein Haar durchkreuzt. Zum Glück denkt er jedoch nur an seine kostbare Burg. Er will sie nämlich erst ganz zum Schluss eigenhändig hinaustragen und sofort nach Beendigung der Dreharbeiten wieder in sein Zimmer bringen.

Nach circa zwei Stunden quillt der Platz vor unserem Haus bereits über. Wir verzichten deshalb darauf, zusätzlich alle Elektrogeräte und die gesamte Unterhaltungselektronik nach draußen zu schleppen, nur um sie filmen und danach wieder reintragen zu lassen. Schließlich sind das ja die Dinge, die wir weiterbenutzen werden.

Unser Filmteam zeigt sich im Übrigen, wie nicht anders zu erwarten, überwältigt von der Menge an Plastik, die sich in unserem Haushalt angesammelt hat, wobei Werner Boote sich hauptsächlich damit beschäftigt, die einzelnen Plastikhaufen möglichst künstlerisch zu arrangieren und in Szene zu setzen. Als Peter jedoch auch noch alte Gartenmöbel, Skiausrüstungen und Motorradhelme aus dem Stall anschleppt, kann er nicht umhin, sich zu wundern. »Ihr habt wirklich außergewöhnlich viel Plastik im Haus. Das war ja nicht einmal bei den Amis so schlimm.«

Ich erinnere mich an jene Szene des Films, in der eine amerikanische Familie ihr gesamtes Plastikinventar vor dem Haus aufbaut. Schon damals habe ich mir insgeheim eingestanden, dass bei uns sicherlich nicht weniger anfallen würde. Im Gegenteil, wie sich jetzt erweist.

»Ich habe euch gewarnt. Selber schuld, wenn ihr euch auf uns einlasst. Wir sind eben unverbesserliche Sammler.« Ich muss ziemlich kleinlaut geklungen haben, denn Werner legt tröstend den Arm um meine Schultern und sagt lachend: »Das passt schon. Wird bestimmt ein super Foto und ein netter Film. Schließlich wollen wir ja zeigen, wie viel Plastik normale Leute in ihrem Haus haben – oder zumindest fast normale.«

Aus seinem Mund klingt das fast wie ein Kompliment. Momentan beschäftigt mich allerdings die Frage, wie wir das ganze Zeug am Abend wieder ins Haus schaffen sollen. Und vor allem wohin mit den Dingen, die wir vorübergehend nicht benutzen werden.

Kein Problem, meint unser plastikmüllerprobter Filmemacher. »Das räumen wir alles in den Stall. Vielleicht könnt ihr damit mal eine Ausstellung veranstalten«, sagt er und lacht wieder, während er Marlenes lilafarbenes Plastiksparschwein auf der alten Puppenküche zu platzieren versucht, was sich als nicht ganz einfach herausstellt, weil die Küche leicht schief steht und das Schwein immer wieder ins Rutschen kommt. Als es zum dritten Mal auf dem Boden landet, gibt er auf und murmelt: »Wenn du ein Keramikschwein wärst, hättest du diese Abstürze nicht überlebt.«

Dann packt er das Plastikschwein und setzt es gemeinsam mit seinem grünen Kollegen, der Leonard gehört, auf einen weißen Plastiksessel, der bis vor Kurzem noch zu unserer Kücheneinrichtung gehörte. Die Mikrowelle dahinter dekoriert er liebevoll mit einer blauen und einer gelben Plastikbox sowie einem gelben Quietschentchen, das auf der blauen Box Platz nehmen darf. Zufrieden betrachtet er sein Arrangement und dreht sich grinsend zu mir um. »Ist das nicht schön?«

Ich merke, wie Stress und Hektik von mir abfallen und ich langsam beginne, die ganze Situation zu genießen. Nach menschlichem Ermessen werden wir unser Haus schließlich nur dieses einzige Mal derartig gründlich räumen. Und die Frage der Endlagerung unserer Plastikhinterlassenschaft muss ja nicht unbedingt heute geklärt werden.

Als ich mich erneut umschaue, erfasst mich trotz des unglaublichen Chaos ringsum plötzlich ein eigenartiges Glücksgefühl. Die Kinder, Peter, die Helferinnen und Helfer, sie alle sind emsig damit beschäftigt, aufzubauen und zu arrangieren. Alle scheinen Freude daran zu haben, und mir wird erstmals richtig bewusst, dass heute tatsächlich etwas ganz Besonderes in unserem Leben passiert.

Eine Idee und ein Entschluss, vor etwas mehr als einem Monat geboren, eröffnen uns eine große Chance. Zwar geht es nicht vorrangig um das heutige Spektakel, doch es macht immerhin Spaß, so etwas einmal zu erleben. Vor allem habe ich erstmals das Gefühl, durch unser Experiment etwas bewegen zu können oder zumindest ein wenig dazu beizutragen, dass etwas in Bewegung gerät. Wenn es gelungen ist, Menschen wie Thomas Bogner und Werner Boote für diese Idee zu begeistern, dann müsste es eigentlich ebenso möglich sein, andere Leute zu erreichen.

Ich hoffe dabei sehr auf den geplanten Weblog, der unsere Erlebnisse und Erfahrungen einer breiteren Öffentlichkeit vorstellen und eine kritische Diskussion über das eigene Konsumverhalten anstoßen soll. Ich spüre ein vertrautes Gefühl in mir aufsteigen, das etwas mit Hoffnung zu tun hat, mit dem Glauben, dass unser Tun andere Menschen motivieren kann und dadurch eine Wirkung zu entfalten vermag, die über das unmittelbare Umfeld hinausgeht. In diesem Moment möchte ich Werner am liebsten umarmen, und der recht aufwendige Arbeitseinsatz des heutigen Tages, den ich bisher eher als aktionistische Einlage betrachtet habe, bekommt plötzlich einen tieferen Sinn.

Jetzt aber ist erst einmal erneut Zupacken gefragt, denn die Zeit drängt, weil die Fotos und der Trailer noch bei gutem Tageslicht aufgenommen werden müssen. Um die Wirkung zu erhöhen, hänge ich mit Ute, einer der Helferinnen, schnell unsere Isomatten vor dem Eingangsbereich auf. Dazu verwenden wir

Kluppen – Wäscheklammern –, die teilweise aus Holz, teilweise aus Plastik sind. Genau passend zum Motto des Tages und zur Ausstattung unseres Hauses.

Ute, die es ziemlich genau nimmt und mit Argusaugen jedes winzige Plastikteilchen entdeckt, macht mich gleich darauf aufmerksam, dass ich die Plastikklammern eigentlich sofort entsorgen könnte, zumal einige beim Versuch, die dicken Matten damit zu befestigen, auseinanderbrechen. Die aus Plastik wohlgemerkt. Trotzdem: Ich werde zwar keine aus Plastik mehr dazukaufen, die anderen jedoch verwenden, bis sie kaputt sind. So haben wir das besprochen, und »müssen« will ich sowieso nicht. Nein, ich behalte es mir vor, mit Peter und den Kindern frei zu entscheiden, was wir behalten und was wir ersetzen wollen und zu welchem Zeitpunkt.

Dennoch male ich mir für einen Moment aus, wie mir ein Wissenschaftler genau vorrechnet, wie viel Schadstoffe aus solchen kleinen Klammern entweichen können, wie sie in meine Atemwege dringen, obwohl ich die Wäsche meist im Freien aufhänge. Ich stelle mir vor, wie er in diversen Studien blättert, um mir die theoretische Verkürzung meiner Lebenszeit vorzurechnen, um plötzlich in schallendes Gelächter auszubrechen, weil es sich lediglich um eine Reduzierung im Millionstelsekundenbereich handelt.

Nein, wir wollen uns nicht lächerlich machen. So hilfreich Studien sein können, gehören sie doch auch zu den beliebtesten Mitteln, Panik zu erzeugen und Leute zu veranlassen, sich gegen ihren gesunden Menschenverstand zu verhalten. Also Schluss mit unnötiger Hysterie und Spitzfindigkeiten.

Das letzte Accessoire, das für unser Foto installiert wird, ist die blaue Plastikküchenuhr. Werner Boote lässt sie direkt an der Stirnseite unseres Vordachgiebels befestigen und stellt die Uhr eigenhändig auf fünf vor zwölf, eine symbolträchtige Uhrzeit, die schon in meiner Kindheit darauf aufmerksam machen sollte, dass in vielen Fragen des Umweltschutzes dringendster Handlungsbedarf besteht. Das hat sich seither nicht verändert.

Als wir uns für das Foto aufstellen und unsere Positionen einnehmen, sind vier Stunden vergangen. Wir tragen Regenjacken aus Kunststoff, Marlene spannt zusätzlich einen gelben Regenschirm auf und legt sich meinen Motorradhelm in den Schoß. Samuel hält seinen Globus in den Händen, Leonard seine Hot-Wheels-Autobahn, Peter eine Hello-Kitty-Figur, und ich selbst suche mir einen blauen Mixstab aus, dazu besagte Tortentransportform, die zwischenzeitlich zum Zankapfel zwischen mir und Peter geworden ist.

Während wir inmitten unseres Plastikbergs sitzen, habe ich erstmals an diesem Tag Zeit, mich ein bisschen in Ruhe umzusehen. Die meisten Dinge, die sich rund um uns herum auftürmen, sind letztlich verzichtbar oder durch plastikfreie Alternativen zu ersetzen. Ob sofort oder später ist eine andere Frage.

Nicht zur Diskussion stehen neben Haushalts- und Elektronikgeräten vor allem Dinge wie Fahrradhelme, diverse Sportschuhe und Kleidungsstücke wie Anoraks und Regenjacken. Ebenso wenig Fahrräder und Skiausrüstung, die gleichfalls jede Menge Kunststoffteile aufweisen. Hier gibt es keine Alternativen, zumindest keine vernünftigen, die einem einigermaßen normalen Leben innerhalb unserer westlichen Zivilisation gerecht werden. Und auf all diese Dinge gänzlich zu verzichten, wäre nur noch ein Experiment für Einsiedler, Asketen oder Sektierer, was wir von Anfang an unter keinen Umständen wollten. Überdies macht Skifahren zumindest unseren Kindern so großen Spaß, dass es nicht verzichtbar wäre, und ähnlich verhält es sich mit anderen Lieblingssportarten unserer Familie wie Fußball, Radfahren und Joggen, bei denen man ebenfalls nicht ohne Kunststoff auskommt. Wie gut, dass Werner uns in dieser Hinsicht beruhigt und uns erklärt hat, es mache eh keinen Sinn, sich radikal zu gebärden. Mir fällt wieder mein erstes Schreckensbild ein: Peter, wie er alle Steckdosen, Lichtschalter und Wasserleitungen aus der Wand reißt, und ich bin heilfroh, dass niemand je ernstlich an so etwas gedacht hat.

Dann geht es ans Aufräumen, was wiederum im Film festgehalten wird. Ein Teil kommt zurück ins Haus, der Rest in den Stall. Den Küchen- und Badezimmerartikeln beispielsweise wird die Rückkehr an ihre alten Plätze fast ausnahmslos verwehrt – allein schon aus gesundheitlichen Überlegungen wollen wir in diesen Bereichen künftig auf Plastik verzichten. Fahrradhelme, Anoraks und Regenjacken tragen wir hingegen wieder ins Haus, und natürlich stürzt sich Leonard, sobald wir mit dem Fotografieren fertig sind, sofort auf seine Ritterburg und schleppt sie eigenhändig in sein Zimmer zurück.

Und während ich all diese Eindrücke auf mich wirken lasse, gelange ich zu einer sehr wesentlichen Erkenntnis: Ich darf unser Experiment nicht durch zu hohe Erwartungen belasten – nicht zuletzt deshalb, weil ich mir sonst jede Freude daran rauben würde. Es handelt sich, bei aller Begeisterung, letztlich um einen privaten Versuch, einfach ein bisschen weniger Plastikmüll zu produzieren, weniger unnötiges Zeug einzukaufen und damit möglicherweise sogar an Lebensqualität zu gewinnen. Der Ehrgeiz, eine größere Außenwirkung zu erzielen, muss im Hintergrund bleiben. Zu sehr besteht sonst die Gefahr, dass wir unter Druck geraten, alles richtig zu machen. Unser Experiment soll menschlich bleiben, Kompromisse und Fehlschläge eingeschlossen. Für Perfektionismus ist da kein Platz.

Plastik ist nicht böse. Plastik ist nicht unser Feind. Neben dem Versuch, einen Monat lang dieses Material beim Einkauf zu vermeiden, wird es in unserem Experiment hauptsächlich darum gehen, sinnvolle Verwendungen von sinnlosen zu unterscheiden, und zwar auf unsere ganz individuelle Art und unserem Lebensstil entsprechend. Ohne uns einzuengen und ohne jemandem etwas beweisen zu müssen.

Nachdem auch der Trailer abgedreht ist und wir uns erstmals selbst beim Wegtragen unseres Plastikhaufens bewundern können, meint Thomas Bogner schließlich: »Nun ist wohl der passende Zeitpunkt, euch zu verraten, wie das ganze Projekt offiziell heißen soll. Wir haben ganz schön lange überlegt und uns schließlich auf *Kein Heim für Plastik* geeinigt.«

Als am Abend alle Leute weg sind und ich noch eine letzte Runde durch alle Räume mache, ist das ein wirklich versöhnlicher Abschluss dieses Tages. Das Haus sieht einfach viel schöner aus als vorher, weniger vollgestopft, freier, offener, größer. Mir erscheint diese Veränderung als Symbol für eine sehr persönliche Hoffnung, die ich an unser Experiment knüpfe. Ein Symbol dafür, dass etwas reicher und schöner werden kann, wenn man das weglässt, was überflüssig ist.

II. Es geht los

Zum Geburtstag eine Bitte-ohne-Plastik-Party

In den Tagen und Wochen nach unserer großen Räumaktion bewerteten wir alle das Resultat als ausgesprochen positiv – sogar die Kinder fanden die entrümpelten Zimmer jetzt viel schöner. Speziell Samuel, der als Ältester gerade einen der Räume für sich alleine hatte, genoss den gewonnenen Freiraum sehr.

Allerdings mussten wir uns trotz aller Freude über den zusätzlichen Platz auch damit auseinandersetzen, dass jetzt einfach ein paar Dinge fehlten, wie etwa Küchenstühle. Unsere alten bestanden nämlich aus einem Metallgestell mit Sitzflächen und Rückenlehnen aus schwarzem oder weißem Kunststoff und waren Peter aufgrund ihrer elektrostatischen Eigenschaften seit jeher ein Dorn im Auge. Schon frühmorgens, wenn er normalerweise freiwillig keinen Ton von sich gibt, konnte man bisweilen aus der Küche kleine Schmerzensschreie vernehmen, gefolgt von mehr oder weniger leisem Fluchen. Obwohl wir also diesem Mobiliar keine Träne nachgeweint haben, muss irgendwann ein Ersatz her. Bis dahin sind wir an unseren großen Tisch im Esszimmer ausgewichen, den Peter selbst getischlert hat, doch vor allem in der kälteren Jahreszeit lieben wir es, in der gemütlich warmen Küche direkt neben dem Herd zu essen.

Außerdem fehlten nahezu sämtliche Aufbewahrungsmöglichkeiten für Lebensmittel, doch zum Glück stand ja mein Geburtstag mit einer größeren Feier ins Haus: eine super Gelegenheit, mir allerlei praktische Dinge von meinen Gästen zu wünschen. Weil ich das aber nicht ganz dem Zufall überlassen wollte, schrieb ich dieses Jahr eine Einladung plus Wunschliste.

Auch über ein besonderes Highlight dieser Geburtstagsfeier informierte ich meine Gäste: die Anwesenheit von Werner Boote und Thomas Bogner, die bei dieser Gelegenheit einen kleinen Film drehen wollten, denn mein Geburtstag soll schließlich der Startschuss für unseren Weblog *Kein Heim für Plastik* sein.

EINLADUNG

zu einer plastikfreien Geburtstagsfeier!

Wie die meisten von euch sicher bereits wissen, fällt mein Geburtstag heuer in die Zeit eines (hoffentlich nur) fast unmöglichen Experiments.

Daher bietet es sich natürlich an, den Beginn unseres plastikfreien Einkaufsmonats und mein Geburtstagsfest zusammenzulegen und beides gemeinsam angemessen zu feiern.

Da im Zuge unserer Hausräumaktion einiges an Plastik entfernt wurde, habe ich einen speziellen Geburtstagswunsch: Ihr findet hier eine kurze Liste von Dingen, die uns jetzt fehlen, und ich würde euch im Sinne des Experiments bitten, bei euch zu Hause, bei Eltern, Großeltern, Geschwistern und so weiter nachzuschauen, ob nicht so ein natürlich plastikfreies Teil irgendwo herumsteht oder -liegt, das keiner mehr braucht.

*Wenn ihr etwas Entsprechendes findet, würde ich mich sehr darüber freuen – wenn nicht, dann ist eure Anwesenheit Geschenk genug!!! Bitte **nichts** extra kaufen!!! Sollten zu viele gleiche Dinge*

mitgebracht werden, könnt ihr ja untereinander tauschen oder sie
einfach wieder mitnehmen. Ich stelle mir das jedenfalls sehr lustig
vor … Ich hoffe, ihr auch!

Falls jemand einen Kuchen oder Aufstrich mitbringen will, so
hoffe ich, dass ihr euch dem Motto entsprechend innovative
Transportverpackungen einfallen lasst. Bin schon sehr gespannt!

Nun zu meiner »Wunschliste«:

- *Vier bis fünf alte Holzsessel (Stühle)*
- *Metall-, Holz- oder Korbkübel für Abfall oder Papierkübel und*
  Abfalleimer aus Metall, Holz oder Korbgeflecht
- *Salzstreuer und Pfeffermühle*
- *Alu- oder sonstige Metalldosen*
- *Holztruhen oder Kisten mit Deckel in verschiedenen Größen*
  (für Kinderspielzeug, Kleinkram usw.); eventuell auch stabile
  Schuhkartons
- *kleines Tischerl oder Nachtkasterl*
- *Seifenablage (wegen der Bruchgefahr vorzugsweise aus Holz*
  oder Metall)
- *Brotdose*
- *Metalltrichter zum Umfüllen von Flüssigkeiten*
- *Vorratsbehälter (Keramik, Glas, Metall, Holz); alte Rexgläser*

Die Erste, die reagierte und sich näher über meine plastikfreien
Wünsche informierte, war Sonja, die Lebensgefährtin von Gerhard. Seit unserer Ausbildungszeit gehört sie zu meinen ältesten
Freundinnen, war später gerne und oft Babysitterin für unsere
Kinder und erwartete nun in ein paar Monaten ihr erstes Kind.
Sie und Gerhard sind nach unserer Übersiedlung aufs Land in
unsere alte Grazer Wohnung gezogen – in ein Haus, das Peter
von seinem Großvater geerbt hat –, und von Zeit zu Zeit erfahre
ich beiläufig, was sich dort an Hinterlassenschaften unserer

Familie noch so alles findet: im Keller und auf dem Dachboden, im Geräteschuppen und im Gartenhäuschen. Lauter Gegenstände jedenfalls, die wir nie vermisst haben. Zu Sonjas Leidwesen, denn somit bleibt es an ihr hängen, sich um die Entrümpelung zu kümmern.

Bei diesem Anruf jedoch klang sie amüsiert.

»Meinst du das ernst mit den alten Sachen?« Ich kannte diesen Tonfall und wusste sofort, dass sie etwas im Schilde führte, ließ es mir allerdings nicht anmerken.

»Ja, sicher, das weißt du doch. Ich muss die Plastiksachen ersetzen, und da dachte ich an alte Dinge aus Glas und Holz, die irgendwo unbenutzt herumliegen. Wieso? Was hast du vor?«

»Das wirst du schon sehen. Ich wollte nur sichergehen. Wir haben da jedenfalls einiges für dich. Du kannst dich schon mal auf eine große Überraschung gefasst machen!«

Langsam wurde ich misstrauisch. »Aber bitte nichts allzu Peinliches! Werner und Thomas kommen schließlich auch, um die Übergabe der Geschenke zu filmen.«

Sonja fing an zu lachen. Offenbar war es genau das, was ihr vorschwebte. Ich platzte fast vor Neugier, konnte sie jedoch nicht erweichen, mit Einzelheiten rauszurücken. »Du wirst schon sehen! Nur so viel verrate ich dir: Alles ist 100-prozentig plastikfrei und selbstverständlich alt, genau wie es in der Einladung steht. Wir halten uns ganz streng an die Vorgaben.«

Mir blieb nichts anderes übrig, als abzuwarten und es zur Not mit Humor zu nehmen.

Ich verdrängte den Anruf vorübergehend, denn die nächsten Tage waren ausgefüllt mit Vorbereitungen, immerhin erwarteten wir ungefähr vierzig Gäste. Zwar würden die meisten etwas Essbares mitbringen wie verschiedene Brotaufstriche, Salate und Kuchen, doch es blieb genug übrig für mich. Vor allem die Zubereitung von zweierlei Gulasch, vegetarisch und nicht vegetarisch. Und damit mir das Rindfleisch fürs Gulasch nicht in regelwidriges, weil beschichtetes Papier gewickelt wurde, nahm ich einen großen Edelstahlkochtopf mit Deckel mit, worüber sich die Verkäuferin bei meinem Fleischer inzwischen kaum noch wunderte. Schließlich hatte ich nun schon ein paarmal auf diese Weise dort eingekauft.

Bei den Getränken gab es solche Probleme nicht. Da war sichergestellt, dass wir experimenttaugliche Abfüllungen erhielten: Den Apfelsaft bestellte ich bei einem benachbarten Bauern, der nur Glasflaschen verwendet und Leergut zurücknimmt; Mineralwasser konnte ich im Nachbarort zum Glück noch in Pfandflaschen kaufen, was bei uns leider inzwischen eher selten ist, und Wein, Bier und Sturm, ein halb vergorener süßer Wein, kommen sowieso in der Regel in Glasflaschen in den Handel. Dazu sollte es Maroni geben, die im Nachbarort lose angeboten wurden und anders als die in Kunststoffnetzen verpackten Sorten in den großen Supermärkten aus Österreich und nicht aus Italien stammten.

Als der große Tag endlich da ist, haben wir es tatsächlich geschafft, alles völlig ohne Plastikverpackung einzukaufen. Und auch die Gäste halten sich ausnahmslos an das Motto der plastikfreien Geburtstagsfeier und beweisen teilweise großen Erfindergeist. Als besonders originell fällt mir ein mit Packpapier ausgelegter Schuhkarton auf, der mit Vanillekipferln gefüllt und mit einem schönen Geschirrtuch abgedeckt ist. Sobald alle ihre Mitbringsel hingestellt haben, sieht das Buffet nicht nur sehr vielfältig und reichhaltig aus, sondern überdies wunderschön bunt, und das ohne jegliches Plastik.

Und was die Wunschliste anbelangt, werden meine Erwartungen bei Weitem übertroffen. So bekommen wir zum Beispiel vier verschiedene Holzstühle, zwei Seifenablagen, eine aus Holz, eine aus Stein, drei Papierkörbe aus Korbgeflecht, drei Pfeffermühlen aus Holz, zwei Metalltrichter, zudem jede Menge verschiedener Aufbewahrungsbehälter aus Glas, Keramik oder Metall in den unterschiedlichsten Größen und Formen. Lediglich eine Brotdose findet sich nicht unter den Behältnissen. Doch Peter, der schon wieder befürchtet, dass ich zu viel unnötiges Inventar anhäufen könnte, meint ohnehin, dass die Methode seiner Eltern, das Brot im Backrohr des Elektroherds aufzubewahren, absolut ausreichend und effizient sei. Also werden wir das mal ausprobieren.

Als Werner Boote schließlich mit der üblichen Verspätung eintrifft, gibt es noch eine besondere Überraschung, denn er hat für mich ein wunderschönes altes Biedermeiernachtkästchen besorgt. Natürlich soll es gleich an seinen neuen Platz in unserem Schlafzimmer gebracht werden, wo sich allerdings zu seinem Entsetzen und meiner Beschämung eine meiner letzten großen Plastiksünden offenbart. Eine, die ich sogar vor den gewissenhaften Helferinnen und Helfern bei unserer Hausräumung geheim halten konnte, indem ich einfach niemanden ins Schlafzimmer ließ.

Eingezwängt zwischen Bett und Kleiderschrank befindet sich nämlich nach wie vor eine durchsichtige Plastikbox auf Rollen, die mir in den letzten Jahren als Nachtkasterlersatz und als Bücherablage gedient hat. Gekrönt wird das Ganze übrigens durch eine blaue Leselampe – aus Plastik versteht sich.

Ich fühle mich zu Erklärungen genötigt: Ein normales Nachtkasterl hätte keinen Platz mehr, aber ich brauchte doch was, zumal ich abends immer lese, und eigentlich sollte es nur eine Notlösung sein.

Trotzdem kann Werner es nicht fassen und ist sichtlich schockiert – nicht nur weil es sich um Plastikrelikte handelt, sondern weil sie überdies absolut hässlich sind. Ich muss ihm schließlich vor laufender Kamera versichern, dass das nun wirklich die letzte Plastikleiche in unserem Haus sei.

Als ich mit ihm zumindest über die Lampe verhandeln will, für die es spontan keinen Ersatz gibt, überredet er mich sanft-charmant, das Ding sofort zu entsorgen. »Da musst du jetzt durch! Aber dafür gibt's dann bei meinem nächsten Besuch eine Überraschung. Du wirst sehen, diese kurzfristige Entbehrung wirst du nicht bereuen.«

Ich gebe nach. »Also gut, dann kommt sie eben weg, doch du musst wirklich bald mit deiner Überraschung kommen. Lange halte ich das nämlich nicht durch, wenn ich kein Licht zum Lesen habe.«

Nachdem er das gelobt hat, stellen wir das neue Nachtkäst-chen an die Stelle des rollbaren Plastikteils, was allerdings kein Dauerzustand sein kann, da sich jetzt die Schranktüren nicht mehr öffnen lassen. Zeit, das Schlafzimmer mal umzuräumen, denke ich. Das haben wir schließlich seit Jahren vor.

Währenddessen hat Thomas Bogner bereits einige Gäste inter-viewt, um zu erfahren, was sie von der Sache halten. Die Fami-lienmitglieder sind schon früher drangekommen. Soweit ich die Statements mitverfolgen kann, äußern sich eigentlich alle recht positiv oder zumindest neutral über unser Experiment. Um sie etwas stärker einzubeziehen, habe ich ein großes Plakat vorbe-reitet, auf dem sämtliche Problemfälle aufgelistet sind, die noch auf eine Lösung warten. Jeder kann und soll zu den einzelnen Punkten Vorschläge und Tipps notieren – Platz ist genug. Wenn man so will, ist es eine Art Wohnzimmergeneralprobe für unse-ren Blog.

Nahrungsmittel

<u>Käse:</u> auch in Bioläden zumindest in Frischhaltefolie
verpackt. (Wie schaut's da mit Schadstoffen aus? Gibt es
etwas aus Bioplastik?)
<u>Kaffee:</u> offen und in Bio-Fair-Trade-Qualität noch nicht
gefunden.
<u>Gefrierbeutel</u> aus kompostierbarem Bioplastik zum Einfrieren
von Lebensmitteln.
<u>Konserven</u> (Fisch, Gemüsemais, Fleischaufstriche): innen
fast immer mit Plastik beschichtet.
<u>Gewürze</u> (Vanillezucker, Backpulver usw.): bislang nur in
Plastik gefunden.
<u>Rosinen, Haselnüsse, Mandeln</u> ebenso.

Hygieneartikel

<u>Toilettenpapier, Taschentücher, Küchenrollen:</u> nur in
Plastikumhüllung.
<u>Tampons, Binden usw.:</u> entweder aus Plastik oder zumindest
in Plastikumhüllung. Alternativen teuer oder in
Österreich nicht erhältlich.
<u>Watte:</u> Verpackung aus Plastik; Watte selber enthält meist
ebenfalls Kunstfasern.
<u>Kondome</u> mit plastikfreier Verpackung?

Körperpflege/Kosmetik

<u>Kosmetikartikel:</u> trotz natürlicher Inhaltsstoffe meist in
Kunststoff verpackt.

Putz- und Waschmittel

Geschirrspültabs und -pulver: einzeln in Plastik verpackt
    beziehungsweise mit Plastikhülle im Karton. Alternativen?
Geschirrspülgeräte: allgemein als Problem (Hitze, Wasser,
    Chemikalien in Verbindung mit Plastik).
Küchenschwämme und Abwaschtücher: Wettex und andere
    Marken ausnahmslos aus Kunstfaser (stattdessen
    Baumwollfrottee probieren).

Baby-/Kinderprodukte

Sauger, Schnuller
Schultaschen, Federpennale (Federmäppchen);
    Buchumschläge, Mappen, Stifte: kaum Alternativen.

Kleidung, Textilien

Fleece: Da gibt es angeblich ein Recyclingmaterial von
    »Patagonia«, aber wie schaut es da mit Schadstoffen aus?
Funktionskleidung: besteht ausschließlich aus Kunststoff.
Laufschuhe ebenso, desgleichen sehr viele Sportschuhe.
Schaumstoffmatratzen: Welche Materialien werden
    verwendet?

Anfangs tut sich nicht viel auf unserem Plakat, doch als ich gegen
Abend wieder einmal nachschaue, finden sich dort einige interessante Vorschläge und Tipps. Besonders erfreut bin ich über
einen Hinweis von Brigitta. Sie empfiehlt mir ein kleines Geschäft in der Grazer Innenstadt (Brantner), wo angeblich sowohl
sämtliche Gewürze als auch Trockenobst, Nüsse, Rosinen, Tees

und verschiedenste Getreidesorten unverpackt erhältlich sind und individuell abgefüllt werden. Wunderbar. An drei Tagen der Woche bin ich ohnehin berufsbedingt in Graz, und zudem liegt dieses Geschäft fast am Weg. Besser könnte es nicht sein.

Wie nicht anders zu erwarten haben sich einige »lustvoll« auf das Thema Kondome gestürzt, und außer dem Hinweis, dass sie aus Naturkautschuk hergestellt werden und somit kein Erdölprodukt sind, fand sich kein wirklich ernst zu nehmender Hinweis. Die großteils amüsanten, aber wenig praktikablen Tipps reichten vom Schafsdarm bis zur Enthaltsamkeit. Plastikfreie Verpackungen schien niemand je gesichtet zu haben.

Beim Thema Schulartikel haben sich die Kinder ausgetobt. Immerhin stehen da Alternativlösungen wie Holzlineal, Lederetui und Lederschultasche. Marlene kann es nicht lassen und schreibt:»Ordentliche Stifte, die nicht gleich abbrechen – die kann man einzeln nachkaufen, ganz ohne Verpackung!« Irgendjemand verweist auf ein Infoheft *Clever einkaufen für die Schule – eine Broschüre des Umweltministeriums*, und ich erinnere mich dunkel, dieses Heft schon einmal durchgeblättert zu haben. Jedenfalls ein Hinweis, dem man nachgehen sollte.

Auch zu Bereichen, die gar nicht auf dem Plakat aufgelistet sind, erhalten wir den einen oder anderen Tipp. So empfiehlt uns ein Spaßvogel, auf Holzski umzusteigen, und ein anderer kreativer Geist schlägt uns vor, unser Auto gegen eine alte Pferdekutsche zu tauschen. Trotz zahlreicher scherzhaft gemeinter Vorschläge ergibt sich insgesamt keine schlechte Ausbeute, und das lässt mich für den geplanten Gedankenaustausch via Weblog hoffen.

Der Höhepunkt des Abends jedoch steht noch aus: die Geschenkübergabe von Sonja und Gerhard. Weil die beiden erst recht spät eintreffen, sind Werner Boote und Thomas Bogner bereits aufgebrochen. Zu meiner Erleichterung, weil ich Unrat wittere, zu Sonjas Enttäuschung dagegen, die sich auf ein großes Spektakel mit Film gefreut hat.

Was die beiden schließlich anschleppen, ist in der Tat unglaublich. Was heißt hier schleppen? Vor unserem Eingangsbereich haben sie zwei ausrangierte Nachtkästchen, verschiedene Behälter aus Glas, eine alte Alubox von der Art, wie Gerhard sie mir geborgt hat, einen Uraltnachttopf aus Emaille samt Holzdeckel und andere große und kleine Überraschungen aufgetürmt. Vieles davon stammt aus dem Nachlass von Peters Großvater und anderer Verwandter oder gehört zu Altlasten aus früheren Mietverhältnissen. Jedenfalls haben Sonja und Gerhard all diese Dinge auf dem Dachboden gefunden. Eine wirklich kluge Idee, uns das alles zu vermachen, denn damit schlagen sie zwei Fliegen auf einen Streich: Zum einen ist der Dachboden entrümpelt, zum anderen erfüllen sie meinen Geburtstagswunsch nach alten, plastikfreien Sachen mehr als reichlich. Und das allgemeine Bedürfnis nach Spaß ebenso. Mir hat es besonders der Nachttopf angetan, der einen perfekten Abfalleimer für das WC abgeben wird, der uns bislang ebenfalls noch fehlte.

Alles in allem werte ich die Geburtstagsparty als vollen Erfolg, privat ebenso wie hinsichtlich unseres nunmehr gestarteten Projekts, und ich sehe dem ersten Weblog *Kein Heim für Plastik* gespannt entgegen.

Schweineborsten made in Germany

Ständig schauen wir in der Folgezeit nach, ob sich was auf der Website tut. Zunächst ist nichts zu sehen außer den Filmsequenzen über unsere gigantische Entrümpelungsaktion und die Geburtstagsfeier sowie einer Beschreibung unseres Experiments samt zugrunde liegender Idee und angestrebten Zielen. Doch schon einen Tag später entdecke ich die ersten Kommentare.

Gerry: *Ich find das super, dass sich eine Familie dazu bereit erklärt, ohne Plastik leben zu wollen. Bin gespannt, was so in den nächsten Wochen passieren wird. Bin sehr skeptisch, ob dieses Experiment ohne Spannungen innerhalb der Familie laufen wird. Aber man wird ja sehen. Wünsche viel Erfolg dabei.*

Eddi: *Super Idee – aber welche Alternativen gibt es zu Zahnbürste, Zahnpasta und Co. Und beim Essen ist ja auch schon fast alles in Plastik verschweißt!?*

Robert: *Eben deswegen bin ich ja gespannt, wie die das machen! Zähneputzen mit Weidenstöcken?*

Um Himmels willen, die Zahnbürsten! Höchste Zeit, mich wieder darum zu kümmern. Zwar habe ich bei meinen Internetrecherchen Holzzahnbürsten entdeckt, die man in Deutschland bestellen kann, doch bin ich bislang nicht dazu gekommen, die Sache weiterzuverfolgen. Das würde ich unbedingt nachholen müssen, denn ich kann ja schlecht über Dinge berichten, die ich gar nicht ausprobiert habe.

Als die Zahnbürsten einige Tage später geliefert werden, erlebe ich leider eine ganz und gar nicht plastikfreie Überraschung! Die Bürsten selbst sind zwar eindeutig »sauber« – der Griff aus Holz, die Bürste aus hochgereinigten Schweineborsten –, aber jede einzelne steckt in einer Plastikhülle. Und nicht nur das! Sie sind zusätzlich mit Plastik verpackt, als handle es sich um zerbrechliche Gegenstände.

Ich bin fassungslos: Wovor bitte muss eine robuste hölzerne Zahnbürste beim Transport geschützt werden? Wie schon des Öfteren in den letzten Wochen wird mir wieder einmal deutlich bewusst, dass man bei allem Bemühen um einen ökologisch vernünftigen Lebensstil ständig Gefahr läuft, in die Absurdität abzugleiten. Holzzahnbürsten, die extra aus Deutschland angeliefert werden, in Plastik verpackt und überdies mit einer Extraportion Plastikmüll garniert sind: Das ist zumindest in puncto

Müllvermeidung ein ziemlicher Reinfall. Da fragt man sich wirklich, ob das noch durch gesundheitliche Bedenken in Bezug auf Plastikzahnbürsten, wie ich sie habe, zu rechtfertigen ist.

Immerhin zeigt sich meine Familie auf Anhieb begeistert von den neuen Zahnbürsten – alle zunächst und insbesondere Marlene, die sofort einen Versuch starten will. Wohlweislich verschweige ich meiner kleinen Vegetarierin, woraus die Borsten bestehen. Also nehmen wir Aufstellung zum gemeinschaftlichen Zähneputzen, und hier scheiden sich dann die Geister.

Marlene, obwohl sie das Gesicht im ersten Moment ein wenig verzieht, kann sich mit dem neuen Putzgefühl anfreunden: Es sei eigentlich »ganz normal«, erklärt sie, nur »ein bisschen anders«. Ich muss lachen, doch als ich die Zahnbürste selbst probiere, kann ich Marlenes merkwürdig widersprüchliche Aussage durchaus bestätigen. Im Grunde fühlen sich die Borsten nicht wesentlich anders an, das rauere Holz ist es vermutlich, was den Unterschied ausmacht. Jedenfalls kommen die Zahnbürsten bei den Frauen der Familie gar nicht so schlecht an.

Heikler sieht die Sache bei den Männern aus. Peter beklagt sich gleich beim ersten Putzen, das Holz reize seine empfindliche Mundschleimhaut so sehr, dass bestimmt wunde Stellen entstünden. Samuel und Leonard sind zwar von dem neuen Zahnputzwerkzeug ebenfalls nicht sonderlich begeistert – ohne Angabe von näheren Gründen –, signalisieren aber immerhin Bereitschaft, es eine Zeit lang damit zu probieren. Die Kinder und ich halten durch, während Peter mir seine Bürste nach einigen Tagen schweigend überreicht, damit ich sie künftig zum Schuheputzen verwenden kann. Ein kurzer Spaß für 5 Euro!

Wenig später stoße ich auf eine österreichische Firma, die ebenfalls solche Zahnbürsten herstellt und vertreibt. Um nicht wieder ein blaues Plastikwunder zu erleben, rufe ich dort an und frage nach den Verpackungsmodalitäten. Die Firmeninhaberin, mit der ich mein Anliegen bespreche, zeigt sofort Verständnis und versichert mir, sie werde die Zahnbürsten in Papierversandtaschen und ohne zusätzliche Plastikumhüllungen verschicken. Wir unterhalten uns noch eine Weile recht angeregt, und am Ende des Gesprächs bestelle ich gleich zehn Stück, mit denen ich in nächster Zeit mehrere meiner Freundinnen beglücken werde – mit dem Hintergedanken, auf diese Weise den Bekanntheitsgrad der alternativen Zahnputzgeräte zu steigern.

Auch in einem anderen Bereich unseres Einkaufsexperiments erfolgte etwa zu dieser Zeit ein entscheidender Durchbruch: Taschentücher. Wieder kam der Hinweis von Sabine. Nachdem sie uns bereits die Einmalpapierhandtücher als Toilettenpapierersatz »vermittelt« hat, vermeldete sie jetzt eine neue Entdeckung. Beim Drogeriemarkt DM gebe es eine offenbar neue Sorte von Taschentüchern, bei denen nichts aus Plastik sei, nicht einmal die Verschlusslasche der Kartonbox.

So langsam begann ich zu glauben, dass eine höhere Macht unser Experiment begünstigte. Sabine schien meine Gedanken zu erraten: »Hast du irgendwelche Beziehungen spielen lassen, oder ist das wirklich nur Zufall, das gerade jetzt diese Taschentücher auf den Markt kommen?«

Ich zuckte mit den Schultern. Manchmal gibt es halt einfach glückliche Fügungen.

Es folgte gleich die nächste Offenbarung, denn meine unermüdliche Freundin glaubte außerdem eine Lösung für das Geschirrspülproblem gefunden zu haben, und zwar in Form von Tabs, die in wasserlöslicher Folie angeboten würden, ebenfalls bei DM. Zwar war ich skeptisch, was das mit der Folie auf sich haben mochte und ob die nicht aus dem gleichen Grundmaterial bestand wie anderes Plastik, aber anschauen wollte ich mir die Sache, denn es musste eine Lösung her. Das Abwaschen mit der Hand gestaltete sich nämlich zunehmend mühsam und beeinträchtigte meine Laune gewaltig, zumal Peter sich nicht mehr an seine vollmundigen Versprechungen erinnerte, dass es ihm nichts ausmachen würde, den Geschirrspüler stillzulegen.

Ständig führten wir Diskussionen und hatten beide das subjektive Gefühl, öfter und gründlicher abzuwaschen als der/die jeweils andere. Und wenn dann noch die Kinder ins Spiel kamen, die sich bei jeder Gelegenheit um den Abwasch drückten, stellte ich mir sehr wohl die Frage, ob es das alles wert sei. Mehr und mehr holte uns die Realität ein und bereitete uns auf die Notwendigkeit weiterer Kompromisse vor. Etwa beim Staubsauger, wo die Situation zwar nicht ganz so konfliktträchtig war, aber die Kehrvariante, das ließ sich absehen, würde langfristig nicht durchzusetzen sein, zumindest nicht ausschließlich.

Die von Sabine empfohlenen Tabs erwiesen sich übrigens leider als Niete. Nachdem ich bei meinem nächsten Besuch im DM-Markt auf der Packung vergeblich nach Informationen zur Zusammensetzung der Folie gesucht hatte, rief ich die Telefonnummer des Kundenservice an und erfuhr nach mehreren Warteschleifen, dass es sich um sogenannten Polyvenylalkohol handle, einen wasserlöslichen Kunststoff also. Damit zerplatzte meine Hoffnung, die Folie könnte aus irgendeinem Biokunststoff und damit aus nachwachsendem Material bestehen, wie eine Seifenblase. Falls ich meinen Geschirrspüler wieder in Betrieb nehmen wollte, würde ich wohl auf das Pulver aus dem Biosupermarkt zurückgreifen müssen. Da befindet sich zumindest nur eine einzige Plastikhülle im Karton.

Spannender Medienrummel

Auch die mediale »Vermarktung« unseres Experiments ging voran. Kurz vor dem ersten Adventssonntag besuchte uns die Mitarbeiterin jener überregionalen Tageszeitung, die Peter anfangs nicht gerne dabeihaben wollte. Doch die Journalistin vermittelte mir nicht nur einen kompetenten, sondern auch engagierten Eindruck, und zudem vertraute ich Werner Bootes positiver Einschätzung. Während der Adventszeit und kurz nach Weihnachten sollten insgesamt drei Berichte über unser Experiment und seinen Verlauf in der farbigen Sonntagsbeilage erscheinen. Das Interview war sehr anregend, und es machte mir Spaß, unsere Idee von Grund auf zu erklären.

Anstrengender fand ich es da schon, den extra angereisten Fotografen zufriedenzustellen. Es war mir nahezu unmöglich, freundlich in eine Kamera zu lächeln, während ich den Käse aus unserer neuen Edelstahlbox hole oder mir mit der Holzzahnbürste die Zähne putze. Diesen Part übernahm zum Glück Marlene, die völlig ungehemmt wirkte und es tatsächlich schaffte, mit einem Mund voller Schaum noch immer hübsch auszusehen und für den Fotografen nett zu lächeln.

Als »Belohnung« für den ganzen Aufwand überreichte mir Werner Boote, der vorsichtshalber mit dem Team angereist war, endlich die Überraschung, die er mir bei meiner Geburtstagsfeier als Ersatz für die hässliche blaue Kunststoffleselampe versprochen hatte. Ein wunderschönes, exklusives Modell einer Wiener Firma aus Edelstahl mit einem hellgrauen Leinenschirm, kunststofffrei bis auf Kabel und Stecker, das mir mein allabendliches Lesevergnügen endlich wieder sicherte.

Da die Berichte in der Vorweihnachtszeit erscheinen sollten, kam vorzeitig auch ein Adventskranz zum Einsatz, um den Fotos eine entsprechende Stimmung zu verleihen. Nach rund zweieinhalb Stunden war es geschafft, und die Presseleute einschließlich

Werner verabschiedeten sich – nicht ohne dass ich der Journalistin das Versprechen abgenommen hätte, ihren Bericht nicht allzu übertrieben oder reißerisch zu gestalten.

Als am ersten Advent Bericht Nummer eins in der Sonntagsbeilage erschien, stürzten wir uns alle gespannt darauf, und vor allem Leonard war hellauf begeistert, sein Bild in einer Zeitung zu sehen. Zu meiner großen Erleichterung fand ich den Artikel im Großen und Ganzen sehr treffend. »Sechs Wochen ohne Plastik« lautete die Überschrift, was zwar nicht ganz zutraf, in der Folge jedoch relativiert wurde, sodass unser Experiment letztlich recht authentisch rüberkam – von ein paar kleinen Ungenauigkeiten und Verkürzungen abgesehen, die allerdings nicht weiter tragisch waren.

»Siehst du, sie hat ihr Versprechen gehalten«, sagte ich zu Peter, doch der blieb skeptisch.

»Na ja, warten wir mal ab, wie die anderen beiden Berichte ausfallen …«, antwortete er, aber ich sah ihm an, dass er mit dem Ergebnis unseres ersten Interviews ebenfalls ganz zufrieden war.

Am nächsten Tag berichteten uns Samuel und Marlene bei der Heimkehr von der Schule ganz aufgeregt, dass eine ganze Reihe von Mitschülerinnen und Mitschülern den Bericht gelesen hätten und das alles toll fänden. Nicht nur weil wir in der Zeitung waren, sondern auch unser Experiment betreffend. Lediglich in Leonards Klasse war unsere Medienpräsenz kein Thema, was er sich selbst damit erklärte, dass die meisten Zweitklässler halt noch keine Zeitung lesen.

Das war erst der Anfang, denn als Nächstes folgten Drehtermine mit zwei österreichischen Fernsehsendern. Inzwischen fühlte ich mich viel sicherer als noch bei dem Zeitungsinterview. Während ich damals vor allem daran dachte, was alles schiefgehen könnte, begriff ich das Interesse der Medien zunehmend als große

Chance – und es machte mir außerdem langsam Spaß, vor der Kamera zu stehen und von unserem Experiment zu erzählen. Auch die Kinder und selbst Peter fanden Gefallen an der Sache.

Als dann nach der Ausstrahlung der Reportagen viele wirklich positive Rückmeldungen eintrafen, war ich vollends begeistert. Zu sehen, wie viele Leute sich dafür zu interessieren begannen, welche Lösungen wir bereits gefunden haben, und wie andere uns mit immer neuen Vorschlägen für Alternativen versorgten – das war mehr, als je zu erwarten war. Und dass es Zeitungs- und Fernsehberichte über unser Experiment geben würde, damit hätte ich vor einem Monat nicht einmal im Traum gerechnet. In den Schulen unserer Kinder ließen sich sogar einige Mitglieder des Lehrerkollegiums durch die Sendungen dazu inspirieren, das Thema im Unterricht aufzugreifen.

Allerdings gaben Peter und ich uns keinerlei Illusionen hin. Wir wussten sehr wohl, dass dieses Medieninteresse samt allem, was daraus folgte, höchstwahrscheinlich nur von kurzer Dauer sein dürfte. Denn Zeitungs- und Fernsehmacher orientieren sich üblicherweise weniger an der Dringlichkeit eines Themas als an dessen Verkäuflichkeit. Deshalb wollte ich die Chance, die sich so unerwartet aufgetan hatte, so gut wie irgend möglich nutzen.

Allerdings kämpfte ich in dieser frühen Phase des Experiments oft mit meinen eigenen übergroßen Hoffnungen und Erwartungen. Immer wieder ertappte ich mich bei Tagträumen, die allesamt ungefähr folgendes Szenario beinhalteten: Die Menschen haben zu einem großen Teil begonnen, weniger plastikverpackte Dinge zu kaufen, sodass nach und nach auch Industrie und Wirtschaft reagieren. Es werden weniger Plastikverpackungen und weniger Billigartikel aus Kunststoffen produziert, und langsam, aber sicher ist ein deutlicher Trend in Richtung umwelt- und gesundheitsverträglicher Produkte und Produktionsformen zu erkennen. Da überdies desgleichen in allen anderen Lebensbereichen eine Umstellung in Gang gesetzt wurde, geht der Erdöl- und Energieverbrauch allgemein deutlich zurück, wodurch der Klimawandel zumindest abgeschwächt werden kann ...

Spätestens an dieser Stelle unterbrach ich regelmäßig meine Träumereien und fragte mich kopfschüttelnd, ob mein gesunder Menschenverstand möglicherweise bereits unter der medialen Aufmerksamkeit der letzten Wochen gelitten hatte. Wobei ich zugegebenermaßen seit jeher zu solchen utopischen Fantasien geneigt habe, nur dass ich mich jetzt unmittelbar selbst an dieser Weltrettungsaktion beteiligt sah. Und obwohl sich aus solchen Vorstellungen durchaus positive Impulse gewinnen lassen, musste ich schon oft die Erfahrung machen, dass derart überzogene Erwartungen häufig bittere Enttäuschungen nach sich zu ziehen pflegen.

Deshalb war und bin ich froh, dass ich seit Beginn unseres Experiments immer wieder Leuten begegnete, die mich diesbezüglich auf den Boden der Realität zurückgebracht haben. Selbst bei grundsätzlicher Zustimmung. »Ja, das ist wirklich ein Problem mit dem Müll!« Oder: »Stimmt, es ist tatsächlich alles viel zu aufwendig verpackt!«, mochten sie zwar zugeben, fügten dann jedoch einschränkende Kommentare an: »Es müssten aber alle Leute mitmachen, damit das was bringt!« Oder: »Die Wirtschaft wird man damit nicht zum Umdenken bringen.«

In solchen Fällen habe ich immer darauf hinzuweisen versucht, dass es schon reichen würde, wenn jeder die kleinen Schritte tut, die ihm selbst möglich sind, doch vermutlich war selbst das zu viel erwartet. Ich weiß, dass mein Hang zum Perfektionismus mir bisweilen einen Streich spielt.

Zum Glück konnte ich mir bei Peter und seiner Ruhe in dieser Hinsicht ein wenig abschauen, sodass ich das typisch österreichische Lamentieren mittlerweile etwas gelassener hinzunehmen vermag. In Krisensituationen besinne ich mich einfach darauf, wie viel in relativ kurzer Zeit passiert ist – man muss nur den Weblog mit seinen Kommentaren und Anregungen verfolgen.

Das alles ist viel mehr, als je für mich in Reichweite schien. Und genau daran versuche ich mich zu erinnern, wenn die Ansprüche, die ich an mich selbst stelle, mich wieder einmal zu erdrücken drohen.

Podiumsdiskussion mit Schönheitsfehler

Besonders wichtig ist solche Selbstvergewisserung, wenn es um einen öffentlichen Auftritt geht. Noch dazu in meiner Heimat Graz, wo ich mich mit Werner Boote nach einer Sondervorstellung von *Plastic Planet*, die unter anderem vom Abfallwirtschaftsverband unterstützt wird, für eine Podiumsdiskussion zur Verfügung stellen soll. Eine aufregende Sache trotz der zahlreichen Medienkontakte.

Obwohl ich den Film in diesem Rahmen zum dritten Mal sehe – zwischenzeitlich war ich noch einmal mit unseren beiden älteren Kindern und Peter im Kino –, lösen einige Szenen ganz neue Gefühle und Assoziationen bei mir aus. Vor allem die Aufnahmen von einer indischen Mülldeponie und Bootes Interview mit einer Frau, die dort arbeitet, erschüttern mich zutiefst. Diese Leute haben definitiv andere Sorgen als wir, denke ich. Hier geht es nicht darum, ob Bisphenol A in den Babyfläschchen die Kinder möglicherweise in Zukunft unfruchtbar macht oder ob Weichmacher zu Diabetes und Übergewicht führen – nein, hier stellt sich die Frage, ob diese Kinder überhaupt so alt werden, dass Fruchtbarkeit für sie zum Thema wird. Für Menschen, die auf einer solchen Mülldeponie arbeiten und leben, gelten keine Schadstoffgrenzwerte, und so etwas wie Gesundheitsvorsorge kommt im täglichen Kampf ums Überleben nicht vor.

Plötzlich macht sich ein seltsames Gefühl in mir breit. Ich sitze hier im sattesten Teil dieses Planeten, bin außerdem in vielerlei Hinsicht auf die Butterseite des Lebens gefallen und mache mir Gedanken darüber, wie es noch besser werden könnte. In diesem Moment kommt mir das ziemlich überheblich vor. Unsere Sorge um Gesundheitsgefährdung durch Kunststoffe spielt sich tatsächlich auf sehr hohem Niveau ab.

Nur: Ist die Forderung nach gesundheitsverträglichen Produkten und intakter Umwelt wirklich nur ein Privileg derer, die es sich leisten können, darüber nachzudenken? Oder muss man es nicht vielmehr so sehen, dass dieses Privileg geradezu die Verpflichtung beinhaltet, solche Forderungen zu stellen? Sind wir, die Bessergestellten, die vom Glück Begünstigten, nicht geradezu verantwortlich dafür, all jenen unsere Stimme zu leihen, die sich nicht wehren können, weil sie jeden Tag um ihre Existenz und ihr Überleben kämpfen?

Oder eine andere Szene, in der die Bewohner einer Slumsiedlung ihr gesamtes Plastikinventar vor die Hütten räumen. Als ich das jetzt sehe, fällt mir der leider sehr abgedroschene Spruch »Global denken, lokal handeln« ein. Was aber bedeutet lokales Handeln in diesem Zusammenhang? Welche Konsequenzen hat es für den Umgang mit einem Material, das aus einem nicht nachwachsenden Rohstoff besteht? Vor allem in Ländern und Regionen, wo Mülltrennung und -sammlung sowie Recycling nicht einmal ansatzweise mit der anfallenden Müllmenge Schritt halten können?

Mir fällt auf, dass ich mir immer wieder sehr ähnliche Fragen stelle. Es ist einfach verdammt schwierig, »lokales Handeln« tatsächlich mit »globalem Denken« in Verbindung und Einklang zu bringen, denn es setzt die Fähigkeit voraus, Zusammenhänge zu erkennen, und die Bereitschaft, sich selbst in diese hineinzudenken. Ich erinnere mich an die Antwort, die ich Marlene damals gegeben habe, als sie nach dem Sinn einer einzelnen Aktion fragte. Ich erklärte ihr, dass wir, indem wir ständig Plastik kaufen, dazu beitragen, dass immer mehr produziert werde und immer mehr Plastikmüll anfalle, der dann eben auch die Strände in Kroatien verschmutze.

Eigentlich habe ich damals versucht, meiner zehnjährigen Tochter in einem Satz einen Zusammenhang zu erklären, den die meisten Erwachsenen, mich selbst eingeschlossen, oft nicht erkennen. Unser Verhalten, speziell unser Konsumverhalten, hat eben nicht nur dort, wo wir leben, Auswirkungen. Nein, die Folgen reichen weit über unsere Landesgrenzen hinaus. Dass Recycling hier bei uns einigermaßen – wohlgemerkt einigermaßen! – funktioniert, ändert nichts daran, dass wir mit dem Kauf von Plastikverpackungen die Produktion dieser Dinge weltweit fördern und vorantreiben und damit auch zu der fortschreitenden Vermüllung der Meere und ganzer Landstriche beitragen. Und überdies eine Industrie unterstützen, die daran gut verdient, ohne sich um die Folgen zu kümmern.

Langsam nähere ich mich dem tieferen Sinn unseres Experiments wieder an. Es bringt niemandem etwas, wenn ich mich bloß schlecht fühle, weil ich in eine bevorzugte Gesellschaft hineingeboren wurde. Hingegen bringt es etwas, wenn ich mich bemühe, den damit verbundenen Überfluss zu reduzieren und dort anzufangen, wo es eigentlich am einfachsten sein sollte, nämlich beim Müll.

Ich hoffe zumindest, dass jeder an seinem Platz ein bisschen was zu einer positiven Veränderung beitragen kann; und Diskussionen wie diese in Graz können vielleicht andere motivieren, es ebenfalls zu versuchen. Vor allem eines möchte ich den Leuten klarmachen: dass es reicht, erst einmal anzufangen, dass es nicht perfekt sein muss, dass man sich einfach auf den Weg machen soll.

Als mich Werner Boote nach einer kurzen Einleitung auf die Bühne ruft, bin ich zwar ein wenig nervös, aber gleichzeitig heilfroh, dass das Warten beendet ist. Immerhin habe ich die Zeit genutzt, wichtige Eckpunkte unseres Experiments noch einmal zu überdenken und mir Argumente zurechtzulegen. Während die Fragen hinsichtlich des Films sich hauptsächlich um weitergehende Informationen und mögliche Repressionen seitens der Plastikindustrie drehen, erwartet man von mir in erster Linie ganz konkrete Tipps für den täglichen Einkauf. Und manche sind bloß froh, ein Forum zu haben, um ihrer eigenen, ganz persönlichen Sichtweise öffentlich Gehör zu verschaffen.

Ein Mann etwa ereifert sich besonders und versucht mich darüber aufzuklären, dass diese ganze Hysterie um Plastik völliger Blödsinn sei, da ohnehin alles recycelt und zum Beispiel für so nützliche Dinge wie Autostoßstangen wiederverwendet würde. Sein Tonfall verrät eine gewisse Streitlust, doch zum Glück habe ich noch einige Zahlen zum Thema Wiederverwertung parat.

Von den Milliarden Plastiktüten und -taschen, die weltweit pro Jahr verbraucht werden, wird nur ungefähr ein Prozent recycelt. Noch viel seltener passiert es, dass ein Material für den gleichen Zweck wie vorher Verwendung findet. Angesichts der Vielzahl der unterschiedlichen Kunststoffe ist das nämlich nur sehr selten möglich, und so wird das Material bei jedem Wiederverwertungsdurchgang minderwertiger, oder neue Rohstoffe müssen zugesetzt werden – man spricht dann von einem sogenannten »Downcycling«. Die Dame vom Abfallwirtschaftsverband, die sich ebenfalls an der Diskussion beteiligt, nickt zustimmend, betont allerdings, dass das getrennte Sammeln von Kunststoffen dennoch auf jeden Fall sinnvoll sei.

Der Skeptiker, der alles für übertrieben hält, schweigt, was mir erneut beweist, wie schnell viele Menschen sich von ein paar Zahlen, die den Anschein von Wissenschaftlichkeit suggerieren, beeindrucken lassen. Er wirft mir zwar einen letzten misstrauischen Blick zu, scheint an weiteren Diskussionen jedoch nicht interessiert und verlässt bei der nächsten Wortmeldung den Saal. Für mich ein deutliches Zeichen, dass es weder dem Film noch mir gelungen ist, bei ihm einen emotionalen und persönlichen Bezug zum Thema herzustellen. Zum Glück wirken die meisten anderen Anwesenden betroffen und interessiert.

Allerdings gehen manche ihrer Fragen in eine Richtung, in die ich bislang nie gedacht habe, etwa was unser Experiment für Kinder bedeutet. Wobei viele vorauszusetzen scheinen, dass die »armen« Kinder darunter zu leiden haben.

Ein Beispiel: Da fragt der besorgte Vater einer zwölfjährigen Tochter, wie um alles in der Welt er denn diverse Softdrinks plastikfrei für sein Kind bekommen solle? Wohlgemerkt handelte es sich um eine ernst gemeinte Frage, die aus ehrlicher Ratlosigkeit resultierte.

Weil ich darauf keine Antwort weiß, entscheide ich mich für die schonungslose Wahrheit: »Unsere Kinder trinken so was normalerweise nicht, zumindest nicht zu Hause. Wenn sie es täten, wäre ich wahrscheinlich genauso ratlos wie Sie, denn ich glaube, dass es solche Getränke mittlerweile wirklich fast ausschließlich in Plastikflaschen gibt.«

»Ja, aber die jungen Leute wollen das doch. Die fühlen sich als Außenseiter, wenn sie da nicht mitmachen dürfen.«

Die Hartnäckigkeit, mit der dieser Vater seine Besorgnis vorbringt, imponiert mir einerseits – andererseits finde ich es ein bisschen komisch, dass man angeblich Getränke braucht, um seinen sozialen Status zu demonstrieren. Trinkt man nicht, um seinen Durst zu stillen? Nun ja, da sollte ich lieber vorsichtig sein, denn rechtzeitig fällt mir mein abendliches Glas Rotwein ein, das ja auch nicht gerade als Durstlöscher durchgeht.

Also versuche ich dem Mann klarzumachen, dass ich tatsächlich noch nie auf die Idee gekommen bin, meine Kinder könnten darunter leiden, wenn sie Cola oder Fanta nur in Ausnahmefällen im Gasthaus trinken dürfen, was wiederum den besorgten Vater zum Nachfragen veranlasst, wie man es denn anstellt, dass Kinder mit einem derartigen Verzicht zurechtkommen.

Langsam dämmert mir, dass hier trotz guten Willens und echten Interesses beider Seiten für ein konstruktives Gespräch die Ausgangspunkte zu weit voneinander entfernt sind, um im Rahmen einer öffentlichen Diskussion verhandelt zu werden. Diplomatisch bemühe ich mich um einen abschließenden Rat. »Ich denke, da müssen Sie wohl Prioritäten setzen und sich entscheiden, was Ihnen wichtiger ist. Auf jeden Fall haben Sie immer die Wahl, etwas einfach *nicht* zu kaufen.« Eine Debatte anzuzetteln, ob bei den Konsumgewohnheiten seiner Tochter die Weichmacher im Plastik nicht womöglich sowieso das geringste gesundheitliche Problem darstellen, darauf verzichte ich lieber.

Eigentlich dachte ich schon, dass mich jetzt nichts mehr erschüttern könnte, als ein weiterer Zuhörer sich mit einer ganz harmlosen Frage an mich wendet: »Woraus bestehen eigentlich die Strumpfhosen, die Sie heute tragen?« Ich spüre, wie mir die Hitze ins Gesicht steigt, obwohl ich normalerweise nie rot werde, weshalb manche Leute denken, mir sei nichts peinlich.

Werner Boote, der meine Verlegenheit bemerkt, ergreift statt meiner das Wort: »Na, aus Seide natürlich, oder?«

Alles lacht, und ich stimme in die allgemeine Heiterkeit ein. »Ja, natürlich! Vielleicht ist ein ganz klein wenig Kunstseide dabei, aber da bin ich kompromißbereit.«

Gut dass der Mann nicht nachhakt, denn unwillkürlich fällt mir meine reich gefüllte, ganz und gar nicht experimentkonforme Strumpfschublade ein, deren Bestände locker noch einige Jahre reichen dürften.

Ich bin froh, als das Thema plastikfreier Schulbedarf und Büroartikel angesprochen und lebhaft diskutiert wird, wobei die Dame vom Abfallwirtschaftsverband auf eine Broschüre des Umweltministeriums verweist: *Clever einkaufen für die Schule.* Ich erinnere mich, dass bei meiner Geburtstagsfeier einer unserer Gäste dieses Heft als Tipp auf unser Plakat geschrieben hat, und so nehme ich beim Verlassen des Kinos eine der Broschüren mit, die am Ausgang verteilt werden, und beschließe, mich bei Gelegenheit näher damit zu befassen.

Die Reaktion auf meinen ersten öffentlichen Auftritt war übrigens sehr positiv. Trotz oder vielleicht sogar gerade wegen der »Strumpfhosenenthüllung«. Dem Hörensagen zufolge fanden viele es sehr erfrischend und sympathisch, dass ich nicht radikal, sondern recht locker wirkte, und die Rückmeldungen der Anwesenden gaben mir das Gefühl, dass unser Umgang mit dem Experiment genauso passt, wie wir es handhaben. Seitdem fühle ich mich noch mehr darin bestärkt weiterzumachen – ohne Perfektionismus, aber mit Freude.

Verpackungswahnsinn und Lichterorgie

Der Startschuss für unser Experiment fiel quasi mitten ins Vorweihnachtsgeschäft, das heutzutage in den meisten Kaufhäusern spätestens Anfang November beginnt. Bislang war es, weil ich andere Sachen im Kopf hatte, an mir ziemlich spurlos vorübergegangen, doch irgendwann holte mich die Realität des vorweihnachtlichen Konsum- und Dekorationsrauschs umso heftiger ein. Immerhin stand der Vorbote des Christkinds, der liebe alte Nikolaus, ja schon Anfang Dezember vor der Tür, um braven Kindern seine guten Gaben zu bringen. Wobei die Berge an Naschsachen und Spielzeugramsch, die sich alljährlich in den Geschäften auftürmen, berechtigte Zweifel gestatten, ob es mit der »Güte« der Nikolausgaben wirklich so weit her ist.

Anlässlich eines Besuchs beim Discounter Hofer, dem österreichischen Aldi, wo ich einige plastikfreie Lebensmittel einkaufen will, gerate ich unversehens in eine heiße Schlacht um die begehrtesten Nikolausschnäppchen, die ausgerechnet an diesem Tag angeliefert worden sind. Speziell ein Kinderlerncomputer scheint der Renner des Tages zu sein, denn es sind nur mehr zwei Stück vorhanden, und mindestens vier Personen diskutieren, wem dieses Objekt der Begierde nun zusteht. Ich fühle mich an diverse amerikanische Filme erinnert, die aus solchen Szenen ihre Gags beziehen. Zum Glück kommt es zu keinen Handgreiflichkeiten.

Schade, dass ich unseren ausgemisteten Lerncomputer, der im Stall vermutlich vergeblich auf seine Wiederauferstehung wartet, nicht dabeihabe, denke ich. Ob die Leute sich darum prügeln würden? Dabei haben sie offenbar keine Ahnung, wie nervtötend so ein Ding sein kann mit seinen ständigen Anweisungen und Melodien. Wir jedenfalls waren froh, als unsere Kinder ziemlich schnell das Interesse verloren und der zum Glück gebraucht erstandene Lerncomputer wieder in der Spielzeugflut des Kinderzimmers versank.

Sicher kein Einzelfall, denn gerade die Angebote der Weihnachtszeit dienen oftmals nur einer vorübergehenden und oberflächlichen Reizbefriedigung. Insofern betrachte ich das Gerangel um den Lerncomputer mit gelassener Distanz. Überhaupt scheint mir, dass meine Sensibilität gegenüber völlig Überflüssigem durch unsere Plastikentrümpelungsaktion deutlich geschärft worden ist.

Während ich weiter meine Runde drehe, an den Regalen mit plastikstarrenden Angeboten vorbei, muss ich unwillkürlich an eine Szene aus *Plastic Planet* denken, in der Werner Boote im Supermarkt Aufkleber mit der Aufschrift »Plastic kills« oder »Plastic causes cancer« auf alle möglichen Verpackungen und Produkte klebt. Am liebsten würde ich das hier und jetzt genauso machen und beobachten, ob es einen Menschen stört. Oder zum Nachdenken anregt. Nicht nur über mögliche gesundheitliche Konsequenzen, sondern generell über Sinn und Unsinn solcher Überproduktion. Wie viele Stücke werden wohl schon bald nach Weihnachten unbenutzt herumliegen oder sogar im Müll landen, von den Verpackungen einmal abgesehen? Wie viel Energie war notwendig, um dieses Überangebot zu erzeugen? Wie viel Geld steckt in diesen unnötigen Dingen, und was könnte man damit sonst alles anfangen?

Während ich ein Weißkraut – das einzige nicht verpackte Gemüse, das es heute gibt –, eine Butter, die, wie ich nach langwierigen Recherchen weiß, plastikfrei in Alufolie und Papier verpackt ist, zwei Kilo Vollkornmehl und ein Kilo Zucker in meinen Einkaufswagen lege, fallen mir die Adventskerzen ins Auge. Sie erinnern mich daran, dass es an der Zeit ist, meinen Kranz zu binden. Oftmals habe ich hier passende Kerzen gefunden, doch heuer ist das leider keine Option, weil die Kerzen nicht nur in Plastikfolie verschweißt, sondern darüber hinaus selbst ein Erdölprodukt sind. Bienenwachskerzen gibt es hier nicht, und so verlasse ich den Laden ohne ein einziges Weihnachtsutensil. Das ist mir um diese Zeit im Jahr schon lange nicht passiert.

Am Abend besuche ich Sabine. Während wir uns bei einer Flasche Wein über die zumindest geschmacklich einwandfreien Chips hermachen, die ihr als angeblich plastikfreie Biochips verkauft wurden, in Wahrheit aber in einem Karton mit doppeltem Plastikinnenleben steckten, tauschen wir uns über unsere Adventsvorbereitungen aus, die mich in diesem Jahr vor neue Herausforderungen stellen, denn schließlich ist es unser erstes plastikfreies Weihnachten.

Das fängt schon mit dem Adventskranz an. Zum Binden habe ich bis jetzt immer einen mit Plastik ummantelten Blumendraht verwendet und suche nun eine Alternative, bevorzugt aus einem natürlichen Material, das am Ende mit dem Reisig verbrannt oder kompostiert werden kann. Deshalb möchte ich eigentlich keinen normalen Draht. Nach einigem Hin-und-her-Überlegen kommen wir auf Bast. Großartig, davon liegen noch Restbestände in unserer Bastellade, und ich muss nicht eigens losziehen und welchen besorgen.

Auch Kerzen sind noch vorhanden, wie ich nach meiner Rückkehr vom Hofer festgestellt habe. Ein komplettes, neues Adventskerzenset, das ich, obwohl nicht wirklich experimentkonform, aufbrauchen werde. Die teuren Bienenwachskerzen werden aufs nächste Jahr verschoben – alles auf einmal ist eben bisweilen zu viel! Deshalb habe ich auch beschlossen, sämtliche Kerzen, die noch bei uns herumliegen, weiterzuverwenden und unsere zahlreichen Kerzenständer damit zu bestücken.

Allerdings hat Sabine einen guten Vorschlag parat, wie wir günstiger an Bienenwachskerzen kommen könnten. Mit Bienenwachsplatten und Dochten aus Bastelgeschäften, einzeln und unverpackt erhältlich, sei es ganz leicht, die Kerzen selbst herzustellen, meint sie. Könnten sogar die Kinder machen. Eine gute Idee, finde ich, zumal sie sich gut als kleine Geschenke eignen.

Ich erzähle Sabine, mir sei gerade jetzt in der Vorweihnachtszeit unangenehm aufgefallen, dass es prinzipiell kaum mehr möglich zu sein scheint, Kerzen ohne Verpackung zu kaufen. Egal, in welcher Größe und Stückzahl: Sie sind in den allermeisten Fällen zumindest in Plastik eingeschweißt, oft sogar zusätzlich in Karton und Plastik verpackt. Ich frage mich wirklich, warum ich das bisher so einfach hingenommen habe. Warum brauchen Kerzen eine Verpackung? Hygiene darf hier als Begründung ja wohl ausgeschlossen werden.

Sabine vermutet, die Verpackung solle die Kerzen schützen. Aber wovor um Himmels willen? Besteht etwa die Gefahr, dass sie beim Transport einzeln vom Lkw rollen? Oder droht ihnen Ungemach im Verkaufsregal? Höchstens doch, dass sie bei längerer Lagerung ein wenig verstaubt oder abgegriffen aussehen könnten. Aber rechtfertigt dieser kleine Nachteil all diese Umhüllungen? Wenn ich mir anschaue, wie viele Produkte inzwischen in Plastikverpackungen stecken, dann scheint mir, dass wir nicht nur im Plastikzeitalter leben, sondern auch im Jahrhundert des Verpackungswahns.

Einige Tage später setze ich mich mit den Kindern am großen Esstisch zu einer Bastelstunde zusammen, breite Tannenzweige, Bast, Strohkranz, Bienenwachs und Dochte aus und mache mich ans Werk.

Leider artet das Unternehmen in Arbeit aus: Der Bast, den ich zufällig im Haus hatte, besteht nämlich aus lauter kurzen Stücken, sodass ich jedes Tannenzweigbündel einzeln am Strohkranz festbinden muss. Statt einer halben Stunde wie früher brauche ich diesmal geschlagene zweieinhalb Stunden, eine echte Geduldsprobe. Dafür lässt sich das Endergebnis ebenso sehen wie die rund zwanzig Kerzen aus Bienenwachs, die die Kinder zwischenzeitlich angefertigt haben. Und weil wir alle der Meinung sind, dass unser Adventskranz noch nie so schön war wie heuer, findet der lange Bastelnachmittag, der so frustrierend begonnen hat, schließlich ein versöhnliches Ende. Trotzdem stelle ich in den Blog die Frage ein, ob jemand eine weniger zeitaufwendige Bindetechnik kennt, und erhalte prompt eine Antwort: Einfacher Zwirn soll wunderbar funktionieren. Ich werde es mir fürs nächste Jahr merken.

Eigentlich liebe ich Bastelnachmittage, Kekse backen, Kerzen anzünden und mit den Kindern musizieren und Lieder singen. Allerdings wird die Weihnachtszeit mittlerweile durch den ganzen vordergründigen Rummel teilweise ihrer Beschaulichkeit und Besinnlichkeit beraubt. Was sollen das unaufhörliche Weihnachtsliedergedudel und die blinkenden, quäkenden Weihnachtsmänner mit ihren Rentieren? Alles wird übertrieben. Sogar in unserer ländlichen Gegend fühlt man sich erschlagen von beleuchteten Straßenzügen, Auslagen, Fassaden und Gärten. Teilweise erinnert mich diese Lichterflut schon an amerikanische Verhältnisse.

Bereits seit Jahren ist mir diese weihnachtliche Energieverschwendungsorgie ein Dorn im Auge. Wie sollen Kinder so etwas verstehen, wenn sie gleichzeitig in Kindergarten und Schule sowie zu Hause angehalten werden, nicht unnötig Licht brennen zu lassen und auch ansonsten sorgsam mit Energie umzugehen? Trotzdem ist ein Ende dieses Beleuchtungszirkus nicht abzusehen, denn Jahr für Jahr scheint es mehr zu werden. Oder bin ich heuer einfach nur kritischer, weil ich mehr über diese Dinge nachdenke?

Jedenfalls bin ich sehr froh, dass unsere Kinder diesbezüglich einen klaren Standpunkt einnehmen. Sie finden es viel schöner, am Abend ein paar Kerzen anzuzünden und dabei eine Geschichte zu lesen, als den Garten oder die Fassade unseres Hauses zu beleuchten. Natürlich gibt es da ganz unterschiedliche Zugänge. So weiß ich von einer Arbeitskollegin, Mutter von fünf Kindern, dass für sie die Weihnachtsbeleuchtung ein Muss ist, obwohl sie ansonsten ziemlich aufs Geld schaut, um über die Runden zu kommen. Sie lebt mit ihrer Familie in einer Reihenhaussiedlung, wo es offenbar Brauch ist, um die schönste Beleuchtung zu wetteifern. Dem könne man sich nicht entziehen, hat sie mir irgendwann erzählt, da sei der Gruppendruck einfach zu groß. Als ich ihr daraufhin leicht provokant vorschlug, sie könne sich ja quasi von den Nachbarn mit beleuchten lassen, verdrehte sie nur die Augen. »Das stellst du dir ein bisschen zu einfach vor. Schließlich wollen wir ja keine Schmarotzer sein.« Da war ich tatsächlich sprachlos. Weihnachtsbeleuchtungsschmarotzer! Wo gibt's denn so was?

Dass die meisten Beleuchtungskörper hauptsächlich aus Kunststoff bestehen, ist übrigens nicht der Hauptgrund, warum die weihnachtliche Lichterorgie so etwas wie mein persönliches Feindbild geworden ist. Es geht vielmehr darum, dass wir sie uns als notwendig haben einreden lassen. Schließlich geht es ja vielfach nicht darum, sich selbst mit einem Sternenvorhang im Fenster oder einer Lichterkette an der Haustür eine Freude zu machen, sondern man tut es, um dazuzugehören.

Irgendwie ist es gelungen, Weihnachtsbeleuchtung als einen Teil des kollektiven Lebensgefühls unserer Zeit zu etablieren – etwas, das wir »haben wollen müssen«, um nicht als Spaßverderber dazustehen. Mit vielen Dingen ist das so, ganzjährig und nicht nur zur Weihnachtszeit. Gegen Beleuchtungsorgien mag ich ja immun sein, nicht aber gegenüber anderen Sachen. Unzählige Male habe ich mich in den letzten Wochen gefragt, warum das ganze Zeug in unserem Stall, das wir ganz und gar nicht vermissen, eigentlich gekauft oder aufgehoben wurde. Vermutlich weil wir genau wie die meisten Menschen bestimmte Dinge einfach besitzen wollten, weil wir sie bei anderen oder in der Werbung gesehen hatten, weil wir uns einreden ließen, dass sie zum Lebensstil dazugehören.

Mitverantwortlich dafür sind eine riesige Werbemaschinerie und die wirtschaftlichen Interessen derer, die daran verdienen, die uns oft durch billige Angebote zu unreflektierten Käufen verleiten. Unabhängig davon, ob wir das Produkt brauchen, ob es sinnvoll ist oder nicht und ob es vielleicht sogar unserer Gesundheit und der Umwelt schadet. Der Markt produziert automatisch und unaufhörlich Neues, und wir sind wie in einem Hamsterrad gefangen, drehen uns im Kreis und kaufen brav immer weiter. Falls wir nicht gerade durch irgendetwas aufgerüttelt werden, fällt uns nicht einmal auf, was wir da tun, welches System wir unterstützen und welchen Schaden wir möglicherweise damit anrichten und wie sehr der Überfluss uns teilweise selbst belastet.

Aber muss das wirklich alles so sein? Gibt es kein Entkommen aus dem Hamsterrad? Oder findet sich doch irgendwo eine »Escape«-Taste? Genau genommen ist unser Experiment nichts anderes als ein Versuch, diese Frage zumindest für uns selbst zu beantworten.

Weihnachten ist zwar auch das Fest des Lichtes, aber vor allem das der Hoffnung.

Alle Jahre wieder oder auch nicht

Als Nächstes stehen die ersten Weihnachts- beziehungsweise Nikolauseinkäufe an, was traditionsgemäß allein mir zufällt, da Peter mit seiner Einkaufsphobie dafür weiß Gott völlig ungeeignet ist.

Wir haben uns darauf geeinigt, dass es diesmal überwiegend zweckmäßige Geschenke geben soll, zumindest von uns. Was die Kinder von den Großeltern und anderen Verwandten bekommen, ist eine andere Sache. Zum Nikolaus bestimmt Süßigkeiten in Mengen und vielleicht ein kleines Geschenk, ob mit oder ohne Plastik, bleibt abzuwarten. Da machen wir niemandem Vorschriften.

Wir selbst halten uns allerdings daran. Neben den praktischen Geschenken soll es für die Kinder einen Gutschein für eine Shiatsu-Behandlung bei einem unserer Nachbarn geben sowie spezielle Holzbausteine, mit denen man richtige Kunstwerke gestalten kann und die sogar für Erwachsene durchaus interessant sind.

Leonard hat zusätzlich besondere Wünsche, nämlich einen Holzritter und ein Holzboot. Beide Dinge sind von ihm als Ersatz für seine Ritterburg gedacht, die er kurz vor der Adventszeit aus freien Stücken in den Stall geräumt hat, vorübergehend natürlich. »Jetzt hab ich eh schon so viel damit gespielt«, meinte er. Dafür äußert er nun sehr konkrete Vorstellungen, was den Ritter betrifft. Der soll ein abnehmbares Schwert in der Hand halten, wie er seinem handwerklich begabten Vater immer wieder erzählt, obwohl sein Wunsch eigentlich an das Christkind gerichtet war. Da Samuel ebenfalls gerne mit Holz arbeitet, hat er sich bereit erklärt, die Schnitzarbeiten für das Boot zu übernehmen, und sich bereits mit großem Eifer an die Arbeit gemacht.

Im Zuge meiner Weihnachtseinkäufe statte ich, wieder einmal auf einen Hinweis von Sabine hin, einem kleinen Laden namens »Bergfuchs« in Graz einen Besuch ab. Dort soll es Berg- und Campingartikel geben – und angeblich zudem Jausenboxen aus Edelstahl, nach denen wir schon so lange suchen. Allerdings stellt sich heraus, dass sich im Sortiment nur Aluboxen finden, wie sie Peter bei seiner ersten Einkaufstour bereits entdeckt hat und die ich, abgesehen von den Kosten, deshalb nicht als erste Wahl betrachte, weil gerade Alu extrem energieaufwendig in der Herstellung ist und zudem im Verdacht steht, gesundheitlich nicht ganz unbedenklich zu sein.

Was nun? Ein freundlicher Verkäufer schleppt schließlich Kataloge an und wird nach kurzer Zeit fündig: Edelstahldosen mit verschließbarem Deckel in drei verschiedenen Größen sind dort im Angebot. Ich bin begeistert und bestelle, obwohl ich den Preis noch gar nicht kenne, gleich mehrere Dosen von jeder Größe. Je eine will ich den Kindern als Geschenk in ihr Nikolaussäckchen stecken.

Während meine Bestellung aufgenommen wird, schaue ich mich ein wenig im Laden um und entdecke neben dem riesigen Sortiment üblicher Funktionskleidung aus Kunststoff auch welche aus Merinowolle. Die einzelnen Teile haben zwar beachtliche Preise, sehen aber wirklich sehr gut aus. Ich stelle mir eines der langärmligen Shirts bereits für Peter unter dem Weihnachtsbaum vor.

Nur: Wo werden die Sachen hergestellt? Das eingenähte Etikett verrät zwar die Herkunft der Wolle, Neuseeland, nicht jedoch das Herstellerland. Wieder einmal setze ich eine Produktfahndung in Gang, veranlasse einen der Verkäufer zu einer telefonischen Anfrage beim Lieferanten, während der andere mich bereits vorsorglich über die Vorzüge dieser speziellen Wäsche aufklärt: kein Schweißgeruch, angenehm warm, hautfreundlich und Feuchtigkeit nach außen abgebend. Ein perfektes Stück, jedoch »Made in China«, wie mir mitgeteilt wird.

Meine Kaufbereitschaft gerät ins Wanken. Soll ich wirklich so viel Geld für ein Stück ausgeben, das fast um den ganzen Erdball gereist ist und höchstwahrscheinlich unter sehr fragwürdigen Bedingungen irgendwo in China hergestellt wurde? Beides geht mir gegen den Strich, nicht nur bei Funktionswäsche.

»Gibt es eigentlich Fair-Trade-Merino-Funktionswäsche?« Die beiden jungen Verkäufer sehen mich völlig verständnislos an, und ich muss selbst über meine Frage lachen. »Na ja, man kann eben nicht alles haben«, murmle ich mehr zu mir selber und wende mich wieder der Wollfunktionswäsche zu. Nachdem ich noch eine Weile hin und her überlege und schon dabei bin, die Notwendigkeit von Funktionswäsche überhaupt infrage zu stellen, gebe ich mir einen Ruck und entschließe mich zum Kauf des orangefarbenen Shirts, immerhin Peters Lieblingsfarbe.

Beim Abholen der Dosen einige Tage später bekomme ich erneut einen Koller. Nicht wegen des Herstellungslands, sondern wegen der Verpackung, denn die Edelstahlboxen befinden sich nicht nur in einem Karton, sondern zusätzlich in einer inneren Plastikhülle. Ich nehme es hin, weil sie ansonsten genau meinen Erwartungen entsprechen, formschön und stabil sind und einen guten Verschlussmechanismus haben. Doch es widerstrebt mir, all die Plastikhüllen mit nach Hause zu nehmen, nur um dort damit unser Plastikmüllsäckchen zu belasten, das nach mehr als drei Wochen noch immer fast leer ist. Obwohl es natürlich theoretisch egal ist, wer das Zeug entsorgt, will ich die Dosen zumindest plastikfrei nach Hause tragen.

Also frage ich einen Verkäufer, ob ich die Plastikhüllen hierlassen könne. Der wirft mir einen vielsagenden Blick zu und murmelt: »Aber sicher, solange wir keine Fair-Trade-Jausenboxen besorgen müssen!«

Dann ist Nikolaus. Seit Samuels erstem Geburtstag kommt er jedes Jahr am Abend des 5. Dezember zu uns und bringt den Kindern ein Sackerl mit kleinen Geschenken und Süßigkeiten. Diese Tradition haben wir auch heuer beibehalten, nur dass der Inhalt der Säckchen diesmal ein wenig anders aussieht als früher.

Jedes Kind bekommt ein Paar Socken aus Biobaumwolle und eine der Jausenboxen aus Edelstahl, die für die beiden Großen mit Trockenfrüchten und Nüssen aus dem Bioladen und für Leonard, kein großer Fan von solchen Dingen, mit Bananenchips gefüllt sind. Als kleines Extra gibt es noch je einen Schokonikolaus, den die Oma vorbeigebracht hat. Alle drei sind hocherfreut und finden, dass die Boxen wie aus echtem Silber aussehen. Was den Inhalt angeht, da zieht Leo allerdings die »echten« Süßigkeiten vor, die er aus dem Sack des Nikolaus fischen darf. Ansonsten aber schaffen wir es, ziemlich plastikfrei durch die Vorweihnachtszeit zu kommen.

Auch unser Adventskalender, den ich vor einigen Jahren aus kleinen Kartonschachteln selbst gebastelt habe, ist »sauber«. Wie jedes Jahr bestücke ich ihn mit kleinen Naschereien – diesmal natürlich ohne Verpackung – und Zetteln, die hauptsächlich Versprechungen für gemeinsame Aktivitäten enthalten, wie zum Beispiel abendliche Massagen oder gemeinsames Basteln. Solche »Zeitgeschenke«, wie wir sie nennen, sind bei unseren Kindern äußerst beliebt. Sie bedenken uns übrigens an Advent ebenfalls mit Überraschungen dieser Art.

Auf einem Zettel von Marlene für mich steht zum Beispiel: »Gutschein für dreimal eine Stunde in Ruhe lassen!«, und Leonard schenkt uns einen Gutschein für »Fünfmal tun, was ihr wollt!« Oder sie erklären sich bereit, fünfmal den Boden zu wischen oder dreimal die Fenster zu putzen. Ich bin über solche kleinen Geschenke der Kinder immer sehr gerührt. Zudem regen sie mich an, über den Sinn des Schenkens nachzudenken und was es für mich bedeutet. Zwar mag ich es grundsätzlich sehr gerne, anderen eine Freude zu machen, doch empfinde ich es angesichts des Konsumterrors gerade in der Weihnachtszeit zunehmend als Zwang und damit als Belastung. Allerdings fühle ich mich in diesem Jahr durch unser Experiment darin bestärkt, diese Belastung abzuschütteln und mir die Freude am Schenken zurückzuerobern.

Auch Besuche gehören zur Vorweihnachtszeit. Am dritten Adventssonntag kommen Marianne und Nicole mit ihren Kindern zu uns. Marianne ist Marlenes Patin, meine Trauzeugin und eine sehr gute Freundin, die Flohmärkte und alte Sachen liebt und sich von Anfang an für unser Experiment interessierte. Peter hat nach dem leisen Hinweis, dass er in dieser Runde nur stören würde, die Flucht ergriffen und ist mit seinem Mountainbike zu einer kleinen Wintertour aufgebrochen.

Wir wollen uns einen gemütlichen Nachmittag machen, gemeinsam Kekse backen und Bienenwachskerzen basteln. Nachdem das letzte Blech im Rohr ist, gehen unsere insgesamt acht Kinder erst einmal zum Schneemannbauen in den Garten, während wir Mütter eine kleine Pause mit einer Tasse Kaffee einlegen und die ersten Kekse probieren. Eine gute Gelegenheit zudem, uns in aller Ruhe zu unterhalten.

Meine beiden Freundinnen berichten von den Veränderungen, die auch sie seit Beginn unseres Experiments in ihren Haushalten eingeführt haben. Beide holen mittlerweile die Milch beim Bauern, kaufen Joghurt in Pfandgläsern und versuchen überhaupt möglichst viele Lebensmittel unverpackt beim Erzeuger oder auf dem Markt zu bekommen. Nicole nimmt zum Einkaufen wie ich fast immer eine Metalldose für Käse oder Wurst mit. Allerdings klagt sie, dass teilweise gerade biologische Lebensmittel nur in Plastik verpackt erhältlich seien. Erfahrungen, die ich selbst gemacht habe, ohne eine wirklich einleuchtende Erklärung für diese Tatsache zu finden.

Warum verwenden die Erzeuger nicht zumindest Bioplastik, wenn sie Papier nicht ausreichend finden, um ihre hochwertigen Produkte zu schützen? Marianne meint, dass Bioplastik, weil atmungsaktiv, wahrscheinlich nicht für alle Lebensmittel geeignet sei und sich für Vakuumverpackungen gar nicht verwenden lasse. Was uns zu einer fast philosophischen Diskussion veranlasst, ob und in welchem Ausmaß die möglichst lange Haltbarkeit von Nahrungsmitteln für unsere Lebensqualität ausschlaggebend ist.

Ich persönlich finde das höchstens wichtig, wenn man etwas über längere Zeit transportieren will, also auf dem Weg in den Urlaub etwa, nicht aber für den alltäglichen Verbrauch. Bei uns wird manches schon gegessen, bevor es vom Einkaufskorb überhaupt in den Kühlschrank wandert. Da brauche ich doch keine in Plastik eingeschweißten Lebensmittel. Alle drei sind wir uns einig, dass eine gute Einkaufsplanung entscheidend dazu beiträgt, das Verderben von Lebensmitteln zu verhindern. Das bedeutet unter anderem, nicht endlos auf Vorrat zu kaufen. Ich weiß noch gut, dass früher viele Sachen, vor allem Joghurts, trotz langer Haltbarkeit schlecht wurden, weil zu viel im Kühlschrank stand. Es ist einfach ein Lernprozess, den man durchmachen muss – und den man schafft, sofern man zur Umstellung bereit ist. Allerdings liegt hier, was Essgewohnheiten angeht, generell das größte Problem.

Mit fällt Sonja ein, die unser Experiment eher kritisch sieht und vor Kurzem erst wieder gemeint hat, wir müssten uns klarmachen, dass wir uns nur in einer privilegierten Lebenssituation den Luxus leisten könnten, uns über solche Dinge Sorgen zu machen. Die meisten Menschen hätten andere Probleme. Was nicht ganz von der Hand zu weisen ist, wie mir selbst erst vor ein paar

Wochen, als ich *Plastic Planet* zum dritten Mal sah, überdeutlich zu Bewusstsein kam.

Aber sollten wir uns nicht gerade Gedanken machen, *weil* uns andere Probleme weitgehend erspart bleiben? Haben wir nicht sogar die Verpflichtung, wie ich mir gerade angesichts der indischen Müllhalden dachte, uns stellvertretend für andere zu engagieren? Für alleinerziehende Mütter und Väter, Geringverdiener, alte Menschen mit kleinen Renten und Pensionen, die am Existenzminimum leben und natürlich andere Sorgen haben als die Vermeidung von Plastikmüll.

Während ich noch solche Fragen in meinem Kopf wälze, wendet sich Marianne, die sich bislang mit Nicole weiter über Sinn und Unsinn der Haltbarmachung von Lebensmitteln unterhalten hat, plötzlich an mich. »Und wie geht's jetzt bei euch weiter, wenn das Experiment vorbei ist?«

Eine Frage, die ich in doppeltem Sinne seltsam finde. Erstens weil unser Experiment meinem Gefühl nach gerade erst begonnen hat und längst nicht alle Bereiche zufriedenstellend gelöst sind und weil ich zweitens selbst noch keine Sekunde daran gedacht habe, wie es weitergehen soll. Dementsprechend stottere ich herum, wir müssten halt schauen, was wir beibehalten wollen, würden aber sicher nicht in jeder Hinsicht so weitermachen wie jetzt. Außerdem sei überhaupt nicht ganz klar, wann das Experiment wirklich abgeschlossen sei. Plötzlich unterbricht mich eine energische Stimme aus dem Hintergrund. Es ist Marlene, die zusammen mit Nicoles Tochter Theresa offenbar unsere Unterhaltung vom Kinderzimmer aus verfolgt hat.

»Wir können doch genauso weitermachen wie jetzt! Uns geht ja nichts ab.«

Das sitzt! Ich bin einen Moment lang sprachlos. Meine gerade zehnjährige Tochter hat offenbar weitaus mehr aus unserem Experiment gelernt als ich selbst. Vielleicht liegt es auch an der kompromisslosen Art von Kindern, sich für eine Sache zu begeistern und Veränderungen umzusetzen. Ich bin sehr stolz auf Marlenes klare Stellungnahme.

»Du hast recht, Marlene«, sage ich. »Wir können einfach so weitermachen. Mir fehlt ebenfalls nichts, höchstens manchmal die Kartoffelchips, aber da helfen vielleicht hin und wieder nette Freundinnen aus und bringen mir welche mit.«

Nicole und Marianne nicken zum Zeichen des Einverständnisses. »Jetzt müsst ihr nur noch eure Männer überzeugen«, meint Nicole, doch auch darum hat sich meine Tochter schon gekümmert.

»Zumindest der Papa ist dafür.« Marlene grinst zufrieden.

Marianne, die – obwohl sie den Film nicht gesehen hat – gerne ein wenig plastikfrei experimentieren möchte, seufzt:»Vielleicht sollte Marlene mal mit Alex sprechen.«

Ihr Mann sträubt sich, findet das alles übertrieben, zumal sie mit dem Haus, das sie gerade bauen, genug Sorgen hätten, meint er. Wir geben unserer Freundin den Rat, ihn gelegentlich mit ins Kino zu nehmen. Vielleicht ändert er ja seine Meinung, denn so ein Projekt ohne die Unterstützung aller Familienmitglieder durchzuführen, das ist schlicht unmöglich. Mal sehen, wie es weitergeht bei Marianne.

Bevor wir mit den Bienenwachskerzen beginnen, erzähle ich den beiden noch schnell, dass ich mit Thomas Bogner ohnehin bereits eine Verlängerung bis Weihnachten vereinbart habe.

Ein paar Tage später ruft er an, will wissen, wie es uns geht. Als ich ihm von Marlenes Kommentar berichte, hakt er gleich ein und meint, dass es auf jeden Fall sinnvoll sei, bis zum Jahresende weiter Berichte in dem Blog zu veröffentlichen. Nicht nur das: Er fragt, ob ich mir vorstellen könnte, auch über das Experiment hinaus für den Blog zu schreiben. Und überhaupt könnte aus seiner Sicht das ganze Projekt durchaus noch das nächste Jahr weiterlaufen. Auch wenn mir das Angebot sehr entgegenkommt, muss ich es zuvor mit meinem Mann besprechen. Schließlich erfordert gerade diese Tätigkeit ziemlich viel von meiner Zeit. Erstaunlicherweise ist Peter gleich einverstanden – Marlene hat offenbar ganze Arbeit geleistet.

Aber vermutlich musste Peter nicht wirklich überredet werden. Da er kein Freund großer Worte ist, hat er unbemerkt seinen ganz persönlichen Beitrag zu unserem Blog gestaltet und mich plötzlich mit dem Song *Plastik überall* überrascht, von ihm selbst getextet, komponiert, aufgenommen und sogar mit einem kleinen Video versehen. Ich war sehr beeindruckt, und von Thomas Bogner kam ebenfalls eine positive Rückmeldung. Was meinen Mann ermutigte, einen neuen Song für den Blog in Angriff zu nehmen. Für mich insofern eine Erleichterung, weil er die Zeit, die ich in unser Projekt beziehungsweise in seine »mediale Begleitung« investiere, nun nicht mehr so kritisch bewertet. Nur die Kinder haben sich in letzter Zeit häufiger darüber beschwert, dass seit Neuestem ständig einer von uns vor dem Computer sitzt.

Das Christkind und der Plastikdrache

Dann ist es so weit: Unser erstes fast plastikfreies Weihnachtsfest steht vor der Tür. Es beginnt wie jedes Jahr mit dem Einpacken der Geschenke, nur dass diesmal auch das etwas anders aussieht als früher.

Weil es sich um ein menschliches Grundbedürfnis zu handeln scheint und unsere Kinder zudem Verpackungsweltmeister sind, die bereits echte Kunstwerke mit zahlreichen übereinandergeklebten Schichten produziert haben, mochten wir ihnen trotz aller Bemühungen um Müllvermeidung den Spaß nicht ganz verderben und haben über alternative Möglichkeiten nachgedacht. Schließlich wollen wir ihre Kreativität nicht beschneiden.

Also bekamen sie einige Bögen Packpapier, die sie nach Belieben bemalen und gestalten konnten, sowie einen Teil des gebrauchten Geschenkpapiers, das sich in den letzten Jahren angesammelt hat, während Peter und ich einer anderen Alternative den Vorzug geben. Wir wollen Zeitungspapier verwenden und uns einen Spaß daraus machen, für die Beschenkten jeweils Seiten mit einem passenden Artikel oder einem originellen Foto zu finden.

Traditionellerweise packen wir immer am Abend vor Weihnachten die Geschenke ein, müssen aber diesmal aufgrund des Verzichts auf Klebebänder und dergleichen vermutlich etwas mehr Zeit einkalkulieren. Marianne hat mir zwar ein Ökoklebeband empfohlen, das nur aus Recyclingpapier und Naturkautschukkleber bestehen soll, doch bin ich nicht mehr dazu gekommen, es zu bestellen. Außerdem soll ja in jeder Hinsicht der Aufwand für Verpackungen reduziert werden, materiell wie finanziell.

Während Peter das letzte Paket mit Holzbausteinen für die Kinder einwickelt, meint er hörbar angestrengt: »Wir haben nur Glück, dass wir heuer keine wirklich großen Geschenke verpacken müssen, denn das wäre ohne Klebeband und richtig großes Papier schon ziemlich mühsam.«

»Tja, zur Not hätten wir halt ebenfalls auf Packpapier zurückgreifen müssen. Oder ganz einfach auf alte Leintücher oder Tischtücher, die überhaupt keinen Müll verursachen. Steht übrigens unter Verpackungstipps in meinem Blog.« Peter murmelt etwas Unverständliches und widmet sich wieder seinem Päckchen.

Der Abend endet wie immer damit, dass wir beide – Peter leicht erschöpft, ich ziemlich verzückt – vor unserem kleinen Geschenkeberg stehen und ich pathetisch verkünde: »Ich freue mich schon so auf Weihnachten!«

Peter bringt das regelmäßig in Verlegenheit, weil für ihn Weihnachten eigentlich hauptsächlich anstrengend ist. Was er der

Kinder wegen zwar auf sich nimmt, sich jedoch mit meiner echten Vorfreude in keiner Weise identifizieren kann. Deshalb antwortet er auch wie jedes Jahr: »Schön, dass du dich so freust.« Und nachdem wir dieses Ritual hinter uns gebracht haben, steht einem plastikfreien Weihnachtsfest nichts mehr im Wege.

Während ich am späten Nachmittag des 24. Dezember mit den Kindern die Kindermette besuche, schmückt Peter den Baum, legt die Geschenke darunter und bereitet unser Abendessen vor. Da wir zu Fuß in die Kirche gehen, haben die Kinder ihre Laternen, die noch aus Kindergartenzeiten stammen, mitgenommen, die wir auf dem Rückweg anzünden werden. Was hoffentlich zu einer weihnachtlichen Stimmung beiträgt, denn die dünne Schneedecke ist durch den Regen der letzten Tage ordentlich in Mitleidenschaft gezogen worden. Die Kinder verteilen auf dem Heimweg noch ein paar ihrer selbst gemachten Kerzen samt einem Weihnachtsgedicht von mir an unsere Nachbarn, und dann ist es endlich so weit.

Wir haben wie jedes Jahr für das Weihnachtsfest einige Lieder einstudiert, diesmal sogar erstmals als Quintett: Samuel auf der Trompete, Marlene auf der Posaune, Leo am Schlagzeug, Peter auf der Gitarre und ich auf der Klarinette. Nachdem wir unsere Lieblingsweihnachtslieder gesungen und gespielt haben, beginnt die Bescherung.

Auf den ersten Blick lässt sich kein Unterschied zu den Weihnachtsfesten in den Jahren zuvor erkennen. Erst am Ende, als alle Geschenke ausgepackt sind, wird er deutlich: Abgesehen davon, dass es uns gelungen ist, beim Verpacken völlig ohne Plastik auszukommen, ist nur eine kleine Schachtel mit zusammengeknülltem Zeitungspapier übrig geblieben. Die Hanfbänder habe ich wieder zusammengerollt und bewahre sie zusammen mit dem gebrauchten Geschenkpapier und Geschenksäckchen für den nächsten Anlass auf. Leonard meint, das bisschen Müll reiche gerade mal aus, um am nächsten Tag den Herd anzuheizen. Dann spätestens wird von unseren Weihnachtsverpackungen nichts mehr da sein. Eine wirklich erfreuliche Entwicklung, wenn man an die Müllberge vom Vorjahr denkt!

Ein Erfolg sind auch die plastikfreien Geschenke, die bei den Kindern großen Anklang finden. Leo freut sich riesig über seinen Holzritter und sein Holzboot, obwohl dem noch der letzte Schliff fehlt, weil Samuel nicht ganz fertig geworden ist. Peter fühlt sich in seinem neuen Merinoshirt so gut, dass er es gleich anbehält. Marlene ist dankbar für das gehäkelte Täschchen für Taschentücher. Sie hatte sich immer wieder beklagt, dass es die plastikfreien Papiertücher nur in Großpackungen gibt. »Super Mama«, sagt sie mit verschmitztem Lächeln, nachdem sie das Täschchen genauer inspiziert hat, »da kann ich dann später ein Handy reintun«. Diesen Wink mit dem Zaunpfahl überhöre ich allerdings geflissentlich und wende mich lieber Samuel und Leonard zu, die sich mit den Holzbausteinen beschäftigen.

Schließlich gibt es auch für mich noch eine ganz besondere Überraschung. Peter hat mir aus dem Holz unseres alten Nussbaums, der aus Sicherheitsgründen letzten Sommer gefällt werden musste, einen Anhänger in Herzform geschnitzt, ihn fein säuberlich poliert und geölt und anschließend von einem Juwelier auf eine Goldkette montieren lassen.

Ich bin gerührt. Peter, der weiß, wie viel mir der Nussbaum bedeutet hat, nimmt mich in den Arm und sagt leise: »Siehst du, jetzt kannst du ein Stück von ihm und ein Stück von mir immer bei dir tragen.«

Einige Stunden später, ich liege als Einzige noch wach im Bett, denke ich darüber nach, was Weihnachten eigentlich für mich bedeutet. So sinnentleert und grotesk es mir in der Vorweihnachtszeit oftmals erschienen ist, so hoffnungsvoll und schön empfinde ich es jedes Jahr aufs Neue, es mit meiner Familie zu feiern. Ich denke daran, wie ich dieses Fest als Kind erlebte und wie sehr sich meine Einstellung dazu über all die Jahre veränderte.

Eines allerdings ist geblieben. Das, was für mich mein ganz persönliches Weihnachtsgefühl ausmacht und wahrscheinlich auch dafür verantwortlich ist, dass ich Jahr für Jahr aufs Neue diese wunderbare Vorfreude erlebe. Weihnachten ist für mich, dem ursprünglichen Anlass entsprechend, ein Symbol der Hoffnung. Und gerade durch unser Experiment hat sie für mich neue Nahrung erhalten, und ich kann wieder wirklich daran glauben.

Hoffnung, davon bin ich überzeugt, ist eine der wichtigsten Triebfedern und ein wesentlicher Faktor unseres Handelns. Überdies vermag sie unglaubliche Dinge zu bewirken und andere Menschen anzustecken.

Wie üblich besuchen wir am nächsten Tag meine Schwester Kerstin und ihre Familie. Dieses Jahr schenken wir unseren Kindern wechselseitig Bücher, so haben sie es sich gewünscht. Eine kurzfristige hysterische Anwandlung, weil kaum ein Buch wirklich plastikfrei ist, habe ich schnell unterdrückt, denn schließlich ist Lesen für unsere gesamte Familie eine sehr wichtige Freizeitbeschäftigung. Und obwohl wir Bücher oft ausleihen, kann ich mir nicht vorstellen, in Zukunft gänzlich auf den Kauf von neuen Büchern zu verzichten. Allerdings habe ich mir vorgenommen, zumindest bei jeder sich bietenden Gelegenheit das zusätzliche »Einschweißen« von ohnehin mit Plastik beschichteten Büchern anzuprangern.

Mein Schwager Thomas hat von unserem Experiment bis jetzt nicht allzu viel mitbekommen und hört sich unsere Schilderungen eine Zeit lang ganz interessiert an. Als er erfährt, dass ich außerdem Beiträge für einen Weblog zu diesem Thema schreibe, meint er lachend, ich sei wohl nicht ganz ausgelastet.

Peter reagiert prompt: »Sie hat ja mich! Ich mache inzwischen halt den Haushalt und andere wirklich notwendige Arbeit.« Damit hat er die Lacher auf seiner Seite, und obwohl ich weiß, dass er das nicht wirklich ernst meint, werden durch seine Worte gewisse Zweifel in mir gesät.

Und so bin ich auf der Heimfahrt ziemlich nachdenklich, bis Peter, dem mein ungewohntes Schweigen auffällt, mich fragt, ob alles in Ordnung sei. Da sprudelt es aus mir heraus. Ich hätte Angst, sage ich, dass das Experiment irgendwann unsere Beziehung belasten könnte. Jetzt, wo ich gerade erst zugesagt habe, den Blog weiterzuführen, kämen mir plötzlich Bedenken, das alles zusammen würde vielleicht zu viel. Auch sei mir durch seine Worte erneut klar geworden, wie sehr der Erfolg und das gute Gefühl bei dieser Sache davon abhängen, dass wir sie gemeinsam tragen und vertreten. Ob er eigentlich wirklich weitermachen wolle, will ich wissen.

»Ja, habe ich doch gesagt«, antwortet er ohne Zögern. »Solange es Spaß macht …«

»Und wenn es zu viel wird?«

»Dann lassen wir es bleiben!«

»Und merken wir das rechtzeitig? Ich meine, bevor es in eine Krise ausartet!«

»Klar, deine Laune ist ein eindeutiger Indikator. Wenn es dir gut geht, ist es für den Rest ebenfalls okay.«

Ich fühle mich erleichtert. Wir stehen immer noch zu unserem Ausgangspunkt. Von Anfang an war es schließlich eine Bedingung, dass wir uns mit dem Experiment wohlfühlen. Was Peter gesagt hat, bestätigt im Grunde nur dessen selbst regulierende Eigenschaften. Wenn es uns nicht mehr gut geht, ist eine wesentliche Voraussetzung nicht länger erfüllt, und wir müssen das Experiment abbrechen oder verändern. Doch solange es allen passt, besteht dazu keine Notwendigkeit, und wir machen weiter. Egal, wie lange.

Am Tag darauf besuchen wir wie alljährlich die Großeltern in Mürzzuschlag, wo eine kleine Ausnahme von unserem plastikfreien Weihnachten stattfinden wird. Leonard hat sich nämlich einen Drachen für seine Ritterburg gewünscht, obwohl diese nach wie vor im Stall steht. Da Peters Eltern uns bezüglich der Geschenke für die Kinder eigentlich immer um unsere Meinung fragen, hätte ich natürlich die Möglichkeit gehabt, den Plastikdrachen zu verhindern. Aber irgendwie kam mir das dumm vor, zumal unsere Kinder, auch der Jüngste, sich sehr intensiv mit ihren Weihnachtswünschen auseinandergesetzt und sie bis auf diesen einen Wunsch auf unser Experiment »abgestimmt« haben. Darauf bin ich sehr stolz und finde es überhaupt großartig, wie begeistert sie an unserem Versuch mitarbeiten und sich damit identifizieren. Daran soll ein einzelner Plastikdrache nun wirklich nichts ändern.

Natürlich ist er tatsächlich die Sensation des Abends, weil Leonard absolut nicht damit gerechnet zu haben scheint, dass ihm dieser Wunsch erfüllt würde. Dadurch ist die Freude umso größer und unser Experiment wieder einmal um eine Ausnahme reicher.

Grüße von der Silvesterhütte

Zum Abschluss des Jahres steht uns dann eine echte Herausforderung bevor. Wir wollen gemeinsam mit Sonja und Gerhard eine Woche auf einer Selbstversorgerhütte am Stoderzinken in den Ennstaler Alpen verbringen und dort gemeinsam Silvester feiern. Das kleine Skigebiet ist nicht nur sehr schneesicher – im Normalfall muss kein Kunstschnee eingesetzt werden –, sondern auch sehr übersichtlich, sodass wir die Kinder teilweise alleine auf der Piste lassen können. Für Peter und mich eine große Erleichterung, da wir kleine Skitouren bevorzugen.

An und für sich sind wir, sprich Sonja und ich, in der Organisation dieses Urlaubs schon geübt, da wir bereits seit einigen Jahren regelmäßig gemeinsam dorthin fahren. Nur gibt es heuer ein paar Faktoren, die die Planung erschweren. Zwar haben Sonja und Gerhard zugestimmt, sich für diese Zeit dem plastikfreien Versuch anzuschließen, aber gleichzeitig Bedenken bezüglich meiner Mengenberechnungen geäußert, die sich durch den Wegfall plastikverschweißter Lebensmittel, bisher immer unsere eiserne Reserve, nicht ganz so einfach gestalten.

Hinzu kommt das Problem des Trinkwassertransports. Wie ohne Plastikflaschen überhaupt eine ausreichende Menge für sieben Personen auf die Hütte gebracht werden soll, ist anfangs gänzlich ungeklärt. Speziell meinen Mann plagt überdies die Sorge, die von mir eingeplante Kiste Bier könnte nicht für eine ganze Woche ausreichen. Dass sich außerdem Sonja, im sechsten Monat schwanger, über eine sinnvolle Ernährung Gedanken macht, erschwert die Planung zusätzlich.

Zum Glück ergeben sich am Ende einige praktikable Lösungen, die allerdings auch wieder ein paar Kompromisse erfordern. Bezüglich der Trinkwasserversorgung sind Gerhard glücklicherweise zwei 100-Liter-Edelstahltanks aus einem alten Wohnmobil eingefallen, die irgendwo bei ihm herumstehen. Sowohl Befüllen als auch Transport würden zwar recht mühsam werden, aber immerhin besser als Unmengen schwerer Glasflaschen, wenngleich die Kanister ebenfalls nicht gerade Leichtgewichte sein dürften, doch ich hüte mich, dieses Thema anzusprechen – und zum Glück tut es auch sonst keiner oder bringt wieder Plastikflaschen ins Spiel.

Ich bemerke allerdings selbst, dass alles viel gründlicher überlegt werden muss. Weil unverpacktes Brot nicht so lange haltbar ist, plane ich nur vier Kilo ein, was von den anderen nur unter der Bedingung akzeptiert wird, dass wir zusätzlich zwei Kilo Brotbackmischung für den Notfall einpacken. Meine ursprüngliche Idee, an den letzten paar Tagen einfach nur Müsli zum Frühstück zu essen, ist bei der Mehrheit eindeutig durchgefallen.

Was die Milchvorräte angeht, so füllen wir die in Saftflaschen ab, und für Sonja, die um ihre tägliche Käseration fürchtet, gibt es eine Ausnahmegenehmigung für eingeschweißten Käse, der allerdings nur zum Einsatz kommen soll, falls die von mir berechnete Menge an unverpacktem Käse nicht ausreicht. Peters kleines Problem geht bei diesen Diskussionen ziemlich unter, und so ist er, denke ich, ziemlich froh, dass wenigstens die ursprünglich geplante Kiste Bier noch Platz im Auto findet.

Als alles so weit geregelt ist, ziehe ich für mich Bilanz. Die Planung unseres Urlaubs mag zwar zeitaufwendiger gewesen sein als in den Jahren davor, dafür müssten wir bei der Rückfahrt eigentlich alles schneller beisammenhaben, weil sich der Müllabtransport vermutlich auf etwas Altglas und eine kleine Menge Restmüll beschränkt. Was das Finanzielle betrifft, kommt es uns ein bisschen teurer, was aber dadurch ausgeglichen wird, dass wir zu Silvester kein Vermögen in den Himmel schießen werden. Nur die Kinder haben sich von ihrem Taschengeld ein paar Knaller und Miniraketen gekauft.

Dann ist es so weit, und wir starten in den Urlaub. Auf der Fahrt gehe ich in Gedanken noch einmal unsere Vorräte durch. Was soll schon passieren? Schließlich steht etwa 100 Meter von der Hütte entfernt ein Gasthaus. Verhungern werden wir also nicht. Schlimmstenfalls muss ich die ganze Gesellschaft dort zum Essen einladen. Ein beruhigender Gedanke, wenngleich das ganz sicher auch keine plastikfreie Lösung wäre ...

Am Ende verläuft alles reibungslos und zum Glück ohne größere »Futterkämpfe«. Wie immer besuchen uns viele Freunde und Bekannte von Sonja, die lange in der Gegend gearbeitet und gelebt hat, und von dem einen oder anderen darf ich mir zynische Bemerkungen über meine Art der Essensrationierung anhören, während Gerhard, der seinen Laptop inklusive mobiles Internet dabeihat, meine kleinen »Plastiksünden« (in Form von

Knabbergebäck und Süßigkeiten, die unsere Gäste mitgebracht haben) gleich brühwarm auf unserem Blog kommentiert. Darf er, denn immerhin habe ich höchstpersönlich Sonja dazu genötigt, zumindest für die Silvesternacht ein oder zwei Packungen Chips zu besorgen.

Vor allem freue ich mich darüber, dass Sonja und Gerhard, die unserem Experiment eher kritisch gegenüberstanden, der ganzen Sache mittlerweile etwas abgewinnen können, wie nicht zuletzt ihr Beitrag auf unserem Blog zum Ausdruck bringt.

Liebe Grüße von der Silvesterhütte!
Keine Sorge, es gibt – wie immer und dank korrigierter Mengenberechnungen – genug zum Essen.
Sechs Normalesser und eine sehr schlanke Chipsesserin sind gut versorgt, unter anderem aufgrund vieler uns wohlgesonnener BesucherInnen. So wie jedes Jahr: Ein großes Danke für die Mitbringsel!
Gestern gab es neben zwei Packerln Chips auch noch Pombären und Solettis. (Den Glühwein im Plastikbecher von den netten Nachbarn wollen wir lieber verschweigen.)
Aber nun zum Wichtigsten: Weitgehend plastikfreies Leben macht Spaß! Und der Müll ist wirklich viel weniger! Vor allem wegen der fehlenden Plastikwasserflaschen! (Kleine persönliche Anmerkung: Ich hab die schon immer wiederverwendet – zum Leidwesen von vielen genervten ...)
Wir alle glauben, dass ein Großteil des Plastikmülls vermeidbar ist – auch wenn Hüttenurlaube manchmal zu kleinen Ausnahmen verleiten. Und der Edelstahltank mit Trinkwasser ist super – nur das Hereintragen (ca. 60 kg) ist nicht für alle gesund.
Und wahrscheinlich wäre es dauerhaft am besten, wenn alle auf 70, 80 oder 90 Prozent des Plastiks verzichten würden ...

Das ließe sich wirklich leicht organisieren. Die letzten wenigen
Prozente sind mühsam.
Viel Spaß beim Ausprobieren – von Sonja und Gerhard, die
gerade am Balkon einer fast plastikfreien Hütte in der Sonne
sitzen und die Ruhe der Berge genießen.
LG Sonja und Gerhard

Der Glühwein aus dem Plastikbecher in der Silvesternacht war tatsächlich ein extremer Kontrapunkt zu den letzten beiden Monaten, obwohl ich zugeben muss, dass es mir nach dem zweiten Becher nicht mehr ganz so viel ausgemacht hat. Jedenfalls verspürte ich in diesem Moment absolut keine Lust, den freundlichen, nichts ahnenden Hüttennachbarn, die uns spontan eingeladen hatten, unsere gesamte Experimentidee zu erklären, geschweige denn mit gesundheitlichen Bedenken bezüglich heißer Getränke aus Plastikbechern zu kommen. Man könnte also durchaus sagen, dass wir einen etwas durchwachsenen plastikfreien Jahreswechsel verlebten.

Dennoch stimmen mich vor allem die letzten Zeilen im Kommentar von Sonja und Gerhard sehr hoffnungsvoll. Denn obwohl sie sich nicht voll mit unserem Experiment identifizieren, gestehen sie zu, dass es relativ einfach wäre, den größten Teil des Plastikmülls zu vermeiden. Es bedarf also offensichtlich gar keiner so intensiven Auseinandersetzung mit dem Thema, wie wir sie führten und führen. Sonja und Gerhard haben es einfach erlebt an diesem Silvester in der Skihütte und trotz einer skeptischen Grundhaltung eine sehr wichtige Erkenntnis daraus gezogen: Wenn wir alle »nur« 50 Prozent reduzieren würden, wie anders könnte es auf der Welt aussehen?

Der Ausklang unseres Hüttenurlaubs gestaltete sich übrigens komplikationslos. Die Lebensmittelvorräte waren mehr als ausreichend, sodass wir sogar noch einiges Essbare mit ins Tal zurücknahmen. Lediglich Sonjas eiserne Käsenotration musste am vorletzten Tag noch dran glauben, wofür vermutlich allerdings eher Schwangerschaftsgelüste als echte Verknappung verantwortlich waren.

Sogar das Trinkwasser reichte. Und da die Behälter nach einer Woche fast leer waren, gestaltete sich der von Gerhard in seinem Kommentar beklagte mühselige Transport diesmal für die Männer zum Glück einigermaßen schmerzfrei.

III. Wir machen weiter

Zwischenbilanz zum Jahreswechsel

Nachdem die ersten Wochen des Experiments vorüber sind und ein neues Jahr angebrochen ist, in dem wir weitermachen wollen, scheint es an der Zeit, eine persönliche Bilanz zu ziehen. Was haben wir erreicht und was nicht? Was erwarten wir uns für 2010?

Besonders erfreulich für mich ist, dass wir es an den wirklich wichtigen Stellen tatsächlich geschafft haben, Plastikverpackungen fast auf null zu reduzieren. Das betrifft vor allem die Bereiche Ernährung, Körperpflege, Waschen und Putzen, wo Plastik einerseits aus gesundheitlichen Erwägungen, andererseits wegen des anfallenden Mülls aus meiner Sicht inakzeptabel ist. Bestimmte Produkte kommen bei uns einfach nicht mehr vor wie etwa WC-Steine, fast alle herkömmlichen Putzmittel, Küchenrollen, Abschminkpads, Abwaschtücher und noch viele andere Produkte und Gebrauchsartikel, die sich in unserem Alltag mittlerweile als überflüssig erwiesen haben beziehungsweise durch einfache, günstige und umweltschonende Alternativen ersetzt worden sind.

Mein primäres Anliegen und Ausgangspunkt unseres Experiments, den Plastikmüll in unserem Haushalt so weit wie möglich zu minimieren, wurde mehr als erfüllt. Der Plastikmüll der letzten beiden Monate bestand im Wesentlichen aus einigen Verpackungen von Mitbringseln und Geschenken, Postsendungen und ein paar Altbeständen und fand in einem kleinem Säckchen Platz – wenn man den Inhalt zusammenpresste, war es nicht einmal halb voll. Gleiches gilt für Altmetall und sogar für Altglas, weil wir mittlerweile viel häufiger Pfandflaschen und -gläser verwenden als früher. Und auch Altpapier fällt sicher nicht mehr an, weil wir zum Beispiel Papiersackerl zum Abfüllen von Getreide, Trockenfrüchten und Gewürzen so oft wie möglich wiederverwenden.

Ganz nebenbei hat uns die Suche nach plastikfreien Alternativen bisher unglaublich viel Spaß gemacht, wozu sicher auch beitrug, dass sich viele unserer Freunde und Bekannten mit großem Eifer daran beteiligten. Und natürlich unsere Kinder, die ihre bereinigten Zimmer sehr genießen, wenngleich die Ritterburg inzwischen wieder im Haus steht. Für mich war und ist das ganze Projekt so gesehen zugleich ein kreativer Akt, der in vielen Bereichen unsere Fantasie und unser Improvisationstalent sehr beflügelte. Was mich wiederum hoffen lässt, dass wir noch nicht den Endpunkt erreicht haben.

Besonders froh bin ich darüber, dass wir bei aller Leidenschaft für unser Experiment nicht begonnen haben, Kunststoff gänzlich zu verteufeln, wodurch wir uns vermutlich in eine Außenseiterrolle manövriert hätten. Wir überlegen und entscheiden zwar viel kritischer, wo wir solche Produkte verwenden wollen und wo nicht, aber trotz des medialen Interesses ist es zumindest bislang nicht dazu gekommen, dass unser Experiment »radikalisiert« wurde.

Was die für viele Menschen entscheidende Frage nach den finanziellen Auswirkungen betrifft, so kann ich nicht mit genauen Zahlen aufwarten. Da mich die jährliche Erstellung meiner Steuererklärung schon über Gebühr fordert, habe ich auf eine detaillierte Auflistung unserer Ausgaben verzichtet. Allerdings denke ich nicht, dass der plastikfreie Einkaufsstil unser Budget belastet.

Die Tatsache, dass heuer am Jahresende sogar mehr auf dem Konto übrig war als sonst und unsere Ersparnisse ebenfalls unangetastet blieben, bestätigt mir diese Vermutung, weshalb ich diese Form des Einkaufens getrost weiterempfehlen kann. Allerdings, das muss man wissen, liegt das Einsparungspotenzial nicht im Bereich Lebensmittel, sondern eher darin, sich generell und vor allem bei Wasch- und Putzmitteln sowie bei Kosmetika ein reduziertes Einkaufsverhalten zuzulegen.

Für uns jedenfalls gibt es kein Zurück mehr.

In den Wochen nach den Weihnachtsferien kehrte zunächst einmal Ruhe ein, und ich bemerkte erstmals seit Beginn unseres Experiments, dass mein Bedürfnis nach Aktivitäten und Kommunikation etwas nachzulassen begann. Dafür hatten wir jetzt mehr Zeit, unsere neu gewonnenen Erkenntnisse in aller Ruhe im Alltag zu etablieren. Ich berichtete zwar auf dem Weblog weiter über unsere Erlebnisse, doch nachdem der erste und offizielle Teil unseres Experiments mehr als geglückt war, sah ich dem weiteren Verlauf ziemlich entspannt entgegen, denn es mussten keine Beweise mehr angetreten werden. Höchstens ging es noch um Verfeinerungen und Optimierungen.

Speziell erwartete ich mir einen Fortschritt in einigen Plastikproblemzonen wie zum Beispiel der Tatsache, dass oft gerade Bio- oder Fair-Trade-Produkte in Plastik verpackt sind und beschloss, mich zudem mehr mit Themen zu beschäftigen, die im Zusammenhang mit Kunststoff regelmäßig auftauchen und mir gezeigt haben, dass dem Plastikvermeiden nicht immer und überall oberste Priorität zukommt.

In vielen Bereichen müssen unterschiedliche gesundheitliche Aspekte gegeneinander abgewägt werden, und auch was die Problematik der Müllvermeidung und Ressourcenschonung allgemein anbelangt, ist es sicher nicht in jedem Fall sinnvoll, Plastik einfach durch ein anderes Verpackungsmaterial zu ersetzen.

Jedenfalls habe ich festgestellt, dass man, sobald man sich mit einem Problem zu beschäftigen beginnt, laufend auf weitere stößt.

Wie so etwas aussieht, lässt sich gut am Beispiel meines Feindbilds Nummer eins verdeutlichen: den Reinigungsmitteln für den Geschirrspüler, die es scheinbar nirgendwo plastikfrei zu kaufen gibt. Was ich da im Verlauf meiner verzweifelten Suche alles zu hören bekam, spottet jeder Beschreibung.

Sie müssten aus hygienischen Gründen in Plastik verpackt werden, weil sie mit Geschirr für Lebensmittel in Berührung kämen. Oder: Sie seien so giftig, dass man die Haut besser vor einer direkten Berührung schütze. Hier stimmt doch etwas nicht! Warum muss giftiges Zeug hygienisch verpackt werden? Da sollte man sich besser überlegen, ob man es überhaupt im Haushalt einsetzt.

Eine Frage, die gleich eine neue aufwirft: Ob sich nicht auch aus dem Kunststoff des Geschirrspülers durch hohe Temperaturen und Feuchtigkeit für die Gesundheit schädliche Stoffe lösen. Es ist eine schier endlose Spirale, die sich ganz ähnlich bei anderen Problemfeldern stellt – so auch bei Bisphenol-A-Schnullern, wo die Plastikmüllfrage sicher gegenüber erwiesenen gesundheitlichen Schäden die geringere Sorge darstellt. Und jedes Mal ist die eigene Entscheidung gefragt, ob man ein Risiko um jeden Preis meiden will oder es gegen die Vorteile abwägt, die mit Nutzung oder Gebrauch eines Gegenstands verbunden sind.

Ich habe mich für den Geschirrspüler entschieden, zum Glück jedoch mittlerweile eine Firma gefunden, die Geschirrspülmittel aus Altspeiseöl herstellt und die Verpackung (5-, 10- oder 25-Kilo-Plastikkübel) wieder zurücknimmt, um sie neu zu befüllen. Ein Kompromiss, zu dem ich ohne Probleme stehen kann.

Egal, ob es um Gesundheit, Konsum, Hygiene, Energieverbrauch, Ernährung oder Mobilität geht – bei genauem Hinsehen stellt sich nicht nur die Frage nach der Bedeutung – und Gefahr – von

Plastik, sondern auch immer und überall nach dem »richtigen« Lebensstil und den wirklich sinnvollen Alternativen. Das viel strapazierte Wort Nachhaltigkeit spare ich in diesem Zusammenhang bewusst aus, weil es mir um eine rein subjektive Einschätzung von »richtig« oder »gut« geht. Meine ganz persönliche Theorie dazu lautet, dass sich das Leben einfach besser anfühlt, wenn man sich und anderen durch die eigene Art zu leben weniger Schaden zufügt. Oder, um es positiv, wenngleich ein wenig pathetisch zu formulieren: Wenn man es schafft, im Einklang mit der Natur und anderen Menschen zu leben, fühlt es sich einfach richtig an.

Das neue Jahr, so mein Fazit, soll also nicht mehr hauptsächlich der Suche nach plastikfreien Alternativen gelten, sondern verstärkt der Auseinandersetzung mit komplexen Themen gewidmet sein, in denen Kunststoffe eben nur einen Teil des Problems oder manchmal vielleicht auch einen Teil der Lösung darstellen. Und wie es meinem Naturell entspricht, möchte ich da ganz praktisch herangehen, sodass es für möglichst viele Menschen nachvollziehbar ist.

Ich habe gemerkt, dass man so einiges erreichen kann, vieles jedoch nicht, und es bleibt die Frage, wie man speziell an Menschen herankommt, die sich von alleine für solche Themen nicht interessieren. Obwohl ich überzeugt bin, dass Gewissensbisse kein guter Motivator sind, das eigene Verhalten langfristig zu verändern, wäre es mir bisweilen durchaus recht, wenn manche Leute davon geplagt würden. Vor allem jene, die nichts anderes auf Lager haben als nichtssagende Floskeln und bequeme Aussagen wie »Alles geht sowieso nicht«. Nein, alles geht nie, aber man sollte nicht jede Diskussion im Keim ersticken und jede Möglichkeit einer Veränderung von vornherein ausschließen – so nach dem Motto: Weil nicht alles geht, tut man gar nichts. Man könnte stattdessen einfach mal dort beginnen, wo es leichtfällt, und sich dann langsam vorarbeiten.

Allerdings entstehen solche Reaktionen zugegebenermaßen bisweilen auch dadurch, dass manche Leute, sobald sie uns treffen, sich veranlasst fühlen, in irgendeiner Form auf unser Plastikexperiment einzugehen, obwohl sie das Thema nicht wirklich interessiert. Und ich verstehe durchaus, wenn jemand nicht über Plastik oder Vermeidung von Plastik sprechen will. Selbst ich habe inzwischen nicht mehr unbedingt jederzeit Lust dazu, und Peter hat sich bereits darüber beschwert, dass er ständig auf das Thema angesprochen wird. Manchmal erscheint es mir ein wenig so, als würden wir die Geister, die wir riefen, nicht mehr los.

Inzwischen unterscheide ich sehr wohl zwischen echtem Interesse und banaler Konversation. Nur wenn Ersteres vorhanden ist, kann ein Funke überspringen – nur dann lassen sich andere Menschen von meiner Begeisterung anstecken. Vorausgesetzt, ich selbst fühle mich wohl dabei. Immer mehr wird mir klar, dass dies der entscheidende Faktor ist. Wenn wir voll und ganz hinter unserem Experiment stehen, wenn wir wirklich an diesen neuen Lebensstil glauben, dann muss trotz allen Bemühens, die Idee anderen nahezubringen, der Hauptfokus auf uns selbst gerichtet bleiben. Und je ernster wir unser Experiment in Bezug auf seine Vorbildwirkung nach außen nehmen, desto wichtiger ist es, dass uns unser neuer Lebensstil Spaß macht, dass wir uns gut dabei fühlen und uns nicht durch das ganze Drumherum aufreiben lassen.

Für mich persönlich heißt das, dass ich versuche, etwas weniger offensiv mit dem Thema umzugehen, eher abzuwarten, mir andere Meinungen anzuhören, ohne unbedingt immer sofort darauf reagieren und alles erklären zu wollen. Manchmal ist es besser, zuzuhören und Fragen zu stellen.

Alternatives Know-how

Als ich die ersten Geschichten und Erfahrungsberichte für den Blog schrieb, war ich mir recht unsicher, ob dieses Medium wirklich halten würde, was wir uns davon versprachen. Mittlerweile weiß ich, dass es funktioniert, denn neben einigen ermunternden Rückmeldungen auf unser Experiment kommen täglich erhellende Kommentare, in denen Menschen über ihre eigenen Erfahrungen berichten, sowie jede Menge Tipps und Anregungen. Natürlich ist auch Unsinniges, Albernes und Zynisches darunter, doch das vermag mich nicht zu verunsichern – dazu ist die Flut der positiven Stimmen einfach zu groß. So sehr, dass ich manchmal ganz schön in Stress gerate, auf dem Laufenden zu bleiben und alles zu beantworten.

Körperpflege und Kosmetik

Besonders dieser Bereich scheint viele zu beschäftigen. Vielleicht hat Samuel sogar indirekt dazu beigetragen, denn von ihm wurde gleich zu Beginn des Experiments ein bezeichnender Kommentar veröffentlicht. Auf die Frage, wo er die größten Schwierigkeiten beim Verzicht auf Plastik vermute, äußerte er nämlich in einem Interview den Verdacht, dass ich mit meinem Kosmetikartikelsortiment die größten Probleme haben würde. Ein Funke Wahrheit ist da schon dran. Eigentlich wollte ich ursprünglich gänzlich auf dekorative Kosmetik verzichten, entschied mich jedoch dagegen, weil ich mich vor allem, wenn ich abends ausgehe, gerne ein wenig schminke.

Deshalb machte ich mich in diversen Bioläden und Reformhäusern auf die Suche nach plastikfrei verpackten und abgefüllten Kosmetikprodukten, wobei die Suche anfangs alles andere als erfolgreich verlief. Schließlich fiel mir der Laden ein, wo ich vor längerer Zeit eine rosa Tonerde, die ich als Rouge benutze, gekauft hatte. Als ich das Geschäft »Grüne Erde« betrat, traute ich meinen Augen kaum. Direkt gegenüber dem Eingang, fast wie für mich aufgebaut, stand ein Tischchen mit Lidschatten, Rouge, Abdeckstiften und Lippenstiften, allesamt in einer Hülle aus Holz. Bei genauerer Betrachtung stellte ich fest, dass es sich dabei um Ahornholz handelt und der Inhalt nachgefüllt werden kann.

Kurz davor, in Jubel auszubrechen, erlebte ich einen kleinen Dämpfer, weil zumindest bei Lippenstift und Abdeckstift der innere Teil noch in einer Kunststoffhülle steckt. Aber zumindest Lidschatten und Rouge sind wirklich völlig plastikfrei. Die Wimperntusche gibt es in einer schönen Metallhülle, deren Innenleben allerdings leider wiederum aus Plastik besteht. Ich schaute mir alle Produkte sehr genau an, und obwohl es mich reizte, zumindest einen Lidschatten in Ahornhülle zu erstehen, beschloss ich, zunächst die nicht plastikfreien Reste zu verbrauchen und erst dann umzusteigen.

Ganz widerstehen konnte ich den Versuchungen der Ökokosmetik jedoch nicht und verließ das Geschäft am Ende mit einem kleinen Abschminkschwämmchen, einer Ziegenmilchgesichtscreme und zwei Seifenspendern aus Keramik, unter anderem für das neue Geschirrspülmittel, das sich aus der Glasflasche ziemlich schlecht dosieren lässt. In gewisser Weise empfand ich diesen Einkauf als besonders erfolgreich, da es einer der ersten war, bei denen ich das gute Gefühl kennenlernte, etwas *nicht* gekauft zu haben.

Auch was Haarshampoos und Duschgels betrifft, hat es einige erfreuliche Entwicklungen gegeben, die ich zumindest teilweise Tipps aus dem Weblog verdanke. Auf Peters Empfehlung hin versuchte ich anfangs noch beherzt, meine Haare mit Kernseife zu waschen, was zwar den Zweck erfüllte, aber dazu führte, dass sich meine Naturlocken noch schlechter bändigen ließen als bisher. Zwei Arbeitskolleginnen meines Mannes halfen mir aus dem

Der erste Schritt: beim Aussortieren der Plastikgegenstände aus dem Haus. Erstaunlich, was sich alles ansammelt!

Leonard mit seiner neuen Jausenbox aus Edelstahl.

Unser Küchenschrank, der vorher randvoll mit Tupperware vollgestopft war.

Plastikfreie Zone auch im
Badezimmer: Schminken
funktioniert genauso mit Tonerde
aus dem Glas und Zähneputzen
mit Holzzahnbürsten.

Ein typischer Lebensmitteleinkauf.

Aufbewahrung von Müsli und Co. im Glas statt in Plastik.

Sogar Putzen macht
ohne Plastik mehr
Spaß – na ja,
zumindest manchmal.

Ökologische
Waschmittel in
Papierverpackungen.

Unsere Kinder sind begeistert und engagiert bei unserem Experiment dabei, aber es gibt Grenzen: von seiner Playmobil-Ritterburg trennt sich Leonard auf keinen Fall!

Samuel mit dem Holzboot, das er für Leonard gebaut hat.

Das Spielen mit den neuen Holzbausteinen macht auch viel Spaß.

*Sommerurlaub
in Kroatien:
Trinkwasser aus dem
Edelstahlkanister
statt unzähliger
Plastikflaschen.*

*Zusammengetragener
Plastikmüll von
circa vier Quadrat-
metern Strand.*

Aktionstag in Stübing: Wir stellen unsere alten Plastik-produkte den neuen Alternativ-produkten gegenüber.

Das Buch entsteht ... nicht ganz plastikfrei.

Dilemma. Schon seit einiger Zeit beschäftigen sie sich mit der Herstellung von natürlichen Körper- und Haarpflegeprodukten, interessieren sich sehr für unser Experiment und unterstützen es tatkräftig durch zahlreiche Seifenspenden.

Auf diese Weise kam ich erstmals mit sogenannten Haarshampooseifen in Berührung, die aussehen wie ein gewöhnliches Stück Seife, aber gänzlich ohne Verpackung auskommen und das Haar genauso pflegen wie handelsübliche Shampoos. In diesem speziellen Fall sind sogar nur ausgesprochen hochwertige, erdölfreie Bestandteile enthalten, die außerdem zu einem großen Teil aus biologischem Anbau stammen. Eine Qualität, die natürlich ihren Preis hat, doch da ich bis jetzt insgesamt keine finanzielle Mehrbelastung durch unsere veränderten Einkaufsgewohnheiten feststellen konnte, bin ich sehr zuversichtlich, dass unser Haushaltsbudget die Shampooseifen verkraftet. Die beiden erzeugen übrigens auch flüssige Shampoos und Duschgels, die sie bislang nur in Plastikflaschen abfüllen, künftig aber auf Wunsch ebenfalls in Glasflaschen zum Wiederbefüllen anbieten wollen.

Über den Blog habe ich erfahren, dass es Shampooseifen im großen Stil unter anderem von der Firma Lush gibt. Auch wenn hier hinsichtlich der Inhaltsstoffe die Meinungen auseinandergehen, sehe ich darin trotzdem eine praktikable Alternative für alle, die nicht über private Lieferanten verfügen. Desgleichen wurde ich bei verschiedenen Ökoversandfirmen fündig, wobei sich hier wieder das Problem ergibt, dass für den Versand teilweise auf Plastikverpackungen zurückgegriffen wird. Ferner bietet Weleda Shampoos in der Metalltube an, die wir bereits bei unserem ersten Einkauf entdeckten. Da wir irgendwann beschlossen, die Plastikschraubverschlüsse zu tolerieren, verwenden wir diese Tuben hin und wieder vor allem auf Reisen.

Einen eher ungewöhnlichen Tipp gab eine Leserin, die Lavaerde, auch Wascherde genannt, als Universalmittel zur Reinigung von Haut und Haar empfahl. Um es beurteilen zu können, musste ich es ausprobieren und erstand im Reformhaus eine Packung Wascherde von der Firma Logona. Gleich bei den ersten Versuchen war ich schlichtweg begeistert. Die Wascherde selbst ist ein sehr feines Pulver aus gemahlener Tonerde, das man mit etwas Wasser anrührt und dann ähnlich wie eine Schlammpackung für die Reinigung des gesamten Körpers sowie für Gesicht und Haare anwenden kann, wobei die feinen Teilchen Schmutz und Fett während des Waschvorgangs rein mechanisch aufnehmen. Lavaerde ist völlig frei von Tensiden und daher für Haut wie Umwelt gleichermaßen schonend. Vor allem für Leonard, der eine leichte Form von Neurodermitis hat, ist sie eine äußerst willkommene Alternative. Ihre Konsistenz und den neutralen Geruch muss man allerdings mögen. Ich kann mir vorstellen, dass alle, die feinen Schaum mit Blütenduft schätzen, sich mit der Umstellung auf die schlammfarbige, gelartige Masse ein wenig schwertun.

Mich hingegen schreckt mittlerweile der Gedanke an die Inhaltsstoffe herkömmlicher »Pflegeprodukte« weitaus mehr. Ein Bekannter hat mich zwar unlängst damit aufgezogen, Erdöl sei schließlich ebenfalls ein reines Naturprodukt, doch diese Argumentation konnte und wollte ich so nicht stehen lassen. Welcher vernünftige Mensch würde schon Erdöl pur zur Körperpflege verwenden? Natürlich kann man es auch anders sehen. Wie Sonja etwa, die auf sehr viele natürliche, pflanzliche Inhaltsstoffe allergisch reagiert und daher froh ist, auf erdölbasierte Mittel zurückgreifen zu können. Andererseits muss natürlich ebenfalls die Frage erlaubt sein, ob nicht gerade diese Kosmetikprodukte mit ihren zahlreichen, großteils unaussprechbaren chemischen Inhaltsstoffen ebenfalls stark dazu beigetragen haben, dass die Entstehung von Allergien in den letzten Jahrzehnten derartig massiv zugenommen hat.

Zahnpflege

Auch für die Zahnpflege haben sich die Alternativprodukte in unserem Haushalt durchgesetzt. Ich bin grundsätzlich eine Verfechterin der Theorie, dass Zahnpasta für eine gute Zahnhygiene nur von relativ geringer Bedeutung ist, wie mir auch vor Jahren mein Zahnarzt einmal erklärte. Seiner Meinung nach führt gerade bei Kindern die starke Schaumbildung herkömmlicher Produkte oft dazu, dass sie nicht ordentlich putzen, weil sie glauben, dass der Schaum die Zähne säubert. In Wirklichkeit sei jedoch die mechanische Putzwirkung der entscheidende Faktor für die Mundhygiene.

Er war auch der Erste, der mir von Zahnputzsalz als Alternative zu herkömmlicher Zahnpasta erzählte. Im Zuge der Recherchen für unser Experiment stellte ich fest, dass es sich dabei eigentlich nur um hochgereinigtes Meersalz handelt, und startete daraufhin spontan einen kleinen Selbstversuch. Der einzige Nachteil dieser Methode bestand darin, dass unser Meersalz seither in der Küche vergeblich gesucht wurde. Deshalb habe ich inzwischen ein kleines Gurkengläschen umfunktioniert, in dem sich nun das Zahnputzsalz befindet. Es wird jedoch ausschließlich von mir verwendet, denn die restliche Familie ließ sich bislang nicht davon überzeugen und verwendet weiterhin lieber die Weleda-Zahnpasta aus der Metalltube, wobei Peter zusätzlich auch die Holzzahnbürsten nach wie vor nicht akzeptiert.

Auch dem Vorschlag einer Leserin des Blogs konnte er nichts abgewinnen. Sie empfiehlt Miswak-Hölzer, in denen »Zahnpasta« in Form eines natürlichen Wirkstoffs quasi von Natur aus enthalten ist. Man kaut das obere Ende ein wenig an und putzt sich dann mit dem entstandenen faserigen Teil des Holzes die Zähne. Peters Kommentar: »Besorg sie dir ruhig! Wer so unsensibel ist, dass ihm Holzzahnbürsten und Salz im Mund nichts ausmachen, kann sich bestimmt auch problemlos mit irgendwelchen Ästen die Zähne putzen.« Allerdings habe ich die Höl-

zer aus einem anderen Grund nicht bestellt: Sie werden nämlich
normalerweise immer in Plastik verpackt geliefert.

Putzen und Waschen

Ein weiterer Bereich, der auf unserem Blog viel diskutiert wird,
ist das Thema Putz- und Waschmittel. Hier kommen die er-
staunlichsten Tipps, angefangen von alten Hausmitteln über
indische Waschnüsse, die es inzwischen teilweise sogar in normalen Supermärkten und Drogeriemärkten gibt, bis zu hoch-
modernen Waschbällen, die die Verwendung jeglichen Wasch-
mittels angeblich überflüssig machen. Eine Leserin schickte mir
einen solchen Ökowaschball sogar probeweise zu. Seine Hülle
besteht allerdings aus Plastik, und seine Wirkungsweise, die auf
magnetischen Eigenschaften in Verbindung mit Silberionen be-
ruhen soll, ist zumindest für mich nicht nachvollziehbar. Vor
allem überzeugt mich seine Waschwirkung nicht wirklich, und
so bleibe ich vorläufig lieber bei meinem Ökowaschmittel aus
dem Karton.

Einen anderen, sehr interessanten Hinweis verdanke ich einer
Leserin, die ganz in der Nähe wohnt. Sie empfahl mir die Wasch-
und Putzmittel der Firma Pach, die ihren Sitz sogar in einem
Nachbarort hat. Es handelt sich dabei um einen kleinen Fami-
lienbetrieb, der seine Wasch- und Putzmittel ausschließlich aus
natürlichen Rohstoffen herstellt. Diese sind vollständig biologisch abbaubar und haben laut Angabe der Leserin eine hervorragende Waschwirkung. Besonders erfreulich ist die Tatsache,
dass alle flüssigen Mittel in 5-Liter-Kanistern erhältlich sind, die
zwar aus Plastik bestehen, aber zurückgenommen, gereinigt und
anschließend wieder befüllt werden. Ein echtes Mehrwegsystem
also!

Bei meinem ersten Telefongespräch mit der Firmeninhaberin
erfuhr ich schließlich zudem, dass der hauseigene Allzweckrei-

niger sogar als Duschbad und Shampoo verwendet werden kann und damit tatsächlich ein wirklicher Allzweckreiniger ist. Hier scheint sich eine Universallösung für verschiedene Probleme aufzutun. Auch vom Geschirrspülmittel dieser Firma habe ich gleich einen 5-Liter-Kanister besorgt, und da ich zudem keine Schwammtücher aus Kunstfaser mehr verwende, sondern alte Waschlappen oder kompostierbare Zellulosetücher, fällt durch den Abwasch nun so gut wie kein Müll mehr an.

Was unser Putzmitteldepot angeht, stehen wir eigentlich nur noch vor dem Problem, was mit den Altbeständen geschieht, die wir zu Beginn unseres Experiments in den Stall geräumt haben. Nach Ablauf der ursprünglich vereinbarten Zeit schien es uns nicht sinnvoll, sie einfach zu entsorgen, doch langsam werde ich unsicher, ob wir sie wirklich noch einmal benutzen sollen. Zwischenzeitlich ist nämlich meine Skepsis gegenüber diesen Mitteln deutlich gewachsen, weil ich angefangen habe, die Angaben über die Inhaltsstoffe genau zu lesen und im Internet zu recherchieren. Dabei ist mir bereits mehrfach der schon in anderem Zusammenhang geäußerte Verdacht gekommen, die Plastikverpackung könnte sogar der harmloseste Teil des Problems sein.

Obwohl sich der Verbrauch an solchen Mitteln in unserer Familie generell seit jeher ebenso in überschaubaren Grenzen hielt wie die Freude am Putzen, haben wir gerade im Sanitärbereich immer wieder relativ »scharfe« Mittel verwendet, womit ich speziell stark riechende und meist auch als ätzend deklarierte meine. Irgendwie assoziierte ich damit gewisse Kindheitserinnerungen von keimfreier Sauberkeit, wie sie in Werbesendungen immer propagiert wurde und wird. Das ist zwar nach heutigem Wissensstand eher gesundheitlich bedenklich als nützlich, aber damals hat es mich genauso beeindruckt wie die blütenweiß im Sommerwind flatternde Wäsche, und ich redete ständig auf meine Mutter ein, dieses spezielle Waschmittel auch für unsere Tischtücher und Kleidungsstücke zu kaufen.

Die letzten Reste dieses naiven Kinderglaubens hielten sich bei mir recht hartnäckig, denn es gelang mir relativ lange nicht, mich dem berühmten Vorher-nachher-Effekt zu entziehen. In den letzten Jahren habe ich allerdings festgestellt, dass gerade dieser scharfe, absolute Sauberkeit verheißende Geruch bei mir zunehmend Kopfschmerzen und Hustenreiz auslöste, was schließlich zu einem gewissen Umdenken führte.

Obwohl es mir als durchschnittlicher Konsumentin mit eher unterdurchschnittlichen chemischen Kenntnissen nicht möglich war und ist, die Umwelt- und Gesundheitsverträglichkeit diverser Mittel allein anhand der Inhaltsstoffe zu überprüfen, setzte ich bereits vor Beginn des Experiments vermehrt auf milde, biologisch abbaubare Produkte, was ein besseres Gefühl beim Einkaufen mit sich brachte, unseren Putzeifer jedoch nicht sonderlich beeinflusste und hinsichtlich einer Plastikvermeidung sowieso prinzipiell keine Alternative darstellte.

Inzwischen haben wir unsere Putzmittel drastisch reduziert. Wo früher WC-Reiniger, Kalklöser, Allzweckreiniger, Glasreiniger und Co. in vielen bunten Plastikflaschen standen, gibt es jetzt nur mehr eine Flasche Tafelessig und einen Karton mit Zitronensäure in Pulverform. Beide Mittel eignen sich hervorragend zur Kalklösung, wobei ich die Zitronensäure in erster Linie als WC-Reiniger benutze und mit dem Essig die empfindlicheren Flächen reinige. Beides funktioniert hervorragend und kommt dazu bedeutend günstiger als herkömmliche Mittel. Und die hygienischen Zustände in unserem Badezimmer haben sich meiner Meinung nach dadurch keineswegs verschlechtert. So wollte meine Freundin Sonja vor Kurzem wissen, womit ich die Glastür unserer Dusche so glänzend rein bekommen hätte. Nach solchen »Putzgeheimnissen« wurde ich früher nie gefragt.

Sogar Fenster werden zu meiner großen Freude mit Essig oder verdünnter Zitronensäure sauber. Jetzt muss ich mir auch nicht mehr nachsagen lassen, mein Kopfweh beim Fensterputzen habe wohl mehr mit der ungeliebten Tätigkeit als mit dem Geruch des Glasreinigers zu tun. Was sowieso unfair war, weil sich die Schmerzen selbst dann einstellten, wenn ich bloß in der Nähe war, während Peter putzte.

Für das Wischen unseres unversiegelten Holzbodens verwenden wir vorläufig nur reines Wasser. Eine Leserin des Blogs hat mir zwar selbst gemachte Aschenlauge empfohlen und sogar ein Rezept dafür geschickt, aber ich habe den Tipp noch nicht ausprobiert, obwohl wir in der kalten Jahreszeit durch das Heizen mit dem Küchenherd genügend Asche zur Verfügung hätten. Allerdings will ich irgendwann ausprobieren, ob sich die zu Beginn des Experiments für meine Haare gekaufte Kernseife nicht als Bodenpflegemittel eignet.

Jedenfalls machen wir zunehmend die Erfahrung, dass man sehr viele Dinge bloß mit Wasser und einem Tuch oder einer Bürste ausreichend sauber bekommt – jedenfalls für unsere Bedürfnisse. Eine beruhigende Erkenntnis, denn dadurch spart man nicht nur Verpackungen jeder Art, sondern auch Chemie, Geld, Kopfschmerzen und schlechte Laune.

Übrigens habe ich im Zuge dieser generellen Neustrukturierung unseres Haushalts meine in der Regel vergeblichen Bemühungen, unsere Wäscheberge in den Griff zu bekommen, wiederbelebt, indem ich die Kinder anhalte, ihre eigene Wäsche nach dem Trocknen selbst zusammenzulegen und wegzuräumen. Obwohl diese Maßnahme früher wiederholt als »Kinderarbeit« bezeichnet wurde, fordere ich sie neuerdings kompromisslos ein und bemerke inzwischen bereits einen leichten Rückgang der Schmutzwäsche. Der inflationäre Umgang mit Kleidung rührt vor allem daher, dass alle drei sehr viel mehr Kleidungsstücke besitzen – das meiste davon gebraucht –, als sie eigentlich benötigen, und diese, sofern ich nicht aufpasse, oft schon nach einmaligem Tragen in die Schmutzwäsche werfen. Um sie zu einem sorgsameren Umgang anzuregen, habe ich außerdem einen

»Wäschedienst« eingerichtet, was bedeutet, dass jeweils eines der Kinder beim Aufhängen und Abnehmen der Wäsche helfen muss. Ich hoffe, sie lernen durch diese Maßnahmen, dass man nicht nur Waschmittelverbrauch und Müll verringern, sondern zugleich Energie, Wasser und Arbeitszeit sparen kann. Und zwar nicht nur meine, sondern auch ihre eigene.

Dass beim Einsatz von Wasch- und Putzmitteln wie bei anderen Dingen die Devise »Weniger ist mehr« gilt, bestätigte mir der Umweltmediziner Hans-Peter Hutter, der an der Blutprobenanalyse für *Plastic Planet* beteiligt war und uns zu Beginn unseres Experiments ebenfalls Blut abgenommen hat, das allerdings noch auf Eis liegt, da bislang kein Sponsor gefunden wurde, um die ausgesprochen teure Analyse zu finanzieren. Mit ihm bespreche ich immer wieder gesundheitliche Aspekte, und er warnte nachdrücklich davor, dass eine ständige Überdosierung von Waschmitteln nicht nur die Umwelt, sondern auch die eigene Gesundheit belaste. Seine Empfehlung lautet, ein mildes Waschmittel, möglichst auf Seifenbasis, in der geringstmöglichen Dosierung zu verwenden. Also Sparen auf der ganzen Linie.

Natürlich will ich echten Putzteufeln nicht die Freude an ihrem Hobby nehmen, kann aber an dieser Stelle nur empfehlen, sich einmal ein paar der gängigen Putzmittel vorzunehmen, die Inhaltsstoffe zu notieren und über deren Wirkung und Nebenwirkung im Internet nachzulesen. Man muss ja nicht gleich weniger putzen, sollte allerdings vielleicht das eine oder andere Mittel künftig von der Einkaufsliste streichen.

Konservendosen und Einfrieren

Auch in Bezug auf Lebensmittel findet auf dem Blog eine rege Diskussion statt. So über Konservendosen, die eine eher fragwürdige Alternative zu Plastikverpackungen darstellen, da sie entweder aus Alu oder aus Weißblech bestehen und in der Erzeugung sehr energieaufwendig sind. Für mich standen sie ohnehin von Anfang an nicht wirklich zur Diskussion, da sie innen fast alle mit Kunststoff beschichtet sind. Oft werden dabei zusätzlich sogenannte Epoxidharze eingesetzt, denen eine besonders gesundheitsschädigende Wirkung nachgesagt wird.

Passierte Tomaten, die wir für unsere Spaghettigerichte häufig brauchen, sofern wir die Soße nicht aus frischen Tomaten zubereiten, gibt es in der Glasflasche. Andere Dinge wie zum Beispiel Kokosmilch habe ich bis jetzt in keiner für mich wirklich akzeptablen Verpackungsform gefunden und sehe in diesem Fall leider auch keine vernünftige Möglichkeit der Eigenproduktion. Nun ja, dass Kokosmilch schon allein aufgrund der unweigerlich sehr langen Transportwege nur in Tetrapack oder in Dosen verpackt wird, ist irgendwie logisch. Weniger logisch erscheint es mir allerdings mittlerweile, solche Lebensmittel überhaupt zu verwenden, wenn man gleichzeitig um einen möglichst ökologischen Lebensstil bemüht ist. Ein schönes Beispiel dafür, wie sich bei unserer Suche nach plastikfreien Alternativen ständig neue Fragen und Problemfelder ergeben. Doch so komplex das alles klingen mag, so pragmatisch ist unser Umgang damit: Kokosmilch ist zum Glück für uns kein Grundnahrungsmittel und steht daher normalerweise eben nicht mehr auf dem Speiseplan. Und wie in vielen anderen Fällen auch, wird es wahrscheinlich irgendwann mal eine Ausnahme geben.

Was Katzenfutter betrifft, so kaufen wir es in Dosen – regelmäßig zwar, aber seltener als früher. Natürlich ließe sich dieser Dosenmüll vermeiden, wenn ich alle paar Tage frisches Fleisch für die Katze kaufen würde, doch da wir selber sehr wenig Fleisch essen, erscheint mir das einfach zu umständlich. Etwa zwei Katzenfutterdosen pro Woche kann ich mit meinem Gewissen vereinbaren, und in der übrigen Zeit bekommt Chilli Trockenfutter aus einer plastikfreien Packung und natürlich völlig unverpackte, selbst gefangene Mäuse. Den Dosenkauf für die

Katze hat nur eine Leserin des Blogs bemängelt, der es allerdings mehr um die Qualität des Futters als um Müllvermeidung zu gehen schien.

Am häufigsten wird in Bezug auf Lebensmittel die Frage gestellt, wie wir ohne Plastik einfrieren. Nachdem wir uns entschlossen hatten, unseren Gefrierschrank vorläufig weiterzubenutzen, stand ich natürlich ebenfalls vor diesem Problem. In Ermangelung einer besseren Idee entschloss ich mich zu einem kleinen Versuch. Ich füllte eines von Schwiegermutters Einmachgläsern ungefähr zur Hälfte mit Wasser, legte den Deckel lose darauf und stellte es in den Gefrierschrank. Als nach circa zwei Stunden das Wasser gefroren war, verschloss ich den Deckel mit Gummiring und Klammer, und nachdem das Glas auch den weiteren Aufenthalt im Gefrierschrank überstand, wagte ich mich an einen Versuch mit flüssigen sowie festen Lebensmitteln. Mittlerweile habe ich schon alle möglichen Dinge problemlos auf diese Art eingefroren. Wichtig ist bei Flüssigkeiten allerdings, das Glas nicht zu hoch zu befüllen.

Naturgemäß eignet sich dieses Verfahren nicht für großes Gefriergut. Dafür nehmen wir jetzt, ebenfalls nach einer Experimentierphase, Bioplastiksäcke aus Maisstärke in verschiedenen Größen, die absolut gefriertauglich sind. Dankenswerterweise hat uns die Firma, die diese Erzeugnisse bereits für *Plastic Planet* bedruckt und geliefert hat, gleich eine größere Menge davon zur Verfügung gestellt, sodass ich sie für Testzwecke im Freundes- und Bekanntenkreis verteilen kann. Bis jetzt waren alle Rückmeldungen einmütig positiv. Um selbst hier noch Material zu sparen, verwende ich die Sackerl mehrfach, indem ich sie nach Gebrauch auswasche und zum Trocknen aufhänge. Übrigens eignen sie sich ebenfalls hervorragend zum Aufbewahren und Mitnehmen etwa von Brot und Gebäck, Obst und Gemüse. Und angeblich, besagt jedenfalls eine Studie, sollen sich die Lebensmittel darin deutlich länger halten als in herkömmlichem Plastik.

Alles für die Schule

Sowohl die Grazer Diskussion mit Werner Boote als auch die Fragen und Kommentare in unserem Blog haben mir gezeigt, dass viele recht hilflos sind, was einen alternativen Einkauf des Schulbedarfs angeht. Und zu Hause drängte mich Marlene, die eine Chance witterte, endlich ihre Billigutensilien gegen gutes, stabiles Material eintauschen zu können. Nachdem wieder etwas Ruhe eingekehrt war, nahm ich mir endlich die *Clever-einkaufen-für-die-Schule*-Broschüre des Umweltministeriums vor und entdeckte gleich einige sehr nützliche Hinweise.

Vor allem bei den Schreibutensilien wusste ich bisher kaum eine sinnvolle Alternative. Die Füllfederhalter unserer Kinder sind zwar größtenteils aus Holz, aber befüllt werden sie mit den klassischen Patronen aus Plastik. Hier bot sich endlich eine mögliche Lösung. Mithilfe eines sogenannten Konverters könne man angeblich fast alle handelsüblichen Produkte auf einen Kolbenfüller umrüsten. Samuel, der prinzipiell ein Fan von »alten« Methoden ist, fand die Idee, seine Feder aus einem Tintenfass zu befüllen, so faszinierend, dass er am liebsten auf der Stelle in ein Schreibwarengeschäft gerannt wäre.

Marlene entdeckte einen Stiftverlängerer. Mittels dieser einfachen Holz- oder Metallhalterung kann man Stifte fast vollständig aufbrauchen, was in Hinblick darauf, dass wir in Zukunft eher Hochwertiges kaufen wollen, natürlich sehr sinnvoll wäre. In der Regel schmeißt man sonst etwa ein Drittel weg. Da rentiert es sich durchaus, für etwa 2 Euro einen solchen Stiftverlängerer anzuschaffen.

Dass es auch nachfüllbare Klebstoffe gibt, war uns ebenfalls neu. Wir erfuhren, dass bei der Verwendung von normalen Klebestiften annähernd gleich viel Plastikmüll anfällt, wie Klebermasse verbraucht wird! Ganz zu schweigen von den Kosten, die bei der nicht nachfüllbaren Variante achtmal höher sind. Sogar eine Rechnung über versteckte Energie in Klebstoffverpackungen wird da angestellt: Mit der Energie, die im Kunststoffabfall von Klebestiften steckt, wobei ein Verbrauch von zwei Klebestiften pro Schuljahr und Kind angenommen wurde, könnten 225 Dreipersonenhaushalte mit durchschnittlichem österreichischem Verbrauch ein Jahr lang mit Strom versorgt werden. Es war eine wirklich erschütternde Erkenntnis, wie gedankenlos wir bisher mit solchen Dingen umgegangen sind. Ich beschloss, diese Information an Leonards Volksschullehrerin weiterzugeben, damit sie vielleicht einen Großkanister Klebstoff mit der entsprechenden Anzahl an Nachfüllflaschen für die ganze Klasse bestellt.

In einem anderen Kapitel der Broschüre geht es um die besonders umwelt- und gesundheitsgefährdenden Eigenschaften von PVC (Polyvinylchlorid), speziell von PVC-Radiergummis. Warum hatte ich solche Informationen bisher nicht bekommen? Oder besser gesagt, warum hatte ich sie bisher nicht wahrgenommen? Und anderen ergeht es vermutlich ebenso. Ich kann mich jedenfalls nicht erinnern, dass irgendjemand aus unserem recht großen Freundes- und Bekanntenkreis sich jemals über die Schädlichkeit von PVC in Schulartikeln oder über die Geld- und Energieverschwendung durch Klebstoffverpackungen geäußert hätte. Höchste Zeit, daran etwas zu ändern und den Kauf solcher Produkte zu verweigern.

Auf unserer privaten Einkaufsliste für den Schulbedarf standen schließlich folgende Posten: drei Konverter, drei Naturkautschukradiergummis, ein Stiftverlängerer, ein Metallspitzer, sieben einzelne unlackierte Farbstifte, ein Tintenfass sowie Wachsmalkreiden mit Papiermanschette und vier Heftumschläge aus Papier. Letztere für Marlene, da ihre Englischlehrerin darauf bestanden hat, dass Hefte und Bücher eingebunden werden. Eigentlich dachten wir, als wir die Plastikfolien abschafften, dass sich Umschläge im Sinne der Ressourcenschonung überhaupt erübrigen würden, aber in diesem speziellen Fall mussten wir wieder mal einen Kompromiss schließen.

Das Telefonat, das ich am nächsten Tag mit Leonards Lehrerin führte, verlief sehr positiv. Sie möchte das Thema Müllvermeidung ohnehin mit den Kindern behandeln und bat mich, den Kanister und die Nachfüllflaschen für die ganze Klasse zu besorgen. Das wiederum brachte mich auf die Idee, direkt bei der Klebstofffirma anzufragen, ob es möglich wäre, diesen ersten Kanister zu sponsern. Im Gegenzug wollte ich der Firma anbieten, auf dem Weblog zu werben. Müsste doch funktionieren, dachte ich mir. Denn warum sollte man in der Firmenzentrale kein Interesse an dieser Art der Verbreitung haben?

Nachdem ich circa fünfmal verbunden wurde, hatte ich endlich die zuständige Dame am Apparat. Sie hörte sich mein Anliegen an, danach herrschte Stille. Anscheinend verschlug mein ungewöhnlicher Wunsch ihr zumindest kurzfristig die Sprache. Schließlich sagte sie: »Nein, so was machen wir nicht«, und beendete das Gespräch ohne weitere Erklärungen.

Peter, dem ich am Abend entrüstet diese Geschichte erzählte, fand die Reaktion allerdings gar nicht verwunderlich. »Was hast du eigentlich erwartet? Die haben gar kein Interesse, diese Großpackungen im großen Stil zu bewerben. Schließlich verdienen sie an den kleinen Tuben viel besser.«

»Die dürften an den Großpackungen noch genug verdienen, sonst würden sie die ja nicht anbieten!«

»Du bist halt zurzeit ziemlich idealistisch unterwegs. Du musst ja nicht gleich die ganze Idee fallen lassen, nur weil die Firma den Klebstoff nicht sponsert. Die Eltern werden kaum etwas dagegen haben, einen Kanister für die Klasse zu kaufen.«

Mag sein, doch mit dieser Firma nicht. Bei meinen Internetrecherchen fand ich schließlich einen anderen Anbieter, der zudem um einiges günstiger ist als der bekanntere Wiener Hersteller. Weil Leonards Lehrerin dem preiswerteren Kleber nicht traute, beschloss ich, einfach beide zu bestellen und die Billigmarke bei uns zu Hause zu testen. Immerhin kostet sie nur ungefähr halb so viel wie der Markenkleber, ist lösungsmittelfrei und sollte sich bei unseren Klebeversuchen als tadellos erweisen. Finde ich zumindest, während Marlene, die insbesondere bei allem Schulbedarf nichts über Markenartikel kommen lässt, das lediglich für eine Ausnahme hält. Wahrscheinlich muss man da wirklich von Fall zu Fall entscheiden.

Hygiene als Alibi?

Viele Fragen und Kommentare auf dem Blog befassen sich mit diversen Aspekten der Hygiene. Ob etwa Holzgegenstände nicht erheblich problematischer zu reinigen seien als Plastik? Ich selbst weiß beispielsweise von einigen Bioläden, in denen ich öfter einkaufe, dass das Lebensmittelamt in letzter Zeit verstärkt Kontrollen durchführt und die Holzschneidebretter beanstandet beziehungsweise aus hygienischen Gründen aus dem Verkehr gezogen hat. Eine aus meiner Sicht völlig fehlgeleitete Sicht von Hygiene, über die ich mich maßlos ärgere, zumal sie pauschal voraussetzt, dass Holzbretter nicht ordentlich gereinigt werden.

Laut einer Definition der Deutschen Gesellschaft für Hygiene und Mikrobiologie soll Hygiene schließlich der »Verhinderung von Krankheiten und der Erhaltung und Festigung der Gesundheit« dienen, und in diesem Zusammenhang sollte man lieber mal die Plastikbretter unter die Lupe nehmen und deren Bestandteile auf ihre gesundheitsschädigende Wirkung untersuchen. Es ist ja nicht so, als ob diese völlig unbekannt wären.

In meiner kritischen Haltung wurde ich bestätigt von jenem bereits erwähnten Umweltmediziner Hans-Peter Hutter, der *Plastic Planet* betreute. Von ihm erfuhr ich, dass manche natürlichen Materialien, darunter einige Holzarten oder auch Stoffe wie Wolle und Seide, sogar eine gewisse antibakterielle Wirkung besitzen. Vor allem aber, betonte er, komme es im Lebensmittel-bereich darauf an, dass hygienisch gearbeitet werde. Bei Schneid-brettern bedeute das nach dem Gebrauch eine möglichst schnelle und möglichst heiße Reinigung und sorgfältiges anschließendes Trocknen, egal, ob Holz oder Plastik. Ansonsten bestehe gerade bei minderwertigen, relativ weichen Plastikbrettern die Gefahr, dass sich in den tiefen Schnitten Bakterien sammeln und ver-mehren. Selbst bei sehr harten Materialien wie Glas, Stein oder Bambus müsse diese Regel beachtet werden, um hygienischen Mängeln vorzubeugen. Ich fühlte mich beruhigt hinsichtlich der Weiterverwendung unserer Holzbretter, stelle mir seitdem je-doch umso brennender die Frage, warum die Hüter unserer Ge-sundheit einem Material mit durchaus zweifelhaften Eigenschaf-ten so eindeutig den Vorzug geben.

In diesem Zusammenhang habe ich noch ganz andere Dinge gehört und erlebt. Bekanntlich pflege ich ja mit eigenen Gefäßen, meist einer Jausenbox, Wurst und Käse einzukaufen, und habe das auf dem Blog oder bei etwaigen Diskussionsveranstaltungen gerne als Alternative empfohlen. Eine meiner Nachahmerinnen ist damit allerdings nicht sehr weit gekommen. »Die Verkäuferin hat gemeint, ich könnte mit meiner Dose Bakterien in die ganze Abteilung einschleppen«, berichtete sie.

Solche und ähnliche Schilderungen machen mich rasend – gerade wenn ich daran denke, wie unhygienisch teilweise in Feinkostabteilungen gearbeitet wird. Zwar werden ganz brav Einmalhandschuhe aus Plastik verwendet, nur kann von »ein-mal« meist nicht die Rede sein! Ohne es zu verallgemeinern: Ich habe schon oft beobachtet, dass mit ein und denselben Hand-schuhen sowohl Käse als auch Wurst geschnitten sowie ver-schiedene andere Gegenstände berührt wurden. Manchmal nahm die Verkäuferin sogar Geld damit entgegen, und ein paar-mal war ich kurz davor, sie darum zu bitten, die Handschuhe doch bitte auszuziehen.

Mir persönlich wäre es jedenfalls weitaus lieber, die Angestellten, die mit frischen Waren arbeiten, würden sich regelmäßig die Hände waschen. Mit weiteren unappetitlichen Schmankerln möchte ich hier lieber nicht aufwarten, aber den Einkauf mit meinen Edelstahldosen lasse ich mir nicht madig machen. Allerdings habe ich persönlich noch nie schlechte Erfahrungen damit gemacht. Lediglich ein einziges Mal wollte man mir das Befüllen der Dose verweigern, als eine Verkäuferin in einem großen Supermarkt mir anweisungs- und regelkonform erklärte, sie dürfe mir den Käse nicht ohne das beschichtete Papier aushändigen, weil sie ansonsten Probleme mit ihrem Chef bekäme. Als ich ihr freundlich anbot, mit ihrem Chef zu sprechen, lenkte sie schließlich ein. Manchmal braucht es eben ein wenig Hartnäckigkeit und Widerspruchsgeist. Es lohnt sich, besonders wenn es um absurde Vorschriften oder lebensferne und unsinnige Einschränkungen unserer viel beschworenen Wahlfreiheit geht.

Aus meinem Lieblingssupermarkt gibt es übrigens eine sehr erfreuliche Entwicklung zu berichten. Die Angestellten dort haben mir bei einem meiner letzten Einkäufe fast stolz berichtet, dass es mittlerweile bereits mehrere Leute gebe, die mit Dosen zum Einkaufen von unverpackter Ware kommen. Übrigens kann man manches auch einfach nur in Papier eingewickelt mitnehmen, ohne dass es unhygienisch wäre. Höchstens ein bisschen klebrig, sofern es sich nicht um ganz harte Wurst oder Käse handelt.

So wollte ich einmal für Samuel und mich in der Feinkostabteilung eines großen Supermarkts zwei Weckerl mit warmem Braten und Senf kaufen und bat die Verkäuferin, sie bloß in ein Papiersackerl zu geben, da ich gerade keinen entsprechenden Behälter dabeihatte. Die ausgesprochen freundliche ältere Dame tat es, warnte uns jedoch unentwegt vor den Konsequenzen: »Die Weckerln werden Ihnen alle auseinanderfallen, und dann wird alles fett sein, und der Senf wird sich dann im Sackerl verteilen, und das ist nicht dicht, und dann werden's den Senf und das Fett überall haben ...!« Da ich das Gefühl hatte, dass sie ernsthaft um uns besorgt war, kamen wir schließlich überein, dass sie die Weckerln zunächst in zwei Servietten wickelte, bevor sie sie in das Sackerl steckte.

Als Samuel und ich schließlich im Auto unsere Weckerln aßen, war ich für die Servietten sehr dankbar. Denn dadurch war der Hygiene, die Reinigung unserer Hände betreffend, zumindest grob Genüge getan, und auch das Auto blieb vor größeren Verunreinigungen bewahrt. Manchmal macht es also auch in puncto Hygiene durchaus Sinn, auf besorgte Verkäuferinnen zu hören.

Über Fleisch, Tofu, Plastik und Fortschritt

Was Plastik und Fleisch verbindet, das sind nicht nur die möglicherweise aus der Vakuumverpackung ins Fleisch übergehenden Kunststoffbestandteile, sondern in erster Linie einige wirklich brennende und brisante Fragen.

Brauchen wir so viel davon? Und in dieser Qualität? Dient es in dem Ausmaß wirklich unserem Wohlbefinden, unserer Gesundheit und unserer Lebensqualität? Ist es ein Zeichen von Fortschritt, wenn wir uns beides in rauen Mengen leisten, oder bestünde der Fortschritt nicht eher in einer Reduzierung, um nicht gleich von Verzicht zu sprechen?

Fragen, die man sich selbstkritisch stellen und entsprechend der eigenen Lebensumstände und Erfahrungen möglichst ehrlich beantworten sollte, denn das kann durchaus den Anstoß geben, den eigenen Lebensstil langfristig zu verändern.

In unserer Familie etwa wird seit jeher relativ wenig Fleisch gegessen – zumindest wenn man österreichische Verhältnisse als Maßstab nimmt. Denn immerhin liegt unser Land, was den weltweiten Fleischkonsum anbelangt, mit rund 100 Kilogramm pro Kopf und Jahr (Stand 2009) weltweit im Spitzenfeld der Fleischkonsumenten.

Höchstens zweimal pro Woche gibt es bei uns zum Mittagessen fleischhaltige Gerichte. Dass die Tendenz in den letzten Jahren eher sinkend war, lag vor allem daran, dass Marlene, wie schon berichtet, seit ihrem achten Lebensjahr Vegetarierin ist. Sie, die bis dahin besonders Würstel liebte, kam eines Tages von der Schule nach Hause und erklärte, ab heute kein Fleisch mehr zu essen. An diesem Tag hatte ihr Lehrer im Unterricht mit den Kindern über Massentierhaltung gesprochen, was Marlene, die Tiere über alles liebt, äußerst negativ beeindruckte. Bestärkt wurde sie in ihrem Entschluss zusätzlich durch eine Schulfreundin, deren gesamte Familie vegetarisch lebt. Obwohl ich weiß, dass Marlene sehr konsequent sein kann, wenn sie sich etwas in den Kopf gesetzt hat, glaubte ich im ersten Moment nicht daran, dass sie das länger als ein paar Tage oder Wochen durchhalten könnte, wurde aber eines Besseren belehrt, denn Marlene hat bis jetzt tatsächlich nie wieder Fleisch gegessen.

Davon abgesehen koche und esse ich selbst nicht besonders gerne Fleisch, und da es in unserer näheren Umgebung überdies keinen Biobauern gibt, der Fleisch ab Hof verkauft, bleibt nur eine normale Fleischerei, und speziell in der Grillsaison haben wir oft auch auf eingeschweißtes Puten- oder Hühnerfleisch aus dem Supermarkt zurückgegriffen. Obwohl ich inzwischen in einigermaßen akzeptabler Entfernung eine Biobäuerin ausfindig machen konnte, ist es sehr mühsam, dort plastikfrei einzukaufen. Wegen diverser Hygienevorschriften wird das Fleisch auf dem Hof nämlich portioniert und eingeschweißt, es sei denn, man kommt unmittelbar nach der Schlachtung. Durch die Vorgaben, die wir uns in Bezug auf Fleischkonsum mittlerweile auferlegt haben – Bioqualität und kein Plastik –, reduzierte sich der Verzehr von Fleisch- und Wurstwaren in unserer Familie ganz automatisch.

Insgesamt sind wir alle durch unser Experiment sensibler geworden, was den Fleischkonsum angeht. Und zwar auf dem Umweg über das Thema Plastik, denn erst dadurch wurde uns klar, dass insbesondere bei der Fleischproduktion die Plastikverpackungen in den letzten Jahrzehnten inflationär zugenommen haben. Aus Hygienegründen, wie es heißt. Aber bedeutet die Einhaltung hygienischer Prinzipien zwangsläufig, dass Plastik und Fleisch beinahe untrennbar zusammengehören?

Natürlich ist es bequemer, eine größere Menge vakuumverpacktes Fleisch im Kühlschrank zwischenzulagern, als es täglich frisch beim Fleischer zu holen. In früheren Zeiten war das kein Problem, denn da aß man, wie ich aus Erzählungen meiner Großmutter weiß, maximal einmal pro Woche Fleisch, während es heutzutage zur Massenware mit allen möglichen negativen Begleiterscheinungen geworden ist.

Dazu gehören vor allem die fragwürdige Tierhaltung in Riesenställen, der lange Transport zu den Schlachthöfen, die Zustände dort. Und jenseits aller tierschützerischen Erwägungen die Folgen für den Klimawandel und die Welternährung, die bislang nicht wirklich ins öffentliche Bewusstsein gedrungen sind, dazu nicht zuletzt die Gefährdung für die menschliche Gesundheit etwa durch Impfung und Fütterung der Massenbestände. Da dürfte die Plastikverpackung wahrscheinlich letztendlich wieder einmal das kleinste Übel sein.

Vor allem Peter hat vor einiger Zeit angefangen, sich etwas intensiver mit der Problematik der Fleischproduktion zu beschäftigen, und sich, angeregt durch Marlenes Konsequenz und eine Zeitungsreportage über Massentierhaltung, ebenfalls für einige Wochen vegetarisch ernährt. Die Bilder, die dort gezeigt wurden, waren tatsächlich in keinster Weise dazu angetan, Lust auf Fleisch zu machen.

Bei mir lösen solche Schilderungen und Bilder allerdings einen Verweigerungsreflex aus. Ich will das nicht sehen, weil ich weiß, dass ich dann – unabhängig von Fragen der Verpackung – wahrscheinlich kein Fleisch mehr essen könnte, zumindest keines aus konventioneller Produktion. Es ist schon komisch: Obwohl es mich jedes Mal enorm nervt, wenn Leute in Bezug auf *Plastic Planet* zu mir sagen: »Nein, solche Filme schaue ich mir nicht an, das halte ich nicht aus«, reagiere ich bei diesem Thema nicht anders. Als würde die Weigerung, den Tatsachen ins Auge zu sehen, irgendetwas an der Realität ändern. Aber irgendwie bin ich offensichtlich noch nicht bereit für einen weiteren konsequenten Schritt.

Als Peter dann Mitte Februar verkündete, künftig endgültig kein Fleisch mehr essen zu wollen, veränderte sich unser Kochverhalten erneut. Mein Mann war für eine Woche beruflich in Polen gewesen, hatte dort eine Veganerin kennengelernt und beim gemeinsamen vegetarischen Essen festgestellt, dass ihm das besser schmeckte als Fleisch. Mal sehen, wie lange er diesmal dabeibleibt.

Für uns bedeutete sein Entschluss eine gravierende Umstellung. Denn bei unseren Fleischmahlzeiten war Peter bisher der Hauptesser. Weil ich es mir total mühsam vorstellte, für drei Personen Fleisch und für zwei vegetarisch zu kochen, beschlossen wir, die Eltern, kurzerhand, zu Hause auf Fleisch zu verzichten, sobald unsere tiefgekühlten Vorräte aufgebraucht sein würden. Allerdings hatten wir da die Rechnung ohne die beiden Buben gemacht. Leonards Protest fiel besonders resolut aus: »Wenn es zu Hause kein Fleisch mehr gibt, ziehe ich einfach zur Mürzzuschlager Oma!« Samuel sah die Sache ein wenig differenzierter und schlug vor, einfach mehr Biofleisch zu kaufen. Meine Bedenken bezüglich der damit verbundenen Planungsprobleme – weiter Weg für die Beschaffung und erhöhter Aufwand für die Zubereitung – versuchte er zu zerstreuen, indem er anbot, das Einfrieren des Fleisches und Kochen der Fleischmahlzeiten zu übernehmen. Als er merkte, dass mich das nicht überzeugte, stieß er einen Seufzer aus und meinte ein wenig resignierend: »Jetzt fängt also das nächste Experiment an!« Ich selbst war hin- und hergerissen. Einerseits habe ich trotz allem hin und wieder Appetit auf Fleisch und wollte vor allem Samuel und Leonard nicht von heute auf morgen zum Fleischverzicht zwingen, andererseits fand ich alle Kompromissvorschläge zu aufwendig, und so wurde eine Entscheidung erst einmal vertagt, bis unsere Reserven verbraucht sind.

Freunde und Verwandte reagierten nicht unbedingt positiv auf die neue Entwicklung. »Jetzt müsst ihr aber langsam aufpassen, dass ihr nicht zu radikal werdet«, bekamen wir zu hören. Oder: »Das wird jetzt schon ein bisschen extrem.« Peters Mutter äußerte vor allem ernsthafte Bedenken, dass die Buben bei fleischloser Ernährung nicht alle nötigen Nährstoffe bekommen würden.

Ich selbst sehe mich seitdem in einer seltsamen Zwischenposition, die mir ganz und gar nicht behagt, denn ich rechtfertige einerseits die Entscheidung, vegetarisch zu leben, und verteidige genauso meinen und der Buben Wunsch, hin und wieder Fleisch zu essen. Das empfinde ich nicht nur als äußerst zermürbend, sondern gerate dadurch außerdem in einen Gewissenskonflikt. Angesichts der Tatsache, dass ein großer Teil der Menschheit überhaupt nie in die Verlegenheit kommt, sich zwischen unterschiedlichen Ernährungsformen entscheiden zu können, erscheint es mir geradezu lächerlich, dass wir der Frage der ausreichenden Nährstoffversorgung so viel Aufmerksamkeit widmen. Wieder einmal ein Problem, das ursächlich aus dem Überfluss, in dem wir leben, resultiert.

Überlegungen wie diese führten mich schließlich zu der Frage, ob es nicht anderen Menschen ganz ähnlich geht, wenn sie sich unsere Argumente gegen die Verwendung von Plastik anhören. Und ob es nicht falsch von mir ist, in dieser speziellen Angelegenheit andere Meinungen und Sichtweisen mehr oder weniger nicht ganz ernst zu nehmen. Fast alles, was in Richtung pro Plastik geäußert wird, stufe ich zumindest innerlich als billige Ausrede oder als Ausdruck von Unwissen ein, was es meinen Gesprächspartnern sicher nicht einfach macht, an einer weiteren Diskussion interessiert zu sein. Selbst wenn ich meine Überzeugung nicht offen äußere, kommt sie offenbar so stark zum Ausdruck, dass Skeptiker sich schnell zurückziehen.

Bin ich von dieser Sache vielleicht zu überzeugt und dadurch betriebsblind? Besteht gar die Gefahr, dass ich mich in eine radikale Richtung bewege, die andere eher abschreckt und nicht zum Nachdenken bewegt? Wie viel Überzeugung ist gut, wie viel ist anstrengend und wie viel am Ende sogar hinderlich? Die Diskussionen pro und contra Fleischkonsum haben tatsächlich einige Zweifel bei mir ausgelöst. Allerdings frage ich mich, ob sich die kritischen Geister in Sachen Plastikreduktion ebenfalls je mit Selbstzweifeln herumschlagen. Wenn man sich ständig dafür rechtfertigen muss, dass man Plastik verweigert oder kein Fleisch isst, warum bekommen dann die Fleischvertilger und Plastikjunkies dieser Welt nicht ebenfalls ein schlechtes Gewissen?

Manchmal empfiehlt es sich übrigens, wenn man nach den Gründen für den Fleischverzicht gefragt wird, statt langer Erklärungen eine Gegenfrage in den Raum zu stellen. »Hast du dir eigentlich schon mal überlegt, warum du Fleisch isst?« Erst neulich habe ich das selbst erlebt. Während sich in einer größeren Runde unter den Fleischessern eine lebhafte Diskussion entspann und jeder in seiner Biografie nach Gründen für seine Vorlieben suchte, konnte ich in aller Ruhe meinen Bohnensalat essen und mich nebenbei köstlich über die Tatsache amüsieren, welch heftige Reaktionen eine so simple Frage ausgelöst hatte.

Doch zurück zu den Verpackungsproblemen: Ist es schon schwierig genug, Fleisch in entsprechender Qualität plastikfrei einzukaufen, so stößt man bei der Beschaffung alternativer Eiweiß-quellen wie Sojamilch, Tofu oder ähnlichen Produkten teilweise an schier unüberwindliche Grenzen. Eine Tatsache, auf die ich durch eine Anfrage auf unserem Blog gestoßen wurde. Da Leonard Sojamilch nicht verträgt und Peter Tofu nicht besonders mag, hatte ich mich bisher in diesem Bereich nicht wirklich ernst-haft nach Alternativen umgesehen.

Jetzt, nachdem die vegetarische Lebensweise für uns zum Thema geworden ist, musste ich feststellen, dass es zumin-dest auf den ersten Blick so gut wie kein Sojaprodukt ohne Plas-tikverpackung gibt und diverse Milchalternativen wie Hafer-milch, Reismilch oder eben Sojamilch anscheinend ebenfalls nur im Tetrapack erhältlich sind. Schließlich fragte ich, be-reits etwas frustriert von der vergeblichen Suche, in der Grazer »Kornwaage« nach, warum Tofu eigentlich nicht offen verkauft werde.

Der Chef des Ladens, der mich und meine speziellen Einkaufs-wünsche inzwischen ganz gut kennt, verstand meine Verwunde-rung. Eigentlich, meinte er, sei es gar kein Problem, Tofu auch offen zu verkaufen. Die Firma, bei der er die Sojaprodukte haupt-sächlich beziehe, habe nämlich ihren Sitz in der Steiermark, und der tägliche Umsatz an Tofu sei so groß, dass die Haltbarkeit kein Hindernis darstelle. Warum es trotzdem nicht geschieht, erfuhr ich jedoch nicht.

Wenigstens ein kleines Erfolgserlebnis bescherte mir mein Besuch im Bioladen dann doch: Ich entdeckte eine Sojamilch in der Glasflasche, mit Pfand sogar. Der Besitzer des Ladens er-klärte mir, bis vor gar nicht langer Zeit habe es außerdem zwei weitere Sorten als Pfandflasche gegeben, doch die seien wegen schlechter Nachfrage eingestellt worden. Und mit einem Augen-zwinkern fügte er hinzu: »Aber wer weiß, wenn sich immer mehr Leute mit deinem Antiplastikvirus infizieren, gibt es die anderen Sorten ja vielleicht bald wieder.«

Kurz darauf fand ich im Biosupermarkt eingelegten Seitan im Glas. Im Grunde sieht Seitan fast aus wie geräucherter Tofu oder eingelegtes, gebratenes Fleisch, besteht allerdings aus Weizeneiweiß und soll auf vegetarisch lebende Mönche in China zurückgehen. Da ich so etwas noch nie gegessen hatte, nahm ich ein Glas mit, um es meiner Familie ohne vorherige Ankündigung bei nächster Gelegenheit zu servieren.

Als ich bei einem Gespräch mit Nicole zufällig meine neueste Errungenschaft erwähnte, erfuhr ich von ihr, dass man Seitan relativ einfach selbst herstellen könne. Man brauche nur ein paar Geschirrtücher und müsse sich auf eine ziemliche Schmiererei gefasst machen, aber dafür komme man viel billiger weg. Noch einen anderen Tipp hatte sie für mich parat. Sojagranulat, mit dem man alle Gerichte, für die sonst faschiertes – gehacktes – Fleisch verwendet wird, zubereiten kann, gebe es in dem mir bereits bekannten Grazer Tee- und Gewürzladen.

Das Geschäft erweist sich tatsächlich immer wieder als eine wahre Fundgrube. Dort gibt es nicht nur Sojagranulat, sondern auch Sojaschnetzel, die offen verkauft werden und noch dazu aus gentechnikfreier einheimischer Produktion stammen. Da es sich bei beidem um getrocknete Produkte handelt, stellt die Haltbarkeit kein Problem dar, sodass ich mir gleich einen kleinen Vorrat zulegte. Auch die ersten Kochergebnisse mit den neuen Produkten waren durchaus erfreulich. Leonard, dessen Leidenschaft für Fleisch ungebrochen ist, hielt den Seitan im Gemüseeintopf sogar für Rindfleisch, und auch meine erste Lasagne mit Sojagranulat fand begeisterten Zuspruch.

Bei all diesen Alternativen handelt es sich allerdings um regionale und nur kleinräumig erhältliche Produkte, sodass ich für die Anfrage im Blog keine allgemeingültige Lösung anbieten kann. Ohnehin halte ich es immer für sinnvoll, sich selbst in der Nähe nach Bezugsquellen umzuschauen. Auf diese Weise stößt man oft zusätzlich auf viele tolle Produkte, an die man noch gar nicht gedacht hat. Außerdem sollte man, finde ich, den regionalen Produkten schon allein deshalb den Vorzug geben, um dem Unsinn der Transporte über Hunderte oder Tausende von Kilometern einen Riegel vorzuschieben.

Bei manchen Dingen allerdings kommt man mit dieser Strategie nicht weit. Ein typisches Beispiel dafür ist Mozzarella. Es mag sein, dass ich nicht ausdauernd genug gesucht habe, aber bis jetzt konnte ich ihn weder in den Feinkostabteilungen großer Supermärkte noch in diversen Spezialgeschäften ohne Plastikverpackung finden, was meine Essensplanung schon stark beeinträchtigt, da wir, vor allem wenn unsere eigenen Tomaten reif sind, sehr gerne Mozzarella mit Tomaten essen. Nur ist es eben kein heimisches Produkt, und die Hoffnung, in der Nähe einen Büffelkäseproduzenten zu finden, der unverpackt ab Hof verkauft, ist wohl eher illusorisch. Anderswo jedoch soll es offenen Mozzarella geben, wie ich wenig später von einer Blogleserin aus Deutschland erfuhr. Wir allerdings müssen entweder die Plastikverpackung in Kauf nehmen oder ganz auf Mozzarella verzichten. Vorerst haben wir uns für Letzteres entschieden, wollen aber die Sache noch einmal überdenken, falls ein Familienmitglied das als Einschränkung empfindet. Sollte das passieren, werden wir einfach hin und wieder eine Ausnahme machen, was sich in anderen Bereichen durchaus bereits bewährt hat.

Neue Einkaufsroutine

Im Laufe unseres ersten plastikfreien Jahres gab es nette und weniger nette und gelegentlich auch ganz unerfreuliche Erlebnisse. Vor allem beim Einkaufen, wo man sich tagtäglich gegen den Konsumrausch des Mainstreams abgrenzen und manchmal auch verteidigen muss.

In großen Supermärkten empfand ich nach den ersten Wochen Abstinenz bei der Wiederbegegnung einen regelrechten Plastikschock, bekam bisweilen schon beim Betreten des Geschäfts Fluchtgedanken und konnte Peters Einkaufsphobie plötzlich sehr gut nachvollziehen. Später gelangte ich zu dem Schluss, dass es sich um eine eigentlich normale Reaktion auf ein nicht adäquates Angebot handelte. Mit anderen Worten: Der Fehler liegt nicht bei mir, sondern beim Angebot! Heute weiß ich, dass ich die Reizüberflutung auch früher schon, als ich sie noch als Normalität betrachtete, negativ spürte, denn nach intensiven Einkaufstouren fühlte ich mich oft wie gerädert.

Jetzt stellt sich das Problem insofern anders dar, weil ich mit dem Überangebot nichts mehr anfangen kann und nicht davon angesprochen werde. Zudem gewinne ich zunehmend den Eindruck, ausgerechnet das, was ich brauche, nicht zu finden. Nachforschungen, warum es dieses und jenes nur so und nicht in anderer Verpackung gibt, beschwören Frust herauf und haben mich in der Vorbereitungsphase für unser Experiment oftmals schier verzweifeln lassen. Besonders die Einkaufserlebnisse der ersten Wochen bewogen mich daher, große Supermärkte weitgehend zu meiden – wenn überhaupt gehe ich nur noch in solche, wo ich das Sortiment einigermaßen kenne.

Darüber hinaus besorgen Peter und ich, da wir beide in Graz arbeiten, alles, was es auf dem Land nicht gibt, in dortigen Bioläden oder anderen Spezialgeschäften. Das hat zwar zur Folge, dass ich an manchen Tagen mit vollgepacktem Rucksack und zwei gefüllten Fahrradtaschen vom Bahnhof nach Hause fahren muss, aber mittlerweile sehe ich das zumeist sportlich: sozusagen als kleines, in den Alltag integriertes Fitnessprogramm.

Außerdem haben wir inzwischen einen Bauern gefunden, der einen Zustelldienst in der Region betreibt und uns jeden Dienstag mit frischen Lebensmitteln unserer Wahl beliefert. Damit erledigen sich viele Wege, die wir sonst extra zurücklegen müssten. Zudem sind wir von der Qualität der Produkte begeistert, die wir überdies problemlos ohne Plastikverpackung bekommen. Manches wird in Papier gewickelt, anderes – vor allem Obst und Gemüse – liegt offen in Kisten. Der überschaubare Rahmen und der direkte Kundenkontakt machen eben auch das Eingehen auf individuelle Wünsche möglich. Für meine persönlichen Einkaufsentscheidungen spielt diese Art von Kundenservice ohnehin eine zunehmend größere Rolle, denn natürlich kann sich unser Biobauer, was die Auswahl betrifft, nicht im Entferntesten mit einem Supermarkt messen – während dieser im Gegenzug niemals an die Qualität des Biobauern heranreichen wird. Ganz ähnlich empfinde ich es übrigens bei unserem Lagerhaus im Nachbarort, dessen Lebensmittelsortiment in der Bauernecke ebenfalls dem Motto »Klein, aber fein« entspricht.

Inzwischen ist diese Art des Einkaufens für uns Routine geworden, aber das war es natürlich nicht von Anfang an. Da haben wir uns bisweilen recht schwergetan und viel Zeit verplempert, bis wir lernten, die Einkäufe so zu planen, dass sie sich fast ausschließlich am Weg zur oder von der Arbeit erledigen lassen. Darüber hinaus dauerte es einige Monate, bis wir herausfanden, dass es oft die beste Alternative ist, gar nichts zu kaufen. Auch in finanzieller Hinsicht. Genau hier nämlich liegen die echten Einsparpotenziale.

Ein typisches Beispiel für die Verzichtbarkeit mancher Produkte sind Müllsäcke. Ich führe sie in diesem Zusammenhang an, weil sie mir im Rahmen einer Diskussion über dieses Thema als Erstes einfielen. Zwar lachten damals die Leute, doch Müllsäcke sind aus meiner Sicht wirklich komplett entbehrlich und stellen somit eine gewisse Einsparmöglichkeit dar.

Kurz nach Beginn unseres Experiments ersetzte ich die üblichen Plastikmüllsäcke zunächst durch Bioplastik, doch je mehr ich mich mit der Müllproblematik und möglichen Alternativen beschäftigte, desto absurder und grotesker erschien es mir, unseren Müll überhaupt noch in eigens dafür produzierte Säcke zu verpacken, die dazu aus Nahrungsmitteln wie Mais oder Kartoffeln hergestellt werden. Seither lege ich unseren Restmülleimer mit zwei oder drei Blättern Zeitungspapier aus, was sich für unser geringes Müllaufkommen als absolut ausreichend erwiesen hat, zumal bei uns kaum Essensreste oder verdorbenes Essen anfallen. Somit können wir uns die Müllsäcke im wahrsten Sinne des Wortes sparen.

Eines zeigt dieses kleine Beispiel sehr deutlich: Solange der Fokus zu sehr auf dem Ersetzen von Produkten liegt, gibt es wahrscheinlich relativ wenig Einsparpotenzial. Das stellt sich erst ein, wenn man anfängt, tatsächlich zu reduzieren, wobei man allerdings ein Gespür dafür entwickeln muss, wo Reduzieren vernünftig ist und wo nicht. Bei Lebensmitteln bezieht sich die Reduktion naturgemäß nicht auf die absolute Menge und natürlich ebenso wenig auf die Qualität, sondern vielmehr auf die Auswahl. Generell kaufen wir viele Dinge, vor allem Süßigkeiten, gesüßte Milchprodukte, Knabbergebäck, Toastbrot und so weiter, gar nicht mehr, sondern leisten uns stattdessen hin und wieder besondere Leckerein, die es unverpackt im Bioladen gibt. Von Trockenobst und Nüssen sind speziell Samuel und Peter begeistert, Marlene und Leonard hingegen sind eher Fans von diversen Mehlspeisen, die ich gelegentlich vom Bäcker mitbringe. Da wir außerdem verpackte Mitbringsel von Verwandten und Freunden nicht verschmähen, seien es Chips oder Süßigkeiten, hat sich bislang noch bei keinem Mitglied unserer Familie ein Gefühl der Entbehrung eingestellt.

Doch gegen solche Einsichten arbeitet die ungehemmte Bedarfsweckung in allen Bereichen, und wenn es sich nur um diese blöden Plastiksackerln handelt, die an den Kassen zu hängen pflegen. So baute ein Drogeriemarkt lange Zeit seine Marketing-strategie auf dem Slogan auf: »Darf's ein Gratissackerl sein?«

Weil ich mich über so was furchtbar aufrege, nahm ich diese Aktion zum Anlass, an die Firmenleitung zu schreiben. Die Antwort enthielt wenigstens einen kleinen Lichtblick. Man könne im Moment zwar noch nicht gänzlich auf die Plastikprodukte verzichten, arbeite aber bereits an einer Veränderung der Marketingstrategie und wolle längerfristig eine Art Pfandtaschen aus Baumwolle einführen, für die man einmalig einen Euro bezahle und sie danach bei Bedarf in jeder beliebigen Filiale gegen eine neue eintauschen könne. Ich schien nicht die Einzige gewesen zu sein, der die Gratissackerlstrategie ein Dorn im Auge war.

Inzwischen empfinde ich jeden einzelnen dieser kleinen Erfolge als Bestärkung, weiterzumachen und dranzubleiben, obwohl man die in Aussicht gestellte Veränderung natürlich auch als reines Alibi betrachten kann. Das kam mir auch in den Sinn, als nach der Premiere von *Plastic Planet* in den meisten Drogeriemärkten Schnuller, Sauger und Fläschchen aus den Regalen verschwanden, um einige Wochen später wieder aufzutauchen, diesmal mit dem Hinweis »Bisphenol-A-frei« versehen. Nun will ich zwar nicht unbedingt die Wahrheit dieser Aussage in Zweifel ziehen, doch stellt sich wohl die berechtigte Frage, was stattdessen verwendet wird und ob dieser neue Inhaltsstoff wirklich unbedenklicher ist als Bisphenol A. Denn wenn die Herstellung diverser Kunststoffe ganz ohne derartige Ingredienzien auskäme, hätte man wohl schon früher darauf verzichtet. Falls man also wirklich ernsthaft daran interessiert ist, möglichst schadstofffreie Produkte zu kaufen, sollte man die »Bisphenol-A-Freiheit« allein nicht als überzeugendes Kaufargument nehmen. Das muss man wissen und seine Konsequenzen daraus ziehen, so oder so.

Substanzielle Veränderungen wird es wahrscheinlich erst geben, wenn die große Masse ihre Konsumgewohnheiten ändert. Aber auch die besteht nun mal aus lauter Einzelnen. Daran führt kein Weg vorbei. Inzwischen habe ich an vielen Beispielen erlebt, dass es für mich persönlich Sinn macht, etwas zu tun, Briefe oder Mails an Firmenleitungen zu schreiben, mit anderen Menschen zu diskutieren. Obwohl das für viele anstrengend klingen mag, betrachte ich es eher als einen Mindestbeitrag an gesellschaftlichem Engagement. Daraus dann wirklich konkrete Konsequenzen für das eigene Handeln zu ziehen, ist noch mal eine ganz andere Sache – und manchmal habe ich den Eindruck, dass sich besonders die Privilegiertesten unserer Gesellschaft damit am allerschwersten tun.

Plastikrevival und nachhaltiges Leben

Im Mai 2010 erhalten wir eine interessante Einladung. Im Freilichtmuseum Stübing findet der alljährliche Aktionstag zum Thema »Die Kunst, nachhaltig zu leben« statt. Klaus, der Organisator, wohnt in unserer Nähe und möchte, dass wir dort einen eigenen Stand gestalten, der Einblicke in unser Experiment gewährt. Stübing ist ein Museum mit vielen alten Häusern und Bauernhöfen, und insofern passt unser Experiment ausgezeichnet dorthin. Viele unserer »neuen« Lösungen haben wir ja schließlich von »alten« Zeiten abgeschaut.

Während wir mit Klaus darüber beraten, wie wir die Erkenntnisse aus unserem Experiment am besten präsentieren könnten, kommt mir auf einmal eine Idee: unseren riesigen Plastikberg dem gegenüberzustellen, was wir jetzt verwenden. Schließlich ist es eine der wichtigsten Erkenntnisse der letzten Zeit, dass wir mit viel weniger Dingen auskommen als früher. Nachdem Klaus und Peter den Vorschlag abgesegnet haben, beschließen wir, einen richtigen Vorher-nachher-Stand zu bauen. Samuel bietet sich außerdem an, Kinder im Schnitzen und Basteln von Pfeil und Bogen zu unterweisen, was bei den beiden anderen große Begeisterung auslöst.

Für mich ist es ein seltsames Gefühl, unsere ausgemisteten Plastiksachen nach fast einem Dreivierteljahr wieder einmal zu sichten. Ziemlich schnell wird mir klar, dass es unmöglich ist, die gesamte Menge auf dem einen dafür vorgesehenen Tisch aufzubauen, und so entschließen wir uns, nur eine spezielle Auswahl mitzunehmen. Unter anderem Leonards Hot-wheel-Bahn, einen Teil unseres Tupperwaresortiments sowie alle möglichen anderen ausrangierten Küchenartikel. Als Blickfang für den Stand dient ein Plakat, das während unserer Hausräumaktion entstanden ist und uns inmitten unseres gewaltigen Plastikbergs zeigt.

Wie erwartet ist ein Großteil der Menschen, die den Aktionstag besuchen, erst einmal ziemlich überrascht, in der idyllischen Umgebung zwischen all den wunderschönen alten Höfen und Häusern plötzlich einen bunten Plastikhaufen zu entdecken. Manche befürchten sogar, unfreiwillig in eine besondere Art Tupperparty geraten zu sein. Der Nebentisch, auf dem wir unseren alternativen Hausrat aufgebaut haben, fällt den meisten erst auf den zweiten Blick auf, denn die plastikfreien Haushaltsartikel, Pflegeprodukte und Putzmittel sind einfach viel weniger bunt und dadurch von geringerem Aufmerksamkeitswert. Allerdings scheinen einige Besucher unseren Stand für einen Miniflohmarkt zu halten, denn dauernd werden wir nach dem Preis für die Hot-wheel-Bahn gefragt. Von Kindern wie von Erwachsenen.

Ein anderes ganz besonderes Stück verlässt uns auf diese Weise: unsere dreiteilige, hübsch-hässliche Puddingform in drei verschiedenen Grüntönen. Ein Mann stellt sich mir als Tupperwarevertreter vor und erklärt, dass ihm genau dieses Stück in seiner Sammlung fehle und er es nirgends mehr bekommen könne. Er sei bereit, es mir zumindest um den Neuwert abzukaufen. Ich finde das äußerst amüsant und schenke ihm die völlig ungenutzte Form. Die anderen Teile dieser Firma finden hingegen leider keine Liebhaber.

Unsere Kinder genießen den Tag. Speziell Samuel mit seiner Schnitzerei und einigen schon fertig gebastelten Pfeil-und-Bogen-Sets zieht viele bewundernde Blicke auf sich. »Schau, der Bub kann schnitzen!« Oder: »Das hab ich früher auch gemacht!« Für mich ist es eine erstaunliche Erfahrung, dass Menschen, die eigens zu einem Aktionstag über nachhaltigen Lebensstil kommen, ihren Kindern anscheinend nicht zutrauen, sich gewisse Fertigkeiten selbstständig anzueignen. Dass vielen schlicht und einfach die Möglichkeit fehlt, solche Dingen zu lernen, sich mit und in der Natur zu beschäftigen und ein nachwachsendes Material wie Holz zu nutzen und zu gestalten, hat sicher nicht nur damit zu tun, dass sie mit (Plastik-)Spielzeug überhäuft werden. Aber ich bin mir sicher, dass es eine gewisse Rolle spielt. Durch die vielen Fertigspielsachen fehlt einfach der Anreiz, selbst kreativ zu werden, sodass Fähigkeiten verloren gehen oder erst gar nicht entwickelt werden. Und nicht zuletzt bleibt dabei der achtsame Umgang mit der Natur auf der Strecke.

Im Laufe dieses Tages macht sich eine tiefe Dankbarkeit in mir breit. Ich empfinde es als großes Geschenk, dass unsere Kinder mit Sand, Erde, Wasser, Steinen, Blättern, Holz und Schlamm etwas anzufangen wissen, dass sie Lagerfeuer machen, Staudämme an Bächen und geheime Lager im Wald bauen können. All ihre gekauften Spielsachen haben sie nicht davon abgehalten. Sie hatten zum Glück fast immer die Wahl. Vielleicht ist das der größte Luxus überhaupt und gleichzeitig die beste Antwort auf die häufig gestellte Frage, wie es denn den Kindern bei unserem Experiment geht. Gut, weil sie nicht gezwungen wurden und werden, sondern immer von Neuem frei entscheiden dürfen. Weil sie eben die Wahl haben.

Während ich Samuel und Marlene beobachte, wie sie anderen Kindern helfen, einen Bogen zu bespannen oder einen Pfeil richtig spitz zu bekommen, habe ich das Gefühl, dass unsere Kinder für ihr Alter bereits ziemlich gut gelernt haben, die richtige Entscheidung zu treffen und das zu machen, was ihnen guttut. Doch ohne Vorgaben von unserer Seite würde es wahrscheinlich anders aussehen. Von klein auf haben wir sie, trotz des Überflusses an Spielsachen, der sich auch bei uns aufgetürmt hat, zu bestimmten Dingen angeregt und andere von ihnen ferngehalten oder zumindest den Konsum beschränkt wie etwa bei Computer, Fernsehapparat, Spielkonsole oder Handy.

Inzwischen weiß ich aus den vielen Diskussionen im Zusammenhang mit unserem Experiment, dass solch regulierende Maßnahmen für viele Eltern ein Ding der Unmöglichkeit sind. Ich denke nur an den besorgten Vater, dem allein die Vorstellung, seiner Tochter eventuell gewisse Softdrinks zu verweigern, größtes Kopfzerbrechen bereitete. Er traute sich erst gar nicht, das Mädchen überhaupt mit einer Alternative zu konfrontieren. Von Wahlfreiheit kann man da wohl kaum sprechen – eher schon von frühkindlich erlerntem Konsumzwang.

Dass Wahlfreiheit in unserer Gesellschaft, wie so viele andere Dinge auch, nicht gerecht verteilt ist, soll nicht bestritten werden. Doch mein Anliegen und zugleich Sinn des Experiments war und ist es, einfache, praktikable und alltagstaugliche Alternativen zu finden, die für viele gangbar sind. Nichts Exotisches oder Elitäres, sondern Dinge, mit denen man sofort beginnen kann, die nur ein bisschen Mitdenken, den Willen zur Veränderung und vielleicht ein wenig Glauben an die eigenen positiven Gestaltungsmöglichkeiten voraussetzen.

Die überwiegende Mehrzahl der Besucherinnen und Besucher an unserem Stand äußert sich entweder sehr positiv oder gar nicht über unseren Versuch. Plötzlich jedoch kommt ein Mann auf mich zugestürmt und beginnt ziemlich unvermittelt, sich über die von mir mitgebrachten Maisstärkesackerln zu beschweren. Mittlerweile liege bei ihm im Wald mehr von diesen Biodingern herum als herkömmliche Plastiktaschen. Die Leute seien zu blöd und würden glauben, dass sich die Dinger einfach bei Nässe auflösen. Ich weiß, sage ich und erläutere ihm wie allen anderen Interessenten, dass dieses sogenannte Bioplastik nur unter guten Kompostbedingungen (Wärme, Feuchtigkeit, Mikroorganismen, Druck) verrottet und keinesfalls einfach in die Natur geworfen werden darf. Er ist zwar immer noch skeptisch, nimmt aber schließlich eines der Sackerl zum Ausprobieren mit. Diese Begegnung zeigt mir wieder einmal deutlich, dass der bloße Umstieg auf ein anderes Material unser »Verschwendungsproblem« sicherlich nicht lösen kann.

In den unzähligen Gesprächen, die ich an diesem Tag führe, werden wir ständig als Vorbilder bezeichnet, sicher ein gutes Gefühl und schmeichelhaft außerdem. Wichtiger jedoch finde ich es, den Leuten klarzumachen, dass wir nichts Besonderes tun oder jedenfalls nichts besonders Schwieriges. Dass sie selbst jederzeit und am besten sofort, hier und heute, damit beginnen könnten, Dinge umzusetzen, die ihnen sinnvoll und für ihren Alltag gangbar erscheinen. Und dass wir keine perfekten Vorbilder sind, es auch nicht sein wollen, weil wir dann zu abgehoben wären und niemanden zum Nachahmen animieren könnten. Eher würden wir die Leute abschrecken. »So wie die das machen, schaffen wir das ohnehin nicht, deshalb lassen wir lieber gleich alles beim Alten.« Nein, was wir tun, sollte eigentlich mit ein bisschen gutem Willen und Freude an der Sache für die meisten umsetzbar sein.

Als gerade etwas Ruhe an unserem Stand herrscht, unternehme ich einen kleinen Rundgang durch das Freilichtmuseum, bewundere das wunderbare alte Handwerk und fast vergessene Fertigkeiten wie Drechseln, Klöppeln, Filzen, Sensenmähen, die hier demonstriert werden, betrachte die verschiedenen Pflanzensorten und Tierrassen, die man in früheren Zeiten hielt, und die selbst erzeugten Lebensmittel und Getränke. Es ist alles sehr eindrucksvoll, doch vor allem faszinieren mich die Menschen. Obwohl sie mit dem, was sie tun oder produzieren, sicher nicht dem Mainstream entsprechen, steht den meisten die Freude über ihre Arbeit ins Gesicht geschrieben. Und während ich von Stand zu Stand gehe, fühle ich mich plötzlich sehr stark und gut aufgehoben.

Was hier gezeigt wird, kommt nicht nur zu einem großen Teil ohne Kunststoff aus – es ist spürbar auch Ausdruck einer persönlichen Überzeugung. Hinter diesen Dingen stehen Menschen, die nicht nur im Einklang mit der Natur arbeiten, sondern vor allem mit Liebe und Begeisterung bei der Sache sind. Dieses Gefühl schwappt bei meinem Rundgang förmlich auf mich über. Und es steht diametral dem gegenüber, was ich in letzter Zeit oft empfunden habe, wenn ich mit dem Plastikwahnsinn in Supermärkten oder mit den Müllbergen in wunderschönen Landschaften konfrontiert wurde. Menschen, die so arbeiten und eine solche Freude ausstrahlen, können erst gar nicht die Natur zerstören oder ausbeuten.

In den Gesprächen erfahre ich, dass viele von ihnen ganz ähnlich wie ich an die Veränderbarkeit der Welt im Kleinen glauben und in ihrem persönlichen Umfeld damit einfach begonnen haben. Viele Menschen aber, mit denen ich mich hier unterhalte, denken über die letztlich begrenzten individuellen Möglichkeiten bereits hinaus. Es müsse sich auch politisch und gesellschaftlich etwas ändern, sagen sie. Engagement und wenn nötig Protest seien gefragt, um grundlegende Veränderungen zum Wohl möglichst vieler Menschen herbeizuführen. Aussagen, die mir aus der Seele sprechen und meinen ohnehin recht ausgeprägten Widerspruchsgeist beflügeln.

Bei einem Stand mache ich schließlich noch eine ganz praktische Entdeckung, die mich besonders freut. Dort werden junge

Gemüse- und Blumenpflänzchen in kompostierbaren Töpfen aus Holzfaser verkauft. So etwas habe ich gerade eben im Frühjahr, als ich einige Pflanzen für unseren Garten kaufen wollte, vergeblich in den Geschäften gesucht. Alle jungen Pflänzchen wurden dort ausschließlich in kleinen Plastikbehältnissen verkauft. Diese Töpfe hier lassen zumindest hoffen, dass solche Alternativen nicht ewig ein Außenseiterdasein führen, sondern auch in normalen Geschäften Einzug halten.

Als ich nach rund einer Stunde wieder zu unserem Stand zurückkomme, fühle ich mich unglaublich motiviert, voll neuer Energie und frisch gewappnet für den teilweise doch sehr ernüchternden Alltag. Wir haben an diesem Tag, der der »Kunst, nachhaltig zu leben«, gewidmet war, sehr viel Anerkennung und Zuspruch bekommen und wieder einmal erlebt, wie gut es tut, sich gegenseitig in positiven Gedanken und Handlungsansätzen zu bestärken und zu unterstützen. Die Konfrontation mit dem Alltag beginnt früh genug wieder.

Und so genieße ich einfach dieses Gefühl der Verbundenheit mit vielen gleich oder ähnlich Gesinnten, das mich zum Weitermachen anspornt. Neue Hoffnung und neuer Mut sind in mir entstanden. Wenn wir es schaffen, das »alte« Wissen um die Dinge mit den neuen technischen Errungenschaften unserer Zeit sinnvoll zu kombinieren, dann kann es uns gelingen, nicht länger als Beherrscher und Zerstörer, sondern als Teil der Natur zu leben.

Sommerurlaub mit Müllsünden

Die Sommerferien rückten näher, der Urlaub ebenfalls und damit das Problem, wo wir ein Sonnenschutzmittel ohne Plastikverpackung herbekommen sollten. Nachdem ich eine Vielzahl von Drogerien und Apotheken abgeklappert hatte und außer einigen Alusprühdosen mit zweifelhaftem Inhalt (»leicht entzündliche

Stoffe«) keine einzige alternative Verpackung finden konnte, stellte ich mein Problem in den Blog.

Zwar bekam ich eine Vielzahl an Tipps, wie man solche Mittel selbst herstellen kann, und erfuhr auch, dass gewisse Pflanzenöle einen natürlichen Sonnenschutzfaktor enthalten, der allerdings höchsten bei drei bis vier liegt. Abgesehen vom zu niedrigen Lichtschutzfaktor scheiterte die Eigenproduktion von Sonnencreme, wie schon im Fall von Shampoo, Duschgel und Zahnpasta, in erster Linie daran, dass mir so etwas nicht wirklich Spaß macht und ich mir daher nicht die Zeit nehme, mich in diese Materie zu vertiefen.

Eine andere Leserin berichtete, dass alle ihre Kinder – obwohl blond und sehr hellhäutig – nie Sonnenschutzmittel bräuchten, da sie gelernt hätten, sich zu den »gefährlichen« Zeiten einfach nicht in der prallen Sonne aufzuhalten oder entsprechende Kleidung zu tragen. Da ich selber kein Fan von intensiven Sonnenbädern bin, kann ich dieser Idee grundsätzlich etwas abgewinnen, befürchte aber, ich hätte vermutlich mit dieser Erziehung bei den Kindern früher anfangen müssen. Zum Glück ist keines von den dreien sehr empfindlich, sodass sie sich gut eingecremt jederzeit und nur in Badekleidung in der Sonne bewegen dürfen.

Schlussendlich entschied ich mich also dafür, eine fertige Sonnencreme zu kaufen und die Plastikverpackung in diesem Fall zu tolerieren. Allerdings verzichtete ich heuer auf eine Creme mit niedrigerem Schutzfaktor für Peter und mich und besorgte gleich für uns alle eine Großpackung mit dem Sonnenschutzfaktor 30. Das sollte auf jeden Fall reichen!

Auch für drei Urlaube, denn die planen wir nämlich in diesem Jahr. Peter hat im Sommer fast acht Wochen frei, weil die Behinderteneinrichtung, in der er beschäftigt ist, in dieser Zeit geschlossen wird, und ich als Selbstständige kann mir meine

Arbeit so einteilen, dass ich in den zweimonatigen Schulferien der Kinder mindestens sechs bis sieben Wochen durchgehend frei habe. Diese gemeinsame Zeit empfinden wir seit jeher als großen Luxus.

Die Planung der ersten beiden Urlaube verläuft relativ unspektakulär. Die erste Reise führt uns wie jedes Jahr nach Kärnten an den Ossiacher See, wo Peters Eltern seit Jahrzehnten eine kleine Ferienwohnung besitzen. Hier unterscheiden sich unsere Einkaufsmöglichkeiten nicht gravierend von denen zu Hause. Einige Lebensmittel wie Müsli, Sojagranulat und Linsen, bei denen ich nicht weiß, ob es sie dort in der Gegend offen zu kaufen gibt, nehmen wir in ausreichender Menge mit. Milch und Milchprodukte ebenfalls, wobei wir so planen, dass sie lediglich ein paar Tage auf dem Speiseplan stehen – so lange eben, wie unsere Vorräte in den Glasflaschen reichen. Peter meint zwar, dass sich sicher ein Bauer ausfindig machen ließe, der Milch ab Hof verkauft, doch aus meiner Sicht muss es nicht unbedingt sein, dass wir uns selbst im Urlaub auf die Suche nach Direktvermarktern begeben.

Als wir auf unserer Fahrt nach Kärnten an einer Autobahnraststätte eine kurze Pause einlegen, beobachte ich einen Mann, der für eine 0,3-Liter-Plastikflasche Evian satte 2,70 Euro bezahlt. In diesem Moment bin ich unglaublich froh, dass wir unsere Metalltrinkflaschen mit bestem steierischem Leitungswasser dabeihaben, und rechne mir aus, dass uns der Trinkwasserbedarf unserer Familie, gerechnet mit zwei Litern pro Tag und Person, bei diesen Preisen über 80 Euro am Tag kosten würde.

Schlagartig fällt mir eine Szene aus dem Dokumentarfilm *We Feed the World* wieder ein. Der damalige Nestle-Chef Peter Brabeck versuchte darin zu erklären, warum es sich bei Wasser um ein Lebensmittel und nicht um ein Grundrecht der Menschen handle, wie es »extreme Positionen« von einigen NGOs fordern. Wasser sei ein unglaublich wertvolles Gut und brauche daher einen Marktwert. Damals habe ich dieser Szene nicht sonderlich viel Bedeutung beigemessen, doch der ausgesprochen beeindruckende Preis dieses Markenwassers macht mir nun den tieferen Sinn dieser Worte so richtig klar. Und löst eine unangenehme Zukunftsvision aus: fein säuberlich in Plastikflaschen abgefülltes Wasser als Konsumgut für diejenigen, die es sich leisten können. Ein Luxusartikel eben. Und möglicherweise dennoch belastet mit einem für Laien nicht näher erkennbaren chemischen Cocktail, der sich unweigerlich aus der ach so hygienischen Plastikverpackung löst. Zugegebenermaßen eine etwas subtilere und nicht ganz so akut gesundheitsgefährdende oder gar lebensbedrohliche Art der Verschmutzung wie bei jenen braunen, übelriechenden Tümpeln, aus denen Menschen ihr »Trinkwasser« schöpfen müssen, aber jedenfalls Teil eines kollektiven Selbstbetrugs. Solange es noch sauberes Wasser in Flaschen gibt, ist doch alles in Ordnung! Oder wie es eines meiner Kinder einmal während einer Diskussion über Wasserverschmutzung ausgedrückt hat: »Dann trinken wir halt nur mehr Fanta oder Cola!«

Ich verscheuche die düsteren Bilder und schaue lieber in den strahlend schönen Sommertag.

Am nächsten Morgen herrscht bestes Badewetter, und wir gehen gleich nach dem Frühstück zum See, wo die neue Sonnencreme erstmals zum Einsatz kommt. Für mich selbst habe ich allerdings beschlossen, sie probeweise für ein paar Tage wegzulassen. Es interessiert mich, ob man wirklich unbeschadet davonkommt, wenn man bestimmte Regeln befolgt. Ich achte besonders darauf, vor allem um die Mittagszeit bis auf ein paar kurze Abkühlungen im See im Schatten zu bleiben, und überstehe den Urlaub auf diese Weise ohne Sonnenbrand und Sonnencreme. Für die Haut mag das sogar die bessere Alternative sein, für überzeugte Sonnenanbeter indes völlig untauglich.

Insgesamt verläuft unser Urlaub in Kärnten wie jedes Jahr sehr erholsam und in Bezug auf das Einkaufen recht komplikationslos. Nur die Tatsache, dass ich mir vorgenommen habe, überall Plastikmüll zu fotografieren, wo er mir unterkommt, sorgt hin und wieder für Konfliktpotenzial, da sich unsere Wanderungen und Ausflüge dadurch oftmals ziemlich in die Länge ziehen. Selbst in Kärnten, das laut Tourismuswerbung »anders ist«, findet man nämlich Plastikmüll an allen möglichen und unmöglichen Stellen. Meinen Mann nerve ich mit dieser akribischen Fotodokumentation zeitweise ganz schön, und ich selbst weiß eigentlich nicht so recht, was ich mit den Fotos machen oder erreichen will, und muss zugeben, dass diese Tätigkeit meine Laune nicht gerade hebt.

Nach unserer Rückkehr nach Eisbach fahren die Kinder für eine Woche mit dem Alpenverein auf ein Hüttenlager, während Peter und ich die seltene Gelegenheit, alleine Urlaub zu machen, für eine Reise nach Amsterdam nutzen. Da wir mit dem Zug fahren, können wir natürlich nicht so viel mitschleppen und müssen Reiseproviant inklusive Wasserversorgung gut planen, damit wir wirklich ohne Plastikmüll auskommen. Eine Rechnung, die wir allerdings ohne den Gastroservice der Deutschen Bahn gemacht haben.

Das fängt schon im Schlafwagen an, wo wir auf unerwartete Plastiküberraschungen stoßen. Sowohl Seife als auch Erfrischungstüchlein sind in Plastik eingeschweißt, und besonders erstaunt bin ich darüber, dass sogar das Wasser zum Zähneputzen in einem eigenen Plastikbecher mit Aludeckel geliefert wird. Die Wasserflasche, die als eine Art Willkommensgruß auf den Betten des Schlafwagens steht, ist natürlich ebenfalls aus Plastik, jedoch handelt es sich, wie ich nach genauerer Inspektion feststelle, immerhin um eine Pfandflasche.

Als ich schließlich im winzigen Badezimmer des Schlafwagens das Zahnputzwasser benutzen will, verschütte ich gut die Hälfte davon bereits beim Öffnen des Deckels. Der gerettete Rest kommt leider auch nicht mehr zum Einsatz, weil der Plastikbecher wegen mangelnder Standfestigkeit umkippt, während ich Zahnputzsalz auf meine Zahnbürste streue. Nachdem ich mithilfe einiger Einmalhandtücher das Bad für nachfolgende Reisende wieder benutzbar gemacht habe, stelle ich zu meinem Schrecken fest, dass ich bei einem einzigen Mal Zähneputzen noch nie so viel Müll produziert habe. Wenigstens schaffe ich es, mir die Zähne zu putzen, indem ich zwei Schluck des mitgebrachten Leitungswassers aus meiner Edelstahlflasche nehme.

Die echte Plastikschwemme erwartet uns dann am nächsten Morgen, als der Schaffner das Frühstück serviert. Angesichts einer mittlerweile fast einjährigen Plastikabstinenz, die zumindest in Bezug auf Lebensmittel sehr konsequent war, fällt es uns nicht ganz leicht, dieses Frühstück zu »verdauen«. Bis auf die Semmel ist tatsächlich jedes einzelne Teil in Plastik verpackt. Zwar hätten wir noch ein paar Stücke Brot von gestern übrig gehabt und das Frühstück zurückschicken können, doch erstens würde es dann vermutlich unberührt im Müll landen, und zweitens finde ich es ganz lustig, diese Plastikorgie für unseren Weblog mit der Kamera zu dokumentieren.

Nachdem die Tabletts abfotografiert sind, essen wir alles auf, was an diesem Frühstück nicht aus Plastik oder Karton besteht, um anschließend die voluminösen Überreste unserer Mahlzeit zu sortieren und sie wenigstens einer geordneten Mülltrennung zuzuführen, denn im Waggon befindet sich ein richtiges Mülltrennungssystem. Die beiden Plastikpfandflaschen, die wir am Vorabend mit der mitgebrachten Flasche Rotwein geleert haben, will ich dem Schaffner direkt zurückgeben. Kaum bewege ich mich mit meinem sortierten Müll den Gang entlang, stürmt der Mann gleich dienstbeflissen auf mich zu, reißt mir das ganze Zeug aus den Armen und wirft es, bevor ich protestieren kann, in einen großen Müllsack.

Ich bin sprachlos, würde ihm gerne sagen, dass es sich um Pfandflaschen handelt, dass ich Papier und Plastik säuberlich getrennt und sogar den kleinen Aludeckel der Kaffeemilch extra aussortiert habe, aber in diesem Moment erscheint es mir sinnlos, mich mit einem kurz vor der Pensionierung stehenden Schaffner auf eine Diskussion über den Sinn von Mülltrennung und Pfandsystemen einzulassen. Seit Langem spüre ich wieder einmal einen Hauch von Resignation in mir aufsteigen. Dieser Zug ist alles andere als »Kein Heim für Plastik« und damit wohl ein typisches Abbild der Realität.

Hat unser Experiment uns in eine Sackgasse geführt? Haben diejenigen recht behalten, die es von Anfang an als nett gemeinte, aber realitätsferne, idealistische Spinnerei eingestuft haben? Ich bekämpfe meine negative Stimmung. Wie würde das denn aussehen, wenn wir plötzlich das Handtuch werfen und eingestehen würden, unser ambitioniertes Projekt sei nicht mehr als ein Tropfen auf den heißen Stein? Trotzdem komme ich mir mit einem Mal sehr klein und lächerlich vor.

Peter, der nicht ahnt, welche Tragödien sich gerade in meinem Innern abspielen, empfängt mich ausgesprochen gut gelaunt, was sich auch dadurch nicht ändert, dass ich ihm empört von meinem Erlebnis und meinen trüben Gedanken berichte. Anstatt mich zu bemitleiden, weist er mich beinahe noch zurecht: »Als Erstes solltest du mal aufhören, die ganze Zeit irgendwelchen Müll zu fotografieren. Das ist der komplett falsche Ansatz, da muss man ja depressiv werden.«

Nachdem wir uns eine Weile unterhalten haben, sehe ich langsam wieder ein wenig Licht am Horizont. In gewisser Weise gebe ich Peter recht: Das ständige Fotografieren von Plastikmüll hat zweifellos den Boden für meinen momentanen Zustand bereitet, indem es den Fokus einfach zu sehr auf das Negative richtete. Also habe ich mir mein Elend hauptsächlich selbst eingebrockt! Im Grunde war es überdies von Anfang an klar, dass wir mit unserem Experiment keine Wunder zu bewirken vermögen. Nach ungefähr einer halben Stunde habe ich mich einigermaßen beruhigt und beginne mich auf Amsterdam zu freuen.

In den folgenden Tagen sind wir stundenlang mit dem Fahrrad in Stadt und Umgebung unterwegs und überzeugen uns mit eigenen Augen davon, was man immer hört: Die Niederlande sind ein Paradies für Radfahrer und uns von daher sehr sympathisch. Und zumindest in puncto Verkehrspolitik könnten wir von Amsterdam jede Menge lernen, denn obwohl eine richtige Großstadt, ist das Fahrrad hier nicht nur das beliebteste, sondern zugleich das schnellste Fortbewegungsmittel. Abgesehen davon haben mich die Lastenfahrräder mit den riesigen Gepäcktaschen, die man überall sieht, begeistert. So etwas wäre großartig für meine oft recht beschwerlichen Fahrten mit kiloweisem Einkaufsgut vom Bahnhof nach Hause. Als ich dann die tollen Packtaschen näher in Augenschein nehme, wird ein neuer Kompromiss fällig: Um den plastikfreien Einkauf leichter transportieren zu können, muss ich eine ganz und gar nicht plastikfreie Fahrradtasche in Kauf nehmen. In diesem Fall eine besonders schöne giftgrüne, die Peter gleich nach unserer Rückkehr per Internet bestellen wird.

In anderer Hinsicht bin ich übrigens weniger begeistert von unserem Urlaubsland, denn die Niederlande scheinen nicht nur als Radfahrnation einen Spitzenplatz einzunehmen, sondern auch als Müllproduzenten. Unglaublich, welche Mengen man dort sieht. Überall, selbst an den wunderschönen Stränden und in den Dünenlandschaften wimmelt es nur so vor Plastik. Und in Amsterdam selbst scheint es gerade ein Problem mit der Müllabfuhr zu geben, denn in den Straßen türmen sich teilweise Müllsäcke. Das Fotografieren gebe ich nach zwei Tagen auf.

Trotz des allgegenwärtigen Mülls überwinde ich während dieser Woche in Amsterdam meine Sinnkrise und das Motivationstief, und es gelingt mir, wieder das Positive zu sehen. Auch wenn dieser Ort sicher nicht gerade das perfekte Umfeld für Plastikverweigerer ist.

Déjà-vu an kroatischen Stränden

Teil drei unseres Urlaubs führt uns zum Ende der Sommerferien noch einmal, wie schon 2009, nach Kroatien, diesmal nach Vis. Von Split aus wollen wir mit der Fähre auf die kleine Insel übersetzen, die ich von unserem letzten Besuch vor etwa fünfzehn Jahren als ein nahezu paradiesisches Stück Erde in Erinnerung habe. Allerdings lassen mich die noch immer gegenwärtigen Bilder des Vorjahrs von müllübersäten kroatischen Stränden Schlimmes befürchten. Jedenfalls beschließen wir, nicht auch noch dazu beizutragen.

Voraussetzung dafür ist ein gut geplanter Lebensmitteleinkauf, der jedoch kein Problem sein sollte, da wir mittlerweile in dieser Hinsicht über jede Menge Routine verfügen. Die wirkliche Herausforderung stellt wieder einmal die Wasserversorgung dar. Davon ausgehend, dass das Leitungswasser auf Vis keine Trinkwasserqualität besitzt, sehen wir uns mit einem ähnlichen Problem wie zu Silvester auf der Skihütte konfrontiert. Leider kommen Gerhards alte Edelstahlkanister wegen des enormen Platzbedarfs und des beträchtlichen Gewichts diesmal nicht als Alternative infrage. Wir selbst besitzen zwar inzwischen drei 5-Liter-Glasflaschen, aber damit dürften wir nicht weit kommen bei einem zehntägigen Urlaub.

Zum Glück unterstützt uns nach wie vor ein Teil unseres Freundeskreises sehr tatkräftig bei unserem Experiment, und so ruft Veronika ein paar Tage vor der Abreise an und berichtet, sie habe in der Lagerhausfiliale ihres Wohnorts Edelstahlkanister in zwei verschiedenen Größen gefunden, die für unsere Zwecke absolut geeignet wären. Kurz darauf bin ich im Besitz eines 15-Liter-Kanisters mit Zapfhahn, der mit den drei Glasflaschen unsere Wasserversorgung zumindest für die ersten Tage des Urlaubs sichern wird. Dann müssen wir halt weitersehen. Dem plastikfreien Urlaub am Meer steht also nichts mehr im Wege, zumindest nicht was uns betrifft.

Eine Szene auf der Fähre von Split nach Vis stimmt mich dann auf amüsante Weise darauf ein, dass wir mit unserem weitgehend plastikfreien Urlaubsequipment kaum den Nerv der Zeit treffen. Vom Sonnendeck aus beobachte ich ein sehr spezielles Ritual dreier Frauen. Zuerst wischen sie eine Kunststoffsitzbank fein säuberlich mit Reinigungstüchern ab, die sie sorgfältig in die Plastikhülle zurückstecken, bevor das Ganze im Mülleimer landet. Danach nebeln sie die gesamte Bank gründlich mit Desinfektionsspray ein und decken anschließend die Sitzfläche vollständig mit Plastik ab. Ich bin fast erstaunt, dass sie anschließend nicht noch einmal desinfizieren, sondern sich endlich auf der mittlerweile sicher fast keimfreien Fläche niederlassen und mit großem Eifer beginnen, ihre Fingernägel zu lackieren. Es ist ein faszinierendes Bild, und ich wende mich erst ab, als mir die aufsteigende Geruchsmischung unangenehm in die Nase dringt.

Plastik und Hygiene, eine unendliche Geschichte – egal, ob es um die Verpackung von Lebensmitteln oder um die Reinigung von Sitzbänken geht.

Auf der Insel Vis erwarten uns neben den unverändert wunderbaren Meeresbuchten und Stränden einige positive Überraschungen. Zum einen entdecken wir beim ersten Gang in den Supermarkt, dass es hier verschiedene Sorten Mineralwasser in Pfandglasflaschen gibt – ein Luxus, der in österreichischen Supermärkten durchaus nicht mehr selbstverständlich ist. Außerdem erklärt uns die Quartiergeberin in unserem Apartment, dass das Leitungswasser auf Vis Trinkwasserqualität besitze, woraufhin wir beschließen, es zumindest zum Kochen zu verwenden.

Unverändert negativ fällt allerdings, wie befürchtet, die Allgegenwärtigkeit des Plastikmülls auf. Schon von der Fähre aus konnte man ihn sehen, selbst dort wo das Meer wunderbar blau und türkis, klar und weit schien. Kaum meinte man einen freien

Fleck entdeckt zu haben, tauchte das nächste schwimmende Plastikstück auf. Mir begann zu dämmern, dass es wohl nichts würde mit meiner netten Illusion, Vis könnte unverändert eine kleine, saubere Insel der Seligen sein. Unter dem Eindruck der unglaublichen Schönheit von Meer und Inselwelt war ich allerdings gewissermaßen bereit, diese »kleinen« Störfaktoren zu übersehen, zumal ich zu diesem Zeitpunkt keine Vorstellung vom tatsächlichen Ausmaß der Verschmutzung hatte. Ich sollte es früh genug merken.

Vis, lange Zeit militärisches Sperrgebiet, wurde erst nach dem Zusammenbruch des Vielvölkerstaats Jugoslawien in den Neunzigerjahren für Ausländer zugänglich gemacht und blieb deshalb zum Glück bislang von den Begleiterscheinungen des Massentourismus verschont. In der Stadt Vis steht nach wie vor das einzige kleine Hotel der Insel, sonst gibt es nur Apartments, Zimmer oder Häuser zu mieten.

Unsere Unterkunft liegt in dem kleinen Örtchen Rucavac, hat eine große Terrasse mit Blick aufs Meer und auf die vorgelagerten Inseln. Eine Perspektive, aus der sich das Bild einer heilen Inselwelt ganz gut aufrechterhalten lässt. Desgleichen verlaufen die ersten beiden Strandbesuche relativ harmlos. In der nahe gelegenen Bucht, die uns unsere Wirtin empfohlen hat, stehen sogar mehrere Mülltonnen und vier chemische Toiletten. Und auch als ich die wunderschöne, von flach ansteigenden Felsen umgebene Schotterbucht erstmals durchwandere, finde ich tatsächlich so gut wie keinen Plastikmüll. Ich frage mich, ob das vielleicht an der geschützten Lage der Bucht liegt. Oder ist diese kleine Insel tatsächlich aus unerfindlichen Gründen von der Müllflut des Mittelmeers verschont geblieben?

Sehr bald werden wir eines Besseren belehrt. Als wir nach drei Tagen mit der Erkundung der Insel beginnen, verwandelt sich das vorgebliche Paradies mehr und mehr zur Plastikhölle, und wir gewinnen beinahe den Eindruck, als sei die Schotterbucht lediglich eine Attrappe, um neu ankommende Touristen zum Bleiben zu verleiten.

Ständig entdecken wir jetzt unvermittelt auftauchende Müllberge und Müllhalden zwischen den unbeschreiblichen Naturschönheiten der Insel. Besonders krass ist eine riesige Deponie kurz vor Komiza, einer kleinen Stadt im Westen, auch sie eingebettet in eine wilde Küstenlandschaft mit Olivenhainen, kleinen Buchten, Steinmauern und azurblauem Meer. Ich stehe diesem Anblick mehr oder weniger fassungslos gegenüber, mache ein paar Fotos, und danach herrscht sogar bei den Kindern eine Zeit lang betretenes Schweigen. Als Peter, der ein wenig Kroatisch spricht, am Abend von unserer Wirtin auch noch erfährt, dass es auf Vis keinerlei Mülltrennung gibt, steht mein Entschluss endgültig fest, auf dieser Insel nichts als den Biomüll zurückzulassen.

Einige Tage darauf starte ich in der Stiniva-Bucht, einem der bekanntesten und schönsten Flecken der Insel, eine Sammelaktion. Innerhalb von drei bis vier Minuten haben wir einen kleinen Müllberg zusammengetragen, den ich mehrmals von allen Seiten fotografiere, was mir teilweise recht verwunderte Blicke seitens der anderen Badegäste einbringt. Mich selbst irritiert indes sehr viel mehr, dass sich all diese Menschen derartig unbekümmert mitten in den Plastikmüll legen. Kann es sein, dass ihnen das gar nicht mehr auffällt? Ist Plastik schon zu einem integralen Bestandteil dieser Landschaft geworden?

Ein Bekannter hat unlängst gemeint, dass es für unsere Enkelkinder möglicherweise völlig normal sein werde, auf »Plastikstränden« Urlaub zu machen. Plastik statt Schotter, Sand und Fels – das Bild, das diese Bucht mit ihren Badegästen an diesem Tag bei mir erzeugt, ist nicht weit von einer solchen Zukunftsvision entfernt. Wenn man etwas lange genug ignoriert, wird es irgendwann vermutlich zur Normalität. Vielleicht gelingt es eines Tages sogar, den Menschen durch gezielte Kampagnen einzureden, die bunten »Plastikstrände« seien eine spezielle Art von

Recycling, das man ja schon heute gerne als Rechtfertigung für eine unkontrollierte Verwendung von Plastik benutzt. Immer wieder muss ich in diesem Urlaub gegen solch zynische und destruktive Gedanken ankämpfen, und immer wieder steigen in mir ähnliche Gefühle hoch wie nach der missglückten Mülltrennung im Zug nach Amsterdam.

Den Gipfel des Plastikwahnsinns erleben wir zwei Tage später. Wir wollen uns in der Nähe der Stadt Vis ein altes Haus ansehen, das uns als mögliches Ferienquartier für den nächsten Sommer interessant erscheint. Von Weitem sieht alles perfekt aus. Das Haus, aus Natursteinen gebaut, ist umgeben von Weingärten und steht einsam auf einer Landzunge, rundherum freier Blick aufs Meer, die Hänge mit wildem Rosmarin und Lorbeer bewachsen, die Küste schroff und felsig mit zwei entzückenden kleinen Schotterbuchten. Doch schon auf dem Weg dort hinunter schwant mir Böses. Die bunten Flecken, die ich in einem anfänglichen Anflug von »Nicht-wahrhaben-Wollen« für liegen gebliebene Handtücher gehalten habe, erweisen sich beim Näherkommen als riesige Plastikmüllfelder. Wieder kann ich es nicht lassen, diesen fast schauerlichen Kontrast auf zahlreichen Fotos festzuhalten, womit ich mir bei meiner Familie den Beinamen »Mülljournalistin« einhandle.

Ich trage es mit Fassung, denn ich betrachte meine Fotodokumentation als wichtigen Akt gegen das Verdrängen. Als Peter und Marlene allerdings ihren Versuch, sich im klaren Wasser der Bucht ein wenig abzukühlen, abbrechen müssen, weil überall winzig kleine Plastikfetzen herumtreiben, kommen mir doch die Tränen. Peter nimmt mir wortlos den Fotoapparat aus der Hand und ruft den Kindern zu, dass es Zeit sei aufzubrechen.

Immer wieder fällt mir auf, dass hier auf Vis Negatives und Positives oft nah beieinanderliegen, wie das Beispiel der Pfandflaschen im Supermarkt zeigt, wo es Mineralwasser sowohl in

Plastik- als auch in Glaspfandflaschen gibt. Oder der Bäcker, der jeden Morgen nach Rucavac kommt, und die Gemüsefrau, die alle zwei Tage erscheint. Wir genießen es, an ihren Wägen einzukaufen, obwohl es auch dort die üblichen Plastiktaschen gibt. Wenn man nichts sagt. Trotz sprachlicher Barrieren haben beide schon beim zweiten Einkauf begriffen, dass wir die Waren direkt in meine Stofftasche gepackt bekommen wollen. Und einmal wurde mir sogar mit verschmitztem Lächeln eine Papiertüte vor die Nase gehalten, weil meine Tasche bereits voll war.

Nur der Weinverkäufer hat anfangs nicht kapiert, was wir meinen, und schickte sich schon an, die Flaschen samt Plastikumhüllung in meinem Stoffbeutel zu versenken. Auch wenn Peter ihm mühsam klarmachen konnte, dass wir kein Plastik wollen, ließ sich nicht verhindern, dass die unerwünschten Plastiksackerl unbenutzt direkt im Müll landeten.

In unserer auf wundersame Weise fast plastikfreien Bucht in Rucavac lernen wir eine bayrische Familie mit zwei Kindern kennen. Die Eltern, Elisabeth und Martin, interessieren sich zunächst primär für unsere Edelstahljausenboxen, doch als wir ihnen ein wenig von unserem Experiment erzählen, sind sie ganz aus dem Häuschen, berichten, sie hätten uns vor Kurzem im deutschen Fernsehen gesehen, und wollen es ganz genau wissen. Sie bewundern unsere Konsequenz, und Elisabeth erklärt, dass sie selbst zwar ihr Möglichstes versuche, nur gebe es leider in ihrem Ort kaum sinnvolle Einkaufsmöglichkeiten.

In unseren angeregten Gesprächen betone ich immer wieder, dass auch unsere Konsequenz ihre Grenzen habe und dass es nicht um Perfektion gehe, zumal das Thema Plastik ja nicht das Einzige sei, das uns beschäftige. Gerade bei Menschen, die in Sachen Müllvermeidung bereits ein ausgeprägtes Problembewusstsein mitbringen, ist es mir besonders wichtig, darauf hinzuweisen, dass selbst kleine Schritte Sinn machen. Meiner Erfahrung nach führt es bloß zu Frustrationen, wenn man den Ehrgeiz übermäßig anstachelt.

Da unsere Quartiere nicht weit voneinander entfernt liegen, treffen wir die Familie in der Früh auch beim Bäckerwagen. Und da traue ich meinen Augen nicht. Obwohl sie in unseren Gesprächen sehr ernsthaft an der Beachtung einfacher Alternativen interessiert zu sein schienen, tragen sie Brot und Gebäck plastikverpackt weg. Ich enthalte mich eines Kommentars, weil ich mich nicht als Plastikpolizei aufspielen will, aber unverständlich und irgendwie unakzeptabel finde ich die Sache doch. Es will mir nicht in den Kopf, dass Leute, die sich angeblich ehrlich um Müllvermeidung bemühen, die simpelste aller Möglichkeiten nicht wahrnehmen. Demonstrativ halte ich dem Bäcker meine Stofftasche hin.

Peter hingegen findet das alles nicht verwunderlich. »Überleg mal, wie du vor einem Jahr hier eingekauft hättest. Ich wette, du würdest genauso automatisch dein Plastiksackerl mit dem Gebäck angenommen haben und wärst zufrieden damit gewesen, dass du es in den Müll wirfst und nicht einfach am Strand liegen lässt oder es ins Meer schmeißt. Und du hättest dich deswegen keineswegs als große Umweltsünderin gesehen, oder?«

Ich würde Peter gerne widersprechen, aber mir fällt nichts ein. Er hat in der Tat einen wunden Punkt getroffen. Möglicherweise reagiere ich deshalb so allergisch, weil ich schließlich selbst nicht von alleine draufgekommen bin, grundsätzlich und zuallererst einmal keine neuen Plastiktaschen mehr zum Transport von Einkäufen zu verwenden. Und dass wir alle dazu neigen, mit den kompliziertesten Dingen anzufangen und die ganz einfachen zu übersehen, das ist schließlich ebenfalls nichts Neues.

Als kleinen Anstoß schenke ich Elisabeth am nächsten Tag zwei von unseren Bioplastikbeuteln aus Maisstärke und betone, dass Brot und Gebäck sowie Gemüse darin besonders lange haltbar seien und man sie außerdem zum Einfrieren nutzen könne. Elisabeth staunt nicht schlecht, dass ich innerhalb eines knappen Jahres nicht einmal zehn Stück verbraucht habe, weil ich sie immer wieder auswasche. Schließlich diskutieren wir ziemlich ausgiebig über die sinnvolle Verwendung von unterschiedlichen Materialien und kommen gemeinsam zu dem Schluss, dass die Existenz von Bioplastik keinesfalls dazu verleiten dürfe, so viel davon zu verschwenden, dass das Müllproblem lediglich verlagert wird. Besonders freut es mich natürlich, dass Martin am nächsten Tag dem Bäcker die Maisstärkebeutel hinhält. »Schau, schon umgestellt. Das geht schnell bei uns«, sagt er zu mir.

Nach wie vor besuchen wir täglich unsere unverhältnismäßig saubere Bucht. Erst gegen Ende unseres Urlaubs erfahren wir allerdings den Grund für diesen erstaunlichen Zustand. Ein Tavernenbesitzer erzählt es Peter. Es hat nichts mit geschützter Lage oder dergleichen zu tun, sondern einfach damit, dass die Bucht jeden Morgen, lange bevor sich die ersten Touristen an den Strand bewegen, gründlich entmüllt wird. Die Kehrseite dieser Aktionen entdecke ich, als ich am vorletzten Abend unseres Aufenthalts einen Strandlauf in die abgelegenere Nachbarbucht unternehme. Hier ist anscheinend alles aufgetürmt worden, was sich während einer Saison in der großen Badebucht angesammelt hat – alles was man sonst über die Strände verteilt findet: Plastikflaschen, Plastikverschlüsse, Tüten, Beutel und Taschen in allen Farben und Größen, Verpackungen aller Art, dazu Schuhe, kaputte Taucherflossen, Styroporreste, alte Reifen und vieles mehr. Sozusagen als würdigen Abschluss mache ich von dem riesigen Müllhaufen ein letztes Foto für meine Dokumentation zum Thema Plastikmüll im Urlaub. Zumindest einige dieser erschütternden Bilddokumente würde ich nach unserer Rückkehr auf dem Blog veröffentlichen. Obwohl solche Bilder nicht unbedingt motivierend sind, können sie vielleicht zumindest diejenigen ein wenig wachrütteln, die noch an das Märchen von einem weitgehenden Plastikmüllrecycling glauben.

Am nächsten Tag verpacken wir bis auf den Biomüll alles, was wir in zehn Tagen an Müll produziert haben, wieder in unseren Kofferraum. Es sind in erster Linie Gläser und Flaschen, ein paar Metallverschlüsse und Papier- oder Kartonverpackungen sowie die Überreste unserer Urlaubsplastiksünden in Form von zwei leeren Chipspackungen und einer großen Joghurtflasche. Im Hafen von Vis kaufen wir noch ein paar Flaschen Wein und erleben bei dieser Gelegenheit einen versöhnlichen Abschluss unserer ansonsten doch recht zwiespältigen Plastikerfahrungen. Die Verkäuferin im Weinladen nickt gleich ganz verständnisvoll, als sie unsere Stofftasche sieht und gibt uns auf Englisch zu verstehen, dass sie all das Plastik ebenfalls schrecklich finde.

Auf der Fähre lasse ich das Erlebte und Gesehene Revue passieren. Angesichts der Strände von Vis habe ich mir immer wieder die Sinnfrage gestellt, denn in manchen Momenten erschien mir unser Experiment wie ein winziges Sandkorn im riesigen Plastikuniversum – ohne die geringste Chance, jemals auf ein anderes zu treffen. Aber trotz Verzweiflung und Fassungslosigkeit über die gigantische Zerstörung inmitten einer paradiesischen Umgebung siegte im Endeffekt mein Widerstandsvermögen über das Ohnmachtsgefühl – ähnlich wie bei dem Albtraumerlebnis im Schlafwagen nach Amsterdam, das allerdings im Vergleich zum Müllinferno auf Vis vergleichsweise harmlos war. Es ist wohl eine Mischung aus Eigensinn, Trotz, Leidenschaft und Hoffnung, die mich immer wieder dazu bringt, mich auf die Dinge zu fokussieren, die ich persönlich beeinflussen und verändern kann. Und das ist, denke ich, auch Sinn der Sache: sich beschränken auf das, was wirklich im Bereich der eigenen Möglichkeiten liegt.

Als wir etwa eine halbe Stunde unterwegs sind, werfe ich einen Blick zurück. Da liegt sie, die Insel, und sieht aus der Ferne völlig heil und unversehrt aus, und damit endet plötzlich alles Zweifeln und Hadern der letzten Tage. Es ist ein hoffnungsvolles Bild, denn es zeigt mir, dass in uns Menschen neben allem Potenzial für Zerstörung und Ausbeutung auch etwas ganz anderes steckt: die Sehnsucht nach Schönheit, Unberührtheit und Lebendigkeit. Und dieses Gefühl will ich mir bewahren und mit nach Hause nehmen.

Handys und »geplante Obsoleszenz«

Gleich nach unserer Rückkehr aus Vis ging die Schule wieder los. Ich war heilfroh, dass wir noch eine gewisse Grundausstattung an Schulartikeln zu Hause hatten. Als zum ersten Mal die Klebstoffnachfüllflasche zum Einsatz kam, war ich positiv überrascht, wie einfach die Handhabung ist. Im Übrigen gab ich, um mir die Arbeit zu erleichtern, eine Großbestellung bei einem Ökoversand auf. Seit Samuel ins Gymnasium gekommen ist, nervt es mich nämlich regelmäßig, dass mindestens die ersten zwei Wochen nach Schulbeginn jeden Tag neue Bestellungen für Hefte, Mappen oder Schreibartikel eintrudeln.

Für die Bestellung orientierte ich mich einfach an den Erfahrungswerten der letzten Jahre, eine kleine Reserve eingerechnet, und erreichte leicht den Mindestbestellwert für einen kostenfreien Versand. Alle Hefte und Papierwaren dieses Anbieters sind aus Recyclingpapier und preislich sogar günstiger als beim Schreibwarendiscounter. Aufgrund meiner bisherigen Erfahrungen mit Versandhäusern rechnete ich zwar kompromissbereit damit, dass sich in der Verpackung diverse Plastikhüllen verstecken würden, doch wurde ich ausnahmsweise einmal positiv überrascht. Ein zusätzliches Plus für die neue Einkaufsvariante.

Was die Ausstattung aller drei Kinder mit Schulpatschen (Hausschuhen) sowie Hallen- und Laufschuhen für den Turnunterricht und Fußballschuhen für den Verein anbelangt, kenne ich leider bisher keine wirklich befriedigende Lösung. So weit möglich werden diese Schuhe natürlich unter den Geschwistern weitergegeben, und ich tausche überdies ständig mit Nicole, aber nichtsdestotrotz muss jedes Jahr einiges neu angeschafft werden.

In diesem Bereich allerdings nach Plastikfreiheit zu fragen ist absurd. Die meisten Sportschuhe für Kinder bestehen sowieso vollständig aus Kunststoff – Ledervarianten gibt es nur vereinzelt und zu horrenden Preisen, die ich maximal für Schuhe ausgeben bereit wäre, die täglich getragen werden. Bleibt eigentlich nur, um zumindest nicht allzu viel neue Kunststoffprodukte anzuschaffen, den Tauschhandel weiter zu intensivieren und notfalls zusätzlich ein paar Secondhandshops abzuklappern. Diese Strategie wenden wir inzwischen übrigens in vielen anderen Bereichen an, wo sich Plastik nicht vermeiden lässt und wir nur versuchen können, unseren Umgang damit zu verändern, indem wir möglichst auf gebrauchte Dinge zurückgreifen – egal, ob bei Kleidung, Schuhen, elektronischen Geräten oder Sportausrüstung.

Diesmal gelang es mir jedenfalls, bis auf ein Paar Fußballschuhe für Samuel und ein Paar Schulpatschen für Marlene den gesamten Schuhbedarf der Kinder im Freundeskreis aufzutreiben, und im Gegenzug gab ich sechs Paar Schuhe aus unserem Fundus weiter. Das Geld, das wir auf diese Weise sparten, können wir später für die Anschaffung neuer Winterschuhe gut brauchen.

Nicht lange nach Schulbeginn, Anfang Oktober, steht Samuels Geburtstag an. In diesem Jahr wünscht er sich ein Handy. Nun gut, in seinem Alter muss man damit rechnen, und überdies bemühen sich beide Omas seit Langem nach Kräften, meinen massiven Widerstand und Samuels Desinteresse zu durchbrechen. Jetzt aber scheint der Wunsch eindeutig von ihm selbst auszugehen. Meine anfängliche Taktik, einfach nicht darauf zu reagieren, scheitert daran, dass plötzlich die ganze Familie – bis auf

Leonard, für den das Thema noch völlig uninteressant ist – beginnt, sich mit der Handyauswahl zu beschäftigen.

Und einfach ein Veto einlegen? Schwierig, denn unbemerkt und klammheimlich hat sich Peter auf Samuels Seite geschlagen. Und zwar mit einer Begründung, die ganz typisch ist für meinen Mann. Er argumentiert nämlich keineswegs damit, dass unser Sohn als Einziger in der Klasse noch kein Handy hat, sondern er behauptet, ich sei durch mein ausgiebiges Telefonieren ein so schlechtes Vorbild, dass ich Samuel ein eigenes Handy schwerlich weiterhin verweigern könne.

Er hat nicht ganz unrecht. Seit ich vor fünf Jahren ein eigenes Handy angeschafft habe, telefoniere ich viel mehr als früher – zu viel, wie er meint. Und durch unser Experiment hat sich die Menge der Telefonate zugegebenermaßen noch um einiges gesteigert. Obwohl ich weiß, dass Peter mich mit dieser Aussage ein wenig provozieren will, sehe ich mich doch genötigt, mich langsam mit dem Gedanken an ein Handy für Samuel anzufreunden.

Unser Ältester ist indes nicht untätig geblieben und hat auf eigene Faust im Internet recherchiert, um mir stolz ein Gerät aus Bioplastik zu präsentieren. Allerdings kostet das gute Stück über 200 Euro und wird von einer Umweltorganisation trotz Biomaterial nicht allzu gut bewertet. Für mich stellt sich außerdem immer noch die grundsätzliche Frage, ob ein Vierzehnjähriger wirklich ein Handy braucht.

Verschärft wird die Situation zusätzlich dadurch, dass mein eigenes Handy im Begriff ist, den Geist aufzugeben. Trotz mehrerer Reparaturversuche durch Peter, der sich bei solchen Dingen an und für sich sehr gut auskennt, fällt es ständig aus oder gibt den Ton nur so leise wieder, dass ich kaum ein Wort verstehe. Ich werde mich also wohl oder übel nach einem neuen Gerät umsehen oder wieder auf reinen Festnetzbetrieb umstellen müssen, was ich mir momentan allerdings nicht wirklich vorstellen kann.

Mitten in diesem schwierigen Entscheidungsfindungsprozess sehen wir im Fernsehen eine Dokumentation mit dem Titel *Kaufen für die Müllhalde*, in der es hauptsächlich um ein Phänomen geht, von dem ich zumindest in dieser Diktion noch nie gehört habe. Es nennt sich »geplante Obsoleszenz« und verschleiert eine Methode, mit der die Hersteller von Produkten sicherstellen, dass der Umsatz stimmt und keine Sättigung des Marktes eintritt. Im Klartext: Bereits bei der Produktion werden künstlich kleine Fehler eingebaut, die über kurz oder lang zu Ausfällen führen. Haltbarkeit mag bei Produkten, die neu auf den Markt kommen, einen Kaufanreiz darstellen – bei etablierten Erzeugnissen ist sie jedoch von untergeordneter Bedeutung, denn gekauft wird sowieso. Und praktischerweise kann niemand überprüfen, ob die Lebensdauer eines Geräts künstlich reduziert wurde.

Am Ende der Dokumentation hätte ich am liebsten sofort bei der Herstellerfirma meines Handys angerufen und mich beschwert. Peter wirft zwar ketzerisch ein, dass hier wohl eher oftmaliges Hinunterfallen als Grund für die Ausfälle anzunehmen sei, was ich mit Hinweis auf unser altes Handy zurückweise, das trotz mancher Stürze und unsanfter Behandlung lange Jahre brav seinen Dienst getan hat. Vielleicht ist in dieser Hinsicht wirklich was dran an dem bei älteren Menschen so beliebten Spruch, dass früher alles besser gewesen sei.

Wie auch immer: Die »geplante Obsoleszenz« ist meiner Meinung nach eine wirklich einleuchtende, wenngleich sicher nicht die einzige Erklärung für die schlechte Haltbarkeit vieler Produkte speziell im Elektronikbereich. Jedenfalls finde ich die neuen Informationen sowohl hinsichtlich der anstehenden Handyentscheidungen als auch in Bezug auf das Thema Plastik höchst interessant, denn speziell in diesem Bereich scheint ja das Kaputtgehen in vielen Fällen vorprogrammiert. Wenn ich nur an all das Kinderspielzeug aus Plastik denke, dass im Eiltempo bei uns auf dem Müll landete, obwohl dieses Material eigentlich auf besondere Langlebigkeit angelegt ist – man denke nur daran, wie lange ein simples Plastiksackerl braucht, um zu verrotten. Zwar habe ich mich oft über die schlechte Qualität gewundert und geärgert, wäre aber im Traum nicht auf die Idee gekommen, dass dem ein vorsätzlicher Einbau von kleinen Fehlern zugrunde liegen könnte.

Was aber bedeuteten diese neu gewonnenen Einsichten für unser Handyproblem? Dass wir uns nach einem sehr robusten und reparaturfähigen Modell umsehen müssen? Nur: Wie lässt sich das erkennen, denn der Preis allein ist offensichtlich kein Garant für einwandfreie Qualität. Da scheint es mir fast sinnlos, hoffnungsvoll viel Geld auszugeben, um vermutlich am Ende enttäuscht zu werden. Allerdings frage ich mich durchaus, ob das so sein muss, dass Geräte, nicht nur Handys, manchmal bereits während der Garantiezeit im Müll landen, weil es keine Ersatzteile mehr für sie gibt? Wenn das kein Irrsinn ist!

Peter fällt schließlich zumindest eine Lösung ein. Er erinnert sich, dass meine Schwester erst unlängst erzählt hat, bei ihr zu Hause würden noch einige funktionstüchtige Handys herumliegen. Als ich Kerstin am nächsten Tag anrufe, bestätigt sie das und erklärt sich bereit, uns zwei davon zur Verfügung zu stellen. Sie will sie gleich am nächsten Tag vorbeibringen, weil sie die ständigen Aussetzer meines maroden Geräts bei unseren Telefongesprächen gewaltig nerven. Das sei ja kein Zustand, meint sie.

Für uns eine ähnlich elegante Lösung wie bei den Sportschuhen für die Kinder. Wir haben das Handyproblem aus der Welt geschafft, ohne die Wegwerfpolitik zu unterstützen und neues Plastik in Umlauf zu setzen, und für Samuel ist es ebenfalls eine glückliche Fügung: Er darf bis auf Widerruf eines von Kerstins gebrauchten Geräten benutzen, sofern er sein Limit nicht überschreitet. Ohne es an die große Glocke zu hängen, habe ich mir selber ebenfalls eines gesetzt, meine Mailbox besprochen und darauf fixe Anrufzeiten festgelegt, um meine Telefongespräche auf diese Weise deutlich zu reduzieren.

Überdies ist mir durch die ganze Handydebatte mal wieder klar geworden, dass es in erster Linie immer darum geht, das eigene Verhalten zu überdenken, wenn man anderen, in diesem Fall meinen Kindern, einen bewussteren Umgang mit solchen Dingen nahebringen will. Ebenso habe ich gemerkt, dass es bei Handys nicht unbedingt um Plastik an sich geht, sondern um einen nachhaltigen Umgang damit. Gleiches gilt auch für Metalle und sogenannte »seltene Erden«, die in der Produktion von Mobiltelefonen eingesetzt werden. Kunststoff aus diesem sowie aus dem gesamten Elektronikbereich wegzubekommen, das wird momentan nicht möglich sein und wäre zudem kaum sinnvoll. Wohl aber scheint es ein Gebot der Stunde, auf qualitativ hochwertige, langlebige Produkte zu setzen, die möglichst unkompliziert zu reparieren sind und deren Bestandteile sich am Ende für neue Handys recyceln lassen.

Völlig unabhängig von solchen Überlegungen bleibt natürlich die Forderung nach schadstofffreiem Kunststoff bestehen, zuallererst für so heikle Bereiche wie Schnuller und anderen Babybedarf. Außerdem besteht unverändert Bedarf an neuen Techniken, die eine echte stoffliche Wiederverwertung gewährleisten. Die Entwicklung genau solcher Stoffe, Techniken und Produktionsverfahren würde sowohl die nicht erneuerbare Ressource Erdöl entlasten, als auch dem Bedürfnis nach gesundheitlich unbedenklichen Produkten gerecht werden und wäre damit sogar eine wirkliche Zukunftschance für die Plastikindustrie.

Leider zeigt gerade diese bislang wenig Interesse an einem solch innovativen Prozess, sondern gefällt sich eher in der Verteidigung des Istzustands. Manchmal gewinne ich sogar den Eindruck, dass es den Vertretern dieser Branche wichtiger ist, die Ökobilanz anderer Materialien wie Papier und Glas schlechtzumachen, als sich ehrlichen und nachvollziehbaren Verbesserungsmöglichkeiten im eigenen Bereich zu widmen. Wie komplex das

Problem ist, das belegt recht anschaulich eine kontroverse Diskussion auf unserem Blog *Kein Heim für Plastik* mit einem Kunststofftechniker, den ich hier Herrn P. nennen will.

Schönen guten Tag!

Durch den Bericht in einer Radiosendung bin ich jetzt mal hier angelangt, habe mir einige Beiträge durchgelesen und mir nach ein zwei Tagen dann gedacht, einen Kommentar zu schreiben, weil ich das Ganze hier doch erschreckend finde. Woher kommt diese umfassende und undifferenzierte Ablehnung des »Plastik« in jeder Darreichungsform. – Mich erinnert diese hier gezeigte Einstellung in ihrer Ignoranz, Verallgemeinerung und Intoleranz erschreckend an die Rechtspopulisten – was dem einen sein Minarett ist dem anderen sein Plastiksackerl. Ob Argumente schlüssig sind, Probleme den richtigen Verursachern zugeordnet werden, bessere und brauchbare Alternativen angeboten werden, zählt nicht, der schnelle coole Triumph in den Medien zählt.

Wenn ich nur oberflächlich die Berichte zum Badezimmer durchlese – da geht es ja um die Verurteilung von allem Möglichen, ob aber ein ungeliebtes Shampoo in einer Glasflasche, einer Kunststoff- oder Alutube geliefert wird, ist doch komplett egal – lassen Sie doch Ihren Unmut über fragwürdige Kosmetika nicht an der Verpackung aus.

Warum regt man sich über »Plastiksackerl« auf, die in der Landschaft herumfliegen, und nicht über diejenigen, die sie einfach wegwerfen? Mich stört der Dreck in der Landschaft ebenso, aber mir ist es relativ egal, ob mir ein Zeitungspapier, ein McDonald's-Karton, eine Aludose um die Ohren geweht werden, lediglich zerbrochene Glasflaschen finde ich besonders blöd, und Kronkorken, auf die man steigt.

Kunststoffverpackungen sind, richtig angewendet, ebenso hervorragende Verpackungen wie Blech, Papier und Glas –

alles aber richtig angewendet, nicht in die Landschaft
geworfen.
Für Getränke »on the go« oder lange Lagerdauer: Aludose.
Für Spirituosen: Glasflasche.
Für schnell getrunkene Säfte: PET.
Milch und Fruchtsaft: Tetrapacks.
Alles wunderbar.
Am Strand: Aludose hässlich, PET-Flasche und Tetrapacks
hässlich, Glasscherben und Kronkorken gefährlich.
Und Verpackung an sich hat viele wichtige Aspekte – überlegen
Sie mal, was alles an Lebensmitteln nicht verdirbt, weil es nach
neuestem Stand der Technik verpackt wird.
Und ja – ich habe Kunststofftechnik und Maschinenbau
gemacht und entwickle neben Sportartikeln, Kfz-Teilen,
Handys und so auch immer wieder Verpackungen.

Lieber Herr P.!
Das nur »oberflächliche« Durchlesen einzelner Geschichten
dieses Blogs führt leider oft zu gewissen Missverständnissen.
Wenn Sie den Blog etwas weniger oberflächlich durchlesen,
werden Sie aber bemerken, dass es in unserem Experiment
immer darum geht, möglichst sinnvolle, praktikable und vor
allem nachhaltige Lösungen zu finden.
Ich halte zum Beispiel nichts davon, Plastikeinwegver-
packungen durch Alueinwegverpackungen zu ersetzen, da die
Gesamtökobilanz dieses Materials sehr schlecht ist. Im
Übrigen enthalten auch die meisten anderen von Ihnen
genannten Müllarten Plastik (z. B. Kronkorken, Tetrapacks,
viele Weißblechdosen ...)!
Leider reduziert sich das globale Problem mit (Plastik-)Müll
nicht auf einzelne »Bösewichte«, die ihre Plastiksackerln in die
Natur werfen. Wenn Sie in den letzten Jahren mal an
irgendeinem Meer geurlaubt haben, ist Ihnen vielleicht

aufgefallen, dass der (Plastik-)Müll in rauen Mengen aus dem Meer angespült wird. Hier geht es nicht um einzelne Umweltsünder, sondern um »Müllentsorgung« im großen Stil. Und ich bin nun mal der Meinung, dass wir alle durch den völlig unreflektierten Umgang mit Verpackungsmaterial insbesondere mit Plastik, einen Industriezweig unterstützen, der bis jetzt alles andere als nachhaltig agiert.

Als Konsumentin habe ich bis jetzt keine Möglichkeit zu erkennen, ob und in welchem Ausmaß schädliche Stoffe in den einzelnen Plastikprodukten enthalten sind. Daher meide ich sie so weit wie möglich, vor allem wenn es sich auch noch um Dinge handelt, die nach einmaligem Gebrauch bereits wieder im Müll landen. Auch bei Glasverpackungen bevorzuge ich übrigens Mehrwegsysteme!

Die Tatsache, dass wir unseren Plastikmüll seit Beginn des Experiments um ca. 95 bis 98 Prozent und den restlichen Müll um ca. 50 Prozent reduzieren konnten, reicht mir als persönliche Bestätigung. Darüber, dass sich auch Medien im Moment zumindest teilweise für diese Thematik interessieren, freue ich mich natürlich, empfinde es aber keineswegs als Triumph, da mediales Interesse für solche Themen leider meist nur sehr kurzfristig besteht, das Thema meiner Meinung nach aber langfristig und ernsthaft behandelt werden muss.

Ich bemühe mich in meinen Geschichten trotz der Ernsthaftigkeit des Themas immer auch um einen humorvollen Zugang und darum, Alternativen aufzuzeigen, die auch die persönliche Lebensqualität verbessern können. Dabei geht es mir nicht um der »Weisheit letzten Schluss«, sondern um kontinuierliche Weiterentwicklung und um »Voneinanderlernen«. Deshalb kann ich mit dem Vorwurf der Intoleranz und Ignoranz beim besten Willen nichts anfangen.

Auch wenn es meiner Meinung nach mehr als genug Argumente dafür gäbe, Plastiksackerl bzw. den bisherigen verschwenderischen Umgang damit zu verbieten, habe ich bereits darauf hingewiesen, dass ich persönlich gerade an einem Projekt in unserer Region arbeite, das darauf abzielt, KonsumentInnen und Wirtschaftsbetriebe dazu zu motivieren, den Plastikkonsum sowie Einwegverpackungsmaterial auf freiwilliger Basis zu reduzieren.

Den Vergleich mit jeglicher Form von Rechtspopulismus, empfinde ich in diesem Zusammenhang als widerwärtig und höchst unpassend, habe allerdings die Erfahrung gemacht, dass solche »Schläge unter die Gürtellinie« meistens nur von Menschen ausgeteilt werden, die sich selbst in irgendeiner Form persönlich angegriffen fühlen. Sollte diese persönliche Betroffenheit bei Ihnen mit Ihrer beruflichen Tätigkeit als Kunststofftechniker zusammenhängen, so möchte ich Ihnen gerne sagen, dass es mir fernliegt, diesen Berufsstand anzugreifen.

Im Gegenteil: Ich finde diesem Beruf kommt sogar eine extrem große Verantwortung und eine sehr wichtige Rolle zu, wenn es darum geht, für Bereiche, wo Kunststoffe sinnvoll eingesetzt werden können (Medizin, Technik ...) Materialien und Techniken zu entwickeln, die ohne den Einsatz von gesund-heitsgefährdenden Stoffen für Produzenten und Verbraucher auskommen und möglichst wenig Schaden an unseren Lebensräumen anrichten.

In diesem Sinne wünsche ich Ihnen viel Motivation für die weitere Ausübung Ihres Berufs.

Sandra Krautwaschl

Kurz darauf ist schon die Antwort da:

Schönen guten Abend!
Mein Bezug auf Rechtspopulismus hat nichts mit einer eventuellen persönlichen Befindlichkeit meinerseits zu tun,

sondern ich empfinde viele Argumentationen hier ganz ähnlich wie die typischen Argumentationen der Rechtspopulisten.

Sie schreiben über Schadstoffe in Plastiksackerln – Sie unterstellen, dass da Schadstoffe enthalten seien, woanders schreiben Sie, dass Sie gar nicht die Möglichkeit haben, festzustellen, ob welche enthalten sind. Sie haben aber auch nicht die Möglichkeit, bei irgendeinem anderen Verpackungsmaterial festzustellen, ob da Schadstoffe drin sind.

Sie schreiben über die anderen Müllarten und verdrehen meine Aussage, denn ich habe von Verpackungsarten gesprochen bzw. von Verpackungsmaterialien – und ja, Sie werden feststellen, dass es fast keine Verpackung gibt, die wirklich nur mit einem Material auskommt, und selbst beim Glas müssen Sie entweder Raubbau an den Korkeichen treiben oder auf Plastik (pur oder im Metallverbund) zurückgreifen, um diese zu verschließen.

Und ja – ich bin viel an Meeren und Seen unterwegs, und ich finde den Mist schlimm, aber im Gegensatz zu Metall schwimmen die meisten Kunststoffe eben.

Warum setzen Sie Plastik mit Einweg gleich? Ich kenne keine wiederbefüllbaren Papierverpackungen, keine wiederbefüllbaren Konservendosen, und die wiederbefüllbaren Glasverpackungen sind absolut im Rückzug. Warum argumentieren Sie nur gegen Plastik, wenn Sie eventuell gegen Einweg argumentieren wollen?

Schön, wenn Sie bei Glasverpackungen Mehrwegsysteme bevorzugen. Allerdings gibt es nur sehr wenige Produkte in Glasmehrwegsystemen, außer Bier fällt mir da nicht sehr viel ein, bei Bier wird Einwegglas immer weiter verbreitet – aus vielen Gründen. Im Kosmetikbereich kenne ich kein Pfandsystem, und sonst fällt mir auch nicht sehr viel ein. Und bedenken Sie bitte, dass Mehrwegsysteme nur im engen regionalen Bereich funktionieren können, ab einer gewissen

Transportstrecke ist der Transport der sehr schweren
Verpackungen kontraproduktiv; dazu kommen erhebliche
Aufwendungen an Energie und Wasser, um die Mehrweg-
verpackung vor der Wiederverwendung ordentlich zu reinigen.
Scheinbar haben Sie das noch nicht bedacht, oder es passt
eben nicht in Ihr Konzept. Sie meiden Plastikprodukte, wenn
sie nach einmaligem Gebrauch im Müll landen – gut, hört sich
schön an. Welche Produkte sind denn das, und haben Sie
vergleichbare Produkte aus anderem Material, die sie öfter
verwenden können? Mir fällt da momentan nichts ein – na ja
ein paar polemische Papierbeispiele vielleicht.
Und zu Ihrem Abschluss – mir macht es immer noch viel Spaß,
Produkte besser zu gestalten. Ob der Kunde mit seinem
Snowboard einen schönen Tag hat, kann ein Ansatz sein, ein
anderer kann aber sein, eine Verpackung besser zu gestalten,
und es ist meiner Meinung nach durchaus ein Vorteil, wenn
ein Produkt aufgrund einer besseren Verpackung die doppelte
Lebensdauer hat, dadurch nicht weggeworfen oder mehr
Personen zugänglich wird und entweder für die einfache
Ernährung dient oder halt nur mehr Lebensfreude beschert. Es
muss nicht immer nur die Medizin oder die Raumfahrt sein, es
ist auch toll wenn der Saft nicht zu schnell verschimmelt. Und
danke – für ein paar Jahre hab ich in jedem Fall noch
Motivation.

Lieber Herr P.!
Meine Beschäftigung mit dem Thema hat mich mittlerweile
ausgesprochen viele Mehrwegverpackungsvarianten finden
lassen. (Vielleicht lesen Sie mal als Erstes die »plastikfreien
Einkaufstipps«!!) Und überhaupt denke ich nach Ihrer Antwort,
dass es müßig ist, weiter über »Alternativen« zu diskutieren,
wenn Sie sich gar nicht die Mühe machen wollen, zumindest
mal die in diesem Blog vorhandenen Alternativen genauer

*durchzulesen. Wie gesagt: Ich kann mit dem Argument der
Intoleranz oder Radikalität nichts anfangen, lade Sie aber
hiermit ein, uns einmal persönlich in unserem Haushalt zu
besuchen und sich ein konkretes Bild von den möglichen
Alternativen zu machen.*

*Jedenfalls kaufen wir mittlerweile ohne größere Probleme ca.
80 Prozent unserer Lebensmittel so ein, dass wir immer wieder
verwendbare Behälter, Taschen oder Kisten (die zum Teil auch
aus Plastik sind) verwenden. (Es gibt wunderbare Behälter aus
Metall, Glas und Keramik, die man immer wieder befüllen
kann.) Der Rest ist in Papier und Glas verpackt, wie auch schon
vor dem Experiment. Und im Gegensatz zu früher werden uns
durch den viel bewussteren Umgang mit Lebensmitteln, trotz
der kürzeren Haltbarkeit, jetzt kaum mehr Lebensmittel
schlecht. Wir haben also immer frische, hochqualitative Lebensmittel zur Verfügung, und das fällt eben für mich persönlich
unter Verbesserung der Lebensqualität. Mein Anspruch ist
indes nicht, die ganze Welt zu missionieren, sondern lediglich
denjenigen, die in diesem Bereich für sich persönlich etwas
verändern wollen, meine Erfahrungen zur Verfügung zu
stellen ... Zu dieser Gruppe zählen Sie ja wohl offenbar nicht.
Ehrliches Interesse vorausgesetzt würde ich mich freuen, wenn
Sie auf meine Einladung zurückkommen, andernfalls kann ich
Ihnen nur empfehlen, sich nicht länger über diesen Blog zu
ärgern, denn ich nehme nicht an, dass alleine dadurch Gefahr
besteht, dass Plastik(-müll) in nächster Zeit von der Erdober-
fläche verschwindet.*

LG Sandra Krautwaschl

Unser »Schlagabtausch« war damit zwar nicht beendet, aber
wesentliche Aspekte ergaben sich vorerst nicht mehr.

Die immer wiederkehrenden Hinweise auf Ökobilanzen aller
möglichen anderen Materialien betrachte ich übrigens zumeist

als Ausrede. In vielen Fällen dient diese Argumentation hauptsächlich dazu, den Eindruck zu vermitteln, als könnten die Endverbraucher überhaupt keine sinnvollen Entscheidungen treffen. Und natürlich kommt sie der menschlichen Bequemlichkeit entgegen, indem sie ein Alibi liefert, sich nicht näher damit befassen zu müssen und ohne schlechtes Gewissen weiterzumachen wie bisher.

Andererseits haben diese Ökobilanzen bei mir persönlich teilweise durchaus dazu beigetragen, generell mit Verpackungsmaterialien sorgsamer und sparsamer umzugehen, was im Übrigen ohnehin der Philosophie unseres Experiments entspricht. Und so geben wir wiederverwendbaren Materialien und Gefäßen für den Transport von Lebensmitteln generell den Vorzug. Ein Beispiel dafür:

Die kleinen, dünnen Plastikbeutel, die man in der Obst- und Gemüseabteilung findet, sollen laut einer Studie eine etwas bessere Ökobilanz aufweisen als Papiersackerl. Den Vergleich mit Stofftaschen hat man nicht angestellt. Ähnlich fehlt in einer Studie über die Ökobilanz von Bioplastik der Hinweis auf wiederverwendbare Einkaufstaschen als beste Alternative. Ist es nicht an der Zeit zu begreifen, dass wir mit der Verschwendung von Material jeder Art aufhören sollten? Oder mit der Augenwischerei? Und dass es dringend geboten ist, den Menschen endlich reinen Wein einzuschenken?

In diesen Studien wird teilweise so getan, als hätten wir nur die Möglichkeit, ein Übel gegen das andere auszutauschen und die Verschwendung des einen Materials durch die eines anderen zu ersetzen. Ich finde, dass wir uns gegen diese Art von Bevormundung wehren und uns stattdessen lieber wieder auf den gesunden Menschenverstand verlassen sollten. Eine bessere Ökobilanz als mit meinen Stofftaschen lässt sich höchstens noch dadurch erreichen, dass ich sämtliches Obst und Gemüse für unseren Bedarf eigenhändig anbaue, was jedoch nicht zur Debatte steht, weil das einfach den für uns vernünftigen und praktikablen Rahmen sprengen würde.

Der Fairness halber möchte ich allerdings nicht verschweigen, dass der kritische Kunststofftechniker mir schließlich noch einen Link zu einer englischsprachigen Studie geschickt hat, die sich unter anderem auch dem Thema Stofftaschen widmet und – siehe da – tatsächlich zu dem Schluss kommt, dass diese bei entsprechend häufiger Wiederverwendung die beste Ökobilanz aufweisen. Wenngleich ich dafür keine wissenschaftliche Studie gebraucht hätte, freue ich mich über diese Bestätigung. Außerdem halte ich im Gegensatz zu Zweckpessimisten an der Überzeugung fest, dass bei entsprechender Bewusstseinsbildung fast alle Menschen ohne Steuerung von außen und oben langfristig bereit wären, ihr Verhalten zum Nutzen der Umwelt umzustellen. Und eben unter anderem auf Stofftaschen umzusteigen. Bis es jedoch so weit ist, halte ich die Verweigerung für ein probates Mittel zum Zweck.

Trotz aller Diskrepanzen kommt es schließlich zumindest beim Thema Plastiksackerl noch zu einem einigermaßen versöhnlichen Abschluss mit »meinem« Kunststofftechniker. Er schreibt:

Da es vermutlich (leider) auch Ihnen nicht gelingen wird, die Mehrheit der Kunden dazu zu bringen, ein Baumwollsackerl über Monate oder Jahre hinweg zu nutzen, finde ich es durchaus angebracht, für die Kurzzeituser das »Plastiksackerl« als vertretbare, vielleicht sogar bessere Alternative für die Wegwerfer bestehen zu lassen. Das langfristige Ziel sollte sein, weniger wegzuwerfen, egal wovon.

Und meine letzte Antwort.

Ich bin ja eine unverbesserliche Optimistin (wie Sie sicher schon bemerkt haben) und glaube daher nach wie vor, dass es

prinzipiell möglich ist, Menschen von nachhaltigen Lösungen
zu überzeugen. Allerdings – und da haben Sie absolut recht –
braucht das natürlich viel mehr als so einen einzelnen kleinen
Versuch. Dennoch bin ich überzeugt davon, dass jede(r) von
uns etwas dazu beitragen kann und sollte!
Jedenfalls freue ich mich über unsere kleine inhaltliche
Annäherung. Das stärkt meine Überzeugung, dass Menschen,
die bereit sind, sich mit einem Thema ernsthaft auseinander-
zusetzen, sehr oft zu ähnlichen Schlüssen kommen, auch wenn
sie von ganz unterschiedlichen Standpunkten ausgehen.
Mit freundlichen Grüßen
Sandra Krautwaschl

Von Seidenstrümpfen und dem Ende der Schnäppchenkäufe

Im November 2010 soll Werner Boote in Berlin den Deutschen Umweltmedienpreis für *Plastic Planet* verliehen bekommen. Als besondere Überraschung für ihn werden Peter und ich ebenfalls eingeladen und beschließen, ihm bei der Preisübergabe ein ganz persönliches Geschenk zu übergeben. Einen Holzplaneten als Gegenstück zum Plastikplaneten. Die Idee kam mir, sobald ich von der geplanten Ehrung erfuhr, und als ich Peter davon erzählte, begannen seine Augen regelrecht zu funkeln. Noch am selben Tag machte er sich an die Umsetzung meines Vorschlags, änderte allerdings die reine Holzvariante ein wenig ab.

Für mich wird durch diese Einladung seit Langem wieder einmal ein klassisches Frauenproblem akut: die Kleiderfrage oder besser gesagt die Strumpffrage. Bei Diskussionsveranstaltungen oder Vorträgen über unser Experiment musste ich immerhin einige Male Fragen über die stoffliche Zusammensetzung meiner Strümpfe beantworten, weshalb ich dazu übergegangen bin, bei solchen Veranstaltungen keine Röcke oder Kleider, sondern Hosen zu tragen. Doch für diesen speziellen Anlass würde ich gerne ein Kleid anziehen.

Ich mache mich also – anfangs noch sehr zuversichtlich – auf die Suche nach Seidenstrümpfen und bin durchaus bereit, für diese außergewöhnliche Anschaffung tiefer in die Tasche zu greifen. Allerdings gestaltet sich die ganze Sache bei Weitem nicht so einfach, wie ich gedacht habe. Nachdem ich alle mir bekannten Unterwäsche- und Strumpfgeschäfte in Graz und Umgebung erfolglos abgeklappert und circa hundertmal erklärt habe, dass ich nicht bloß »seidige« Strümpfe suche, sondern welche aus echter Seide, beginne ich mich schön langsam innerlich auf einen Auftritt in Hosen einzurichten. Für eine Internetbestellung ist es inzwischen zu spät, und überhaupt konnte ich nur zwei Firmen in Deutschland finden, die Seidenstrümpfe vertreiben. Seidenstrumpfhosen sind bei einer Ökobekleidungsfirma im Angebot, gehören aber zu einer speziellen Produktlinie für Skiunterwäsche und sehen aus wie ein leicht durchsichtiger Strampler. Also in Kombination mit einem eleganten Kleid keine wirkliche Alternative!

Erst ein Tipp, den ich während eines kurzen Aufenthalts in Wien bekomme, führt einige Tage vor der Preisverleihung schließlich zum Erfolg. In einem äußerst exklusiven Dessousgeschäft in der Wiener Innenstadt entdecke ich Seidenstrümpfe in drei verschiedenen Farben. Obwohl ich mir vorgenommen habe, nicht auf den Preis zu schauen, versetzt es mir doch einen kleinen Stich, als ich der Verkäuferin den durchaus beachtlichen Betrag von 60 Euro für die zwei hauchdünnen Beinkleider aus Seide aushändige.

Vor einem Jahr hätte ich niemals so viel Geld für ein Paar Strümpfe ausgegeben. Doch sie sind das erste neue Kleidungsstück, das ich überhaupt seit Beginn unseres Experiments anschaffe. Eigentlich habe ich auch genug Klamotten in meinen

Schubladen und Schränken, was nicht zuletzt damit zusammenhängt, dass ich eben lange Zeit eine unverbesserliche Schnäppchenjägerin war. Natürlich hängt meine veränderte Einstellung ebenfalls mit unserer neuen Lebensweise zusammen.

Zum einen weil es außerhalb von Spezialgeschäften kaum Kleidung und schon gar keine Schuhe gibt, die nicht einen gewissen Kunststoffanteil aufweisen, wobei speziell Elastan allgegenwärtig ist. Zum anderen gelangte ich bei intensiverer Beschäftigung mit den Produktionsmethoden, egal welchen Materials, zu dem Schluss, dass auch konventionell erzeugte Baumwolle ohne Fair-Trade-Siegel eigentlich im wahrsten Sinne des Wortes untragbar ist.

Hinzu kamen Berichte über Gifte in der Kleidung, nicht nur in Billigware wohlgemerkt. Unvergesslich ist mir in diesem Zusammenhang der Kommentar eines Chemikers, der das Kostüm eines bekannten Modedesigners analysiert hatte: »Chemisch betrachtet ist dieses Kleidungsstück Sondermüll.« Nicht dass ich bis zu diesem Moment Stammkundin bei diversen Modedesignern gewesen wäre, doch dämmerte mir, dass es um die günstigen Ausverkaufsangebote made in China, Indien oder Bangladesch, zu denen ich so gerne gegriffen habe, bestimmt nicht besser stand. Die Vorstellung, sie könnten mit Azofarbstoffen, Flammschutzmitteln, Schimmel- und Feuchtigkeitsschutz und Pestiziden belastet sein, bildete sozusagen das Tüpfelchen auf dem i und beendete meine ohnehin schon recht gedämpfte Konsumlust.

Nicht zuletzt deshalb beschloss ich, erst einmal die vorhandenen Sachen aufzutragen, wobei Peter mir ein schier unerreichbares Vorbild ist. Er trägt seine T-Shirts und Jeans buchstäblich, bis sie ihm vom Leib fallen, und wenn ich einige seiner ältesten Stücke nicht vor einigen Jahren heimlich entfernt hätte, würde er wahrscheinlich noch heute mit dem Fledermausshirt und der Latzhose aus den Achtzigerjahren herumlaufen. So krass wollte und will ich es allerdings nicht treiben, obwohl der Vorrat in meinem Kleiderschrank bestimmt für die nächsten zwanzig Jahre reichen würde.

Als erste Maßnahme, um ein akutes Aufleben meiner Schnäppchenkauflust zu verhindern, vereinbarte ich mit Sabine, die die gleiche Kleidergröße trägt wie ich, gelegentlichen Kleidertausch. Außerdem nahm ich mir meine Kiste mit den ausgemusterten Stücken vor, um aus den alten Teilen vielleicht etwas Neues zu nähen. Immerhin habe ich inzwischen schon einige Hosen, deren Schnitt nicht mehr ganz modern war, umgeschneidert. Anfangs war mir gar nicht so bewusst, welches Einsparpotenzial sich durch solche Altbestände ergibt.

Insgesamt ist fast der gesamte Textilbereich für mich so etwas wie ein »schwarzes Schaf« geworden. Das Angebot ist einfach zu groß und die Qualität vielfach zu schlecht, und zwar ganz unabhängig vom Material. Das Hauptproblem aber sind wir selbst, weil wir konsumieren, ohne nachzudenken, und viel zu viel, viel zu billig und deshalb natürlich hauptsächlich minderwertiges Zeug kaufen. Bei einem Vortrag am Grazer Institut für Umweltsystemwissenschaften habe ich gerade erst gehört, dass pro Jahr weltweit allein 80 Milliarden T-Shirts erzeugt werden, mehr als zehn also im Schnitt für jeden Erdenbürger. Wer soll das nur alles anziehen? Und viel wichtiger: Wer soll den Schaden, der dadurch an Umwelt und Gesundheit entsteht, bezahlen?

Es geht mir wirklich nicht darum, in Zukunft bloß noch in alten Kartoffelsäcken herumzulaufen. Alle, die mich ein bisschen besser kennen, wissen, dass ich dafür ganz und gar nicht der Typ bin. Aber durch unser Plastikexperiment wurde ich doch sehr stark sensibilisiert für Konsumfallen insgesamt, in die ich vorher teilweise recht unbekümmert hineingetappt bin. Vor allem habe ich gelernt, die Qualität wieder in den Vordergrund zu stellen. Zum Glück gibt es inzwischen einige gute Alternativen. Neben Secondhandshops, die ich seit jeher frequentierte, gehört Ökokleidung dazu, die mittlerweile glücklicherweise zum größten Teil ohne Kartoffelsacklook zu haben ist. Wenn man diese beiden Möglichkeiten sinnvoll kombiniert und ganz allgemein weniger einkauft, kann man sich nicht nur eine Menge an Schadstoffen ersparen, sondern zusätzlich Ressourcen und Geldmittel schonen.

Allerdings gilt auch hier für mich der Grundsatz, dass Perfektionismus nicht guttut und Kompromisse das Gebot der Stunde sein können. Angesichts des stolzen Preises meiner Reinseidenen, die trotzdem nicht länger halten werden als Strumpfhosen aus Nylon, heißt das konkret, dass ich in Zukunft sicher gelegentlich auf die nicht experimentkonforme Variante zurückgreifen werde, wenn ich zum hübschen Kleid hauchzarte Beinbekleidung brauche.

Für die Verleihung eines Umweltpreises jedoch fand ich die Ausgabe angemessen, wenngleich mein Outfit im Endeffekt nicht 100-prozentig kunststofffrei war. Seidenstrümpfe und Kleid aus Viskose ja, nicht aber die Sohlen meiner Schuhe und der Besatz meines Mantels. Aber für meinen Geschmack hatte ich genug Geld ausgegeben, und so hoffte ich, dass niemandem diese Details auffallen würden. Zumindest bei den bisherigen Veranstaltungen war das Material meiner Schuhsohlen noch nie ein Thema.

Wir überreichten Werner Boote schließlich den Planeten aus Papiermaschee, Golddraht und Holz. Ich fand, dass Peter ein echtes Meisterstück gelungen ist, und auch der Preisträger zeigte sich bei der Übergabe ziemlich gerührt. Der ganze Abend war für mich so etwas wie der krönende Abschluss unseres ersten plastikfreien Jahres und natürlich auch Anlass für eine Rückbesinnung auf den Ausgangspunkt des Projekts.

Beim anschließenden Empfang erfuhren wir sehr viel Zuspruch und Interesse und lernten wieder einmal eine Menge interessanter Menschen kennen, von denen sich niemand für die Sohlen meiner Schuhe interessierte, zum Glück. Der einzige kleine Wermutstropfen des Abends war, dass sich das Desinteresse am Material meiner Kleidung auch auf meine absolut plastikfreien Strümpfe erstreckte.

»Change bag – vom Kunststoff zum Echtstoff«

Schon bald nach Beginn unseres Experiments habe ich mir immer wieder die Frage gestellt, wie es gelingen könnte, der Idee der Müllvermeidung speziell in unserer Region Auftrieb zu verleihen. Während wir aus Deutschland und der Schweiz, sogar aus Portugal und aus den USA durch unseren Blog zahlreiche positive Rückmeldungen erhielten, die mich vermuten ließen, dass anderswo in Sachen Müllvermeidung und Ressourcenschonung bereits einiges lief, fand ich die Resonanz in unserer unmittelbaren Umgebung, in unserer Gemeinde und den Nachbarorten eher unbefriedigend, wenn man von einigen sehr aktiven Freundinnen und ein paar Leuten absah, die uns im Fernsehen oder in der Zeitung gesehen hatten. Ich zerbrach mir immer wieder den Kopf, wie es gelingen könnte, auch in unserer Region mehr Menschen für dieses Thema zu interessieren.

Im Oktober 2010 bekam dieses Anliegen jedoch unerwartete Unterstützung. Wir erhalten eine Einladung zu einer großen Stofftaschenausstellung in Wieselburg. Die Initiatorin, im Stadtrat zuständig für Umweltfragen, will durch das Sammeln von verschiedensten Stofftaschen auf die Problematik der zügellosen Verwendung von Plastiksackerln aufmerksam machen und gleichzeitig das Bewusstsein für sinnvolle Alternativen schärfen. Außerdem hat sich Wieselburg das ehrgeizige Ziel gesetzt, zur ersten plastiktaschenfreien Stadt Österreichs zu werden. Bei der Veranstaltung, die zum Abschluss der Sammelaktion stattfindet, werden über 4000 Stofftaschen aus aller Welt ausgestellt, darunter auch wunderschöne handgemachte Einzelstücke.

Mit Werner Boote, der ebenfalls eingeladen ist, weil sein Film an diesem Tag gezeigt wird, diskutiere ich am Abend ausführlich darüber, was man mit diesen Stofftaschen machen könnte, denn der spätere Verwendungszweck ist vorerst noch unklar. Seine Idee, den ganzen Stephansdom damit zu verkleiden, lässt sich wohl kaum in die Tat umsetzen, weshalb ich lieber meine eigenen Ideen entwickle, um die Leute zu einem überlegteren Umgang mit Plastik anzuregen.

Da ich seit dem Frühjahr dieses Jahres ein Mandat in unserem Gemeinderat habe, beginne ich gleich ein paar Tage später mit der Ausarbeitung eines Konzepts. Ausgehend von den Erfahrungen aus Wieselburg, wo es gelungen ist, die Menschen aktiv an einer Aktion zu beteiligen, was meines Erachtens die Bewusstseinsbildung enorm fördert, will ich das Gleiche in unserer Gemeinde versuchen. Dabei denke ich speziell an drei »Säulen«: erstens das Sammeln von Stofftaschen, die zu Hause nur herumliegen, zweitens das Bemalen, Bedrucken oder Nähen von neuen Stofftaschen und drittens das Einbringen von eigenen Vorschlägen für einen Ideenwettbewerb zum Thema Vermeidung von (Plastik-)Müll. Auch ein Motto habe ich parat: »Vom Kunststoff zum Echtstoff.«

Um den Sportsgeist der Leute ein wenig anzustacheln, lautet das primäre Ziel, den inoffiziellen Weltrekord aus Wieselburg von 4300 verschiedenen Taschen zu brechen. Außerdem soll bei uns der spätere Verwendungszweck von vornherein feststehen: Wir planen, die Taschen in den Geschäften der Region als kostenloses Angebot für die Kundschaft zur Verfügung zu stellen und damit eine Alternative zu den Wegwerftaschen aus Plastik oder Papier zu bieten. Weil damit auch die beteiligten Firmen die Möglichkeit haben, sich in den Wettbewerb einzubringen, erhoffe ich mir zusätzliche Effekte wie zum Beispiel die gezielte Einführung von Mehrwegverpackungen und verpackungsarmen Produkten.

Als ich mein Konzept für die Aktion schließlich Anfang November an alle Mitglieder des Gemeinderats schicke, befinde ich mich in regelrechter Aufbruchstimmung. Jetzt wird sich endlich auch bei uns was bewegen, denke ich zuversichtlich und von keinen Zweifeln getrübt. Doch so einfach und schnell, wie ich mir das in meiner Euphorie vorgestellt habe, läuft die Sache nicht. Zunächst vergehen fast zwei Monate, ohne dass überhaupt etwas passiert. Nur ein Einziger aus dem Kollegenkreis reagiert auf meinen Vorschlag, allerdings alles andere als positiv.

Ich fühle mich an die Kommentare des Kunststofftechnikers auf unserem Blog erinnert. Besonders enttäuschend an seiner Rückmeldung ist für mich, dass er sich ausschließlich über die angebliche Unglaubwürdigkeit unseres Experiments und die seiner Meinung nach unangebrachte mediale Präsenz auslässt. Auf meinen Vorschlag, für unsere Region ein Stofftaschenprojekt zu starten, geht er hingegen mit keinem Wort ein. Nachdem sich mein erster Ärger gelegt hat, beschließe ich, seine verbalen Angriffe nicht persönlich zu nehmen und mich nicht länger zu ärgern. Ja, ich gestehe ihm gegenüber sogar ein, dass mir im Augenblick kein besseres Projekt zum Thema Müllvermeidung einfällt, sei aber dankbar für jede Anregung.

Ich erhalte keine Antwort, und auch bei der nächsten Gemeinderatssitzung äußert sich niemand dazu. Das Thema wird auf den nächsten Termin vertagt, der allerdings frühestens in zwei Monaten sein wird.

Eigentlich habe ich die ganze Sache bereits mehr oder weniger abgeschrieben, als mir kurz nach Silvester wieder einmal der Zufall zur Hilfe kommt. Wie im Vorjahr verbringen wir den Jahreswechsel in der Hütte am Stoderzinken gemeinsam mit Sonja und Gerhard und ihrem inzwischen acht Monate alten Felix. Da wir dort oben nicht fernsehen können und kaum Radio hören, erfahre ich erst durch den Anruf eines mir bekannten Zeitungsredakteurs von einem hochinteressanten Ereignis, das für mich von äußerster Brisanz ist. In Italien wurde ein Verbot von Plastiksäcken und -taschen erlassen, und beim Einkaufen sollen künftig nur noch Bioplastikprodukte gegen Bezahlung erhältlich sein. Offenbar ist man dort die Verschmutzung von Stränden und Meer durch Plastikmüll sowie die horrenden Müllberge wie jüngst in Neapel leid.

Wer jedoch geglaubt hat, Österreich würde dem Nachbarn rasch nacheifern, der sieht sich getäuscht. Der Herr Umweltminister persönlich fühlt sich bemüßigt festzustellen, dass es in Österreich keinen Bedarf für so ein Gesetz gebe. Man habe kein Müllproblem, weil hierzulande Recycling bestens funktioniere.

Marlene kann darüber nur lachen: »So ein Blödsinn! Den lade ich einmal zu unserer Flurreinigung ein, dann wird er schon sehen, was für ein Müllproblem wir haben.« Recht hat sie, und die Kurzsichtigkeit dieser Argumentation regt mich ebenfalls ziemlich auf. Selbst wenn Recycling bei uns besser funktionieren sollte als in Italien, ändert das nichts daran, dass ein Großteil des Plastikmülls »thermisch verwertet«, also verbrannt wird. Überdies geht es um den Bewusstseinsstand in der Bevölkerung, der in Österreich ebenfalls sehr zu wünschen lässt, nicht zuletzt beim Umweltminister. Das Mindeste, was man von ihm erwarten könnte, wäre doch, das Problem wenigstens einmal als solches zu erkennen und ernst zu nehmen.

Die Zeitungen allerdings greifen das Thema auf, wobei das Spektrum der Diskussionsbeiträge von »Ich verwende die Sackerl eh immer wieder« über »Verbieten bringt gar nichts« und »Ich nehme sowieso schon lange keine mehr« bis zu »Andere Sorgen haben wir wohl nicht« reicht. Ein, zwei Tage nach dem Verbot in Italien machen schon die ersten Rechenbeispiele die Runde, die zum Beispiel besagen, dass 15 Kilometer weniger Autofahrten pro Jahr mehr CO_2 einsparen würden, als das ganze Jahr auf Plastiksackerl zu verzichten.

Abgesehen davon, dass das Thema auf einen einzigen Faktor, nämlich das CO_2, reduziert wird, zielen die meisten dieser Berechnungen darauf ab, den Status quo als unveränderbar zu sanktionieren. Wenn Franzi 15 Kilometer weniger mit dem Auto fährt, darf er dafür ohne schlechtes Gewissen weiterhin ein Jahr lang Plastiksackerln verschwenden, oder? Erinnert ein bisschen an den Ablasshandel der katholischen Kirche in früheren Zeiten und ändert sicher in keinem Bereich irgendetwas zum Besseren, obwohl natürlich, für sich betrachtet, jeder einzelne »gesparte« Autokilometer zu begrüßen ist. Doch halte ich es gelinde gesagt für hirnrissig zu glauben, jemand würde beim Autofahren sparen, damit er weiter seine Einkäufe in der Plastiktasche heimbringen kann.

Wenngleich mir unzählige Gründe einfallen, die absolut für ein Verbot von Plastiksackerln sprechen würden, scheint es mir sinnvoller, die Menschen zu einer freiwilligen Verweigerung zu bewegen. In diesem Sinne habe ich den drei in Sachen Abfallvermeidung bekannten »R« – Reuse, Reduce und Recycle – noch ein viertes »R« hinzugefügt: Refuse!

Jedenfalls bin ich nach der Rückkehr von unserem Winterurlaub stark motiviert, die Aktion mit den Stofftaschen wieder voranzutreiben. Und tatsächlich scheinen die Zeitungs- und Fernsehberichte der letzten Tage eine gewisse Wirkung zu zeigen. Nach einem Telefonat mit unserem Bürgermeister bekomme ich endlich Gelegenheit, das Projekt im Gemeinderat richtig vorzustellen. Überdies schlägt er vor, Stofftaschen zu bestellen und an jeden Haushalt eine zu verschicken. Das ist zwar gut gemeint, aber ich bin mir ziemlich sicher, dass höchstwahrscheinlich genau das Gegenteil von dem eigentlich Bezweckten dabei herauskommen würde. Noch ein Stoffbeutel mehr, der nur zu Hause herumliegt. Menschen, die bislang keine verwendet haben, werden sich durch ein solches »Geschenk«, das ungefragt ins Haus kommt, kaum zu einer Abkehr von ihren bisherigen Gewohnheiten veranlasst sehen.

Die Veränderung beginnt eben nicht damit, dass man Stofftaschen besitzt, sondern dadurch, dass man sie *verwendet!* Und das setzt nun mal Bewusstseinsbildung und ein wenig Mitdenken voraus. Um das zu erreichen, scheint es mir unerlässlich, dass die Leute zu Hause nachschauen, wie viele Stofftaschen sie eigentlich besitzen und was sie gegebenenfalls für die Aktion spenden könnten. Unter Umständen bekommen sie später irgendwo sogar genau ihre Tasche zurück oder eine, die von ihren Kindern in der Schule gestaltet wurde. Ein Kreislauf, der meiner Meinung nach die Chance erhöht, dass die Tasche tatsächlich verwendet wird.

Ich schließe sogar Wetten ab, dass jeder Haushalt unserer Gemeinde mindestens eine Stofftasche besitzt – was sich wahrscheinlich genauso wie das Gegenteil nicht nachweisen lässt –, und nach eingehender Besprechung und Klärung von offenen Fragen wird beschlossen, dass unsere Gemeinde das Projekt als Vorschlag in die neue »Kleinregion«, der außer Eisbach drei weitere Gemeinden angehören, einbringen wird.

Kurz darauf fällt dann die Entscheidung, dass sich alle vier Gemeinden an der Aktion beteiligen wollen. Ein Logo gibt es mittlerweile auch, entworfen von einem befreundeten Grafiker, und der Name des Projekts wird etwas modifiziert: »Change bag – vom Kunststoff zum Echtstoff«.

Obwohl ich einerseits in absoluter Jubelstimmung bin, ist mir andererseits klar, dass jede Menge Arbeit auf mich zukommt. Für die Koordination des Ablaufs wird zwar ein Projektteam mit Mitgliedern aus allen vier Gemeinderäten gebildet, aber den Überblick und vor allem den persönlichen Kontakt zu Schulen, Kindergärten, Altersheimen und Geschäften muss ich in erster Linie selbst herstellen. Schließlich geht es ja zunächst einmal darum, möglichst viele für das Sammeln und Gestalten der Stofftaschen zu begeistern und den tieferen Sinn dieser Aktion zu erklären, was gar nicht so einfach ist.

Bei den Kindern reicht zum Glück meist schon die Ankündigung eines Weltrekordversuchs oder der Hinweis, dass die Taschen sonst nutzlos zu Hause herumliegen, doch bei vielen Erwachsenen fehlt oft das Verständnis dafür, dass sie Stofftaschen zuerst sammeln und spenden sollen, um sie dann irgendwo zurückzubekommen. Zum Glück zeigen sich die meisten Schulen und andere Einrichtungen der Region sehr interessiert, an der Gestaltung von Taschen und dem Ideenwettbewerb teilzunehmen.

So werden ebenfalls die vier Klassen von Leonards Volksschule einbezogen. Als ich dort die geplante Aktion erkläre, sind die Kinder hellauf begeistert, wollen mindestens je zwei Stofftaschen bemalen und natürlich zu Hause nachschauen, ob sie selbst welche spenden können, und überdies einen Bericht darüber schreiben, den sie mit dem über die anstehende Flurreinigung verbinden wollen. Diese findet in vielen Gemeinden regelmäßig im Frühjahr statt, und die Schüler schwärmen in Begleitung ihrer Lehrer und Lehrerinnen aus, sammeln allen Müll, den sie finden, in großen Säcken und bringen ihn anschließend ins Altstoffsammelzentrum.

Marlene hat sich zur Flurreinigung 2011 etwas ganz Besonderes überlegt. Da sie seit Jahren daran teilnimmt, weiß sie genau, welch unglaubliche Mengen an Müll allein in unserer Gemeinde gesammelt werden – und dass es innerhalb kürzester Zeit wieder genauso aussieht wie vorher. Zudem beschäftigt sie immer wieder die Frage, ob Tiere dadurch zu Schaden kommen. Deshalb war sie auch sehr erschüttert, als sie in *Plastic Planet* gesehen hat, dass Vögel und Fische elend zugrunde gehen, weil sie kleine oder auch größere Plastikteile für Futter halten und fressen. In diesem Zusammenhang konnte sie die Reaktionen unseres Umweltministers absolut nicht verstehen, der für Österreich keinen Handlungsbedarf in Sachen Plastik sah, und da sie bei verschiedenen Gelegenheiten ständig über dieses Problem zu sprechen begann, habe ich sie ermuntert, dem Minister tatsächlich eine Einladung zu unserer Flurreinigung zu schicken. Gemeinsam mit ihrer Freundin Melinda verfasst sie schließlich folgenden Brief:

Sehr geehrter Herr Umweltminister Berlakovich!
Vor einigen Monaten sahen wir uns im Fernsehen eine
Sendung zum Thema Müll und Plastiksackerlverbot an,
in der Sie ein kurzes Interview gaben. Sie sagten darin,
dass es kein Müllproblem in Österreich gibt.
Wir möchten Sie darauf aufmerksam machen, dass wir
bei der Flurreinigung 2010 auf einer Fläche von maximal
800 Quadratmetern 110 Liter Müll eingesammelt haben.
Falls Sie sich davon überzeugen möchten, wie viel Müll es bei
uns in Wäldern, Wiesen und überall dort gibt, wo er nicht
hingehört, laden wir Sie herzlich zur diesjährigen Flur-
reinigung am 16. April 2011 ein (Treffpunkt: um 8 Uhr im
ASZ Eisbach-Rein).
Wir würden uns wenigstens über eine Rückmeldung freuen.
Mit freundlichen Grüßen,
Marlene (12 Jahre)
Melinda (12 Jahre)

Ich bin sehr stolz auf Marlene, und auch sie selbst scheint sich nun besser zu fühlen und ist fest davon überzeugt, dass der Minister an der Flurreinigung teilnehmen wird. Als ich daran Zweifel äußere, meint sie nur ganz trocken: »Wenn er nicht kommt, dann hat er wohl schon mitbekommen, dass auch bei uns überall viel Müll herumliegt, und kann wenigstens im Fernsehen nicht mehr so einen Blödsinn behaupten.«

Immerhin scheint die intensive Debatte über Ja oder Nein zum Gebrauch von Plastiktaschen zu einem gewissen Umschwenken beizutragen. So führt die bereits erwähnte Drogeriemarktkette, die zuvor mit Gratisplastiksackerln geworben hat, wirklich die versprochenen Stofftaschen ein, die man für einen Euro erstehen und jederzeit gegen eine neue eintauschen kann, und andere Märkte gehen zumindest auf Bioplastik über, angeblich teilweise sogar in Kooperation mit dem Umweltministerium. So begrüßenswert dieses Umdenken ist – die Maisstärkebeutel können nicht der Weisheit letzter Schluss sein, zumindest nicht als Tragtaschen. Hier wurde nur etwas am Material, nichts aber am Prinzip geändert.

Abgesehen davon gibt es bezüglich der Gesundheitsverträglichkeit durchaus berechtigte Bedenken. Die Firma meines Vertrauens, von der ich die Beutel zum Einfrieren von Lebensmitteln beziehe, verbürgt sich zwar für schadstofffreie Farben und verwendet sogar pflanzliche Farbstoffe, doch in anderen Fällen wird das Bioplastik offenbar mit genau denselben teilweise schwermetallhaltigen Farbstoffen bedruckt wie herkömmliche Plastikerzeugnisse. Falls sie später kompostiert werden sollten, hätten die Schadstoffe während des Zerfallsprozesses überdies noch hübsch Zeit, sich im Kompost anzureichern und schlimmstenfalls am Ende wieder im Gemüsegarten zu landen. Ein Grund mehr, »Change bag« den unbedingten Vorzug zu geben, denn primär muss es darum gehen, generell weniger Verpackungsmaterial zu verwenden und nicht bloß auf umweltschonendere oder gesundheitlich unbedenklichere Materialien auszuweichen.

Und gerade deshalb ist mir diese Aktion so wichtig, die vielleicht dazu führt, dass in unserer Region mit immerhin rund 20 000 Einwohnern so etwas wie eine neue »Einkaufskultur« entsteht und es wieder modern wird, seine Stofftaschen zu jedem Einkauf mitzubringen. Die Menschen könnten sich wohlfühlen dabei, sich gegenseitig ermuntern und sich als Teil eines sinnvollen Ganzen erleben. Und mit Glück weitet sich dieses Bewusstsein dann auch auf andere Bereiche aus. Ich weiß, ich gerate mal wieder ins Schwärmen, denn so einfach funktioniert die Weltrettung eben leider nicht.

Bis jetzt sind gerade mal knapp 500 Stofftaschen gesammelt worden, für ungefähr 2200 Stück habe ich Zusagen von Schulen und verschiedenen Einrichtungen, und nach langen Diskussionen und Überlegungen haben die Gemeinden endlich insgesamt 5600 Stück Fair-Trade-Baumwolltaschen bestellt, auf denen das Logo bereits aufgedruckt ist und die jetzt noch durch individuelle Gestaltung zu Unikaten gemacht werden müssen. Also nicht gerade Anlass für euphorische Fantasien, wohl aber für Zuversicht.

Immerhin erhält Marlene kurz nach der Flurreinigung in unserer Gemeinde doch noch eine Antwort aus dem Umweltministerium:

Liebe Marlene! Liebe Melinda!
Vielen Dank für euer Mail. Der Schutz der Umwelt ist auch mir persönlich ein ganz besonderes Anliegen. Euer Eifer, an der Flurreinigungsaktion eurer Gemeinde teilzunehmen, ist ein toller, aktiver Beitrag zum Naturschutz.
Wenn ich in dem Interview gesagt habe, dass die Plastiksackerln in Österreich kein Problem darstellen, dann war das im Vergleich zu anderen Ländern gemeint, in denen es keine so gut funktionierende Sammlung und Entsorgung gibt wie bei uns. In Österreich fallen viel weniger Plastiksackerln als Abfall an als etwa in Italien. (Dort ersticken jedes Jahr unzählige Meerestiere daran.) Klar ist jedoch, dass jedes Plastiksackerl weniger ein wichtiger Schritt zu noch mehr Umweltschutz ist. Sehr gerne hätte ich euch persönlich bei eurer Säuberungsaktion unterstützt, aber mein übervoller Terminkalender hat eine Teilnahme leider nicht zugelassen. Ich verspreche euch,

dass ich mich auch weiterhin für eine gesunde und lebens-
werte Umwelt einsetzen werde. Als kleines Dankeschön
für deinen Eifer übersende ich dir eine Stofftasche und einen
Einkaufsblock.
Mit herzlichen Grüßen
Nikolaus Berlakovich

Durch die intensive Beschäftigung mit der Aktion »Change bag«
sind andere Aspekte, die ursprünglich ein Grund waren, sich intensiver mit dem Thema Kunststoff zu beschäftigen, ein wenig
in den Hintergrund gedrängt worden. So etwa die gesundheitliche Belastung durch schädliche Inhaltsstoffe. Irgendwann fiel
mir jedoch ein Buch in die Hände, das mir die Dringlichkeit dieser Thematik wieder vor Augen führte und auf dessen Cover eine
auffällige Plastikente prangt. Samuel, mit dem ich gerade unterwegs war, schaute sich den Rückentext und das Inhaltsverzeich-
nis an und meinte dann mit einem Hauch von Verzweiflung
in der Stimme: »Lies das lieber nicht, Mama, sonst können wir
überhaupt nichts mehr einkaufen.« Tatsächlich beschreibt *Un-*
sere tägliche Dosis Gift die unterschiedlichsten Schadstoffquel-
len in unseren Haushalten und deren mögliche Folgen für unsere
Gesundheit. Von Putzmitteln über Körperpflege, von Lebensmitteln über diverse Einrichtungsgegenstände bis zur Kleidung – überall finden sich bei genauerem Hinsehen schädliche
Stoffe. Und natürlich spielen Kunststoffe hierbei eine bedeutende
Rolle.

Letztlich bestätigte mir dieses Buch die Erkenntnisse, die ich
im Verlauf unseres mittlerweile eineinhalb Jahre dauernden Experiments gewonnen habe. Viele der alltäglichen Güter, die wir
kaufen, mit denen wir uns umgeben, sind nicht nur gänzlich
überflüssig, sondern zudem schädlich, und es ist immer wieder
aufs Neue faszinierend für mich, dass es uns über den »Umweg«
der Plastikreduktion mehr oder weniger nebenbei gelungen ist,

sehr viele dieser unerfreulichen Produkte aus unserem Haushalt zu verbannen. Insofern konnte ich Samuel nach der Lektüre des Buches durchaus beruhigen. Unser Einkaufsverhalten hat sich durch das Experiment bereits so weit verändert, dass zumindest die allerschlimmsten »Giftbomben« in unserem Haushalt keine Chance mehr haben. Das betrifft vor allem den gesamten Bereich der Putzmittel, Waschmittel, Körperpflege und Hygiene, wobei wir uns selbstverständlich auch die alternativ verpackten Produkte bezüglich ihrer Inhaltsstoffe genau anschauen. Insofern bin ich trotz der deprimierenden Lektüre nach wie vor recht zuversichtlich, dass unsere Form des Einkaufens zumindest eine einigermaßen ausreichende Prophylaxe gegen schädliche Chemikalien im Haushalt darstellt.

Durch den Blog weiß ich, dass viele Menschen, ähnlich wie wir, durch die Beschäftigung mit einem beliebigen Problemfeld zu einem völlig neuen Lebensstil gelangt sind. Manche befolgen dabei ihre selbst aufgestellten Regeln sogar noch viel strenger, als wir das tun, andere bleiben eher locker und planen Kompromisse von vornherein ein, was eher unserem Ansatz entspricht. Jedenfalls erstaunt es mich immer wieder, wie man von den unterschiedlichsten Ausgangspunkten zu sehr ähnlichen Lösungen kommen kann.

Erst kürzlich habe ich einen Vortrag über den »Ökologischen Fußabdruck« gehört, bei es darum geht zu ermitteln, wie viel Fläche theoretisch notwendig ist, um all unsere Bedürfnisse zu decken, wobei dieser Wert vor allem davon abhängt, welchen Lebensstil wir pflegen. Ob wir zum Beispiel Flugreisen machen, viel Fleisch essen oder sehr abgelegen wohnen. Dieses 1994 von Mathis Wackernagel und William E. Rees entwickelte Konzept versucht aufzuzeigen, wie jede/r Einzelne den eigenen Flächenverbrauch reduzieren kann, und befasst sich unter dem Motto »Gutes Leben für alle« gleichzeitig mit dem Thema Lebensqualität im globalen Zusammenhang.

Natürlich ist der Ökologische Fußabdruck sehr viel umfassender angelegt als unser Experiment, doch die Prinzipien dieses Ansatzes decken sich in vielerlei Hinsicht mit unseren Erkenntnissen oder mit den Voraussetzungen, die wir für uns selbst formuliert haben. Sogar die Botschaft, dass die Veränderung des Lebensstils durchaus auch Spaß machen darf, stimmt mit unserer Maxime überein. Für mich eigentlich eine tolle Bestätigung meiner Erfahrungen.

Wäre da nicht das dumpfe Gefühl, dass gerade diejenigen, die wirklich grundlegend etwas an den bestehenden Zuständen ändern könnten – man kann sich aussuchen, ob man dabei den Vertretern aus der Politik oder denen aus der Wirtschaft die größeren Einflussmöglichkeiten zuschreibt –, nach wie vor mehrheitlich ganz andere Ziele verfolgen. Ziele, die unvereinbar sind mit der Reduktion von Konsum und Müll. Ziele, die sogar genau das Gegenteil erfordern, nämlich die stetige Steigerung dieser beiden Faktoren. Immer mehr Kaufen und Wegwerfen, das sind schließlich die Motoren unseres Wirtschaftssystems.

Und die meisten glauben an dieses System sowie an immerwährendes Wirtschaftswachstum und die alles regulierende Kraft des freien Marktes. Für mich ein Grund zu ernster Sorge, denn ich stelle seit unserem Experiment genau dieses System noch viel mehr als früher infrage und von Tag zu Tag erscheint es mir dringlicher geboten, diesem System mit großer Entschiedenheit entgegenzutreten. Um das zu tun, dürfte es allerdings nicht reichen, bloß Kunststoff zu verweigern. Dazu bedürfte es eines ganz neuen, noch viel schwierigeren Experiments.

Ein sicher nicht endgültiges Resümee

Auch wenn die Stofftaschenaktion alle meine Kräfte neben Beruf und Haushalt fordert, stehlen wir uns ein paar Tage und verbringen kurz vor Ostern 2011 ein Wochenende auf einer Selbstversorgerhütte am Zirbitzkogel, dem höchsten Gipfel der Lavanttaler und Seetaler Alpen und in einem Naturschutzgebiet gelegen.

Diesmal müssen wir ganz genau kalkulieren, was wir mitnehmen wollen, denn die Alm ist nur zu Fuß erreichbar, und der Anmarsch vom Parkplatz dauert etwa eine Stunde. Peter hat es übernommen, die Lebensmittelvorräte zu schleppen – bis auf eine Flasche Milch, die Samuel unbedingt noch einpacken wollte und die er deshalb in seinen eigenen Rucksack packen musste.

Die Lage der Hütte ist umwerfend schön und bietet ein noch eher winterliches Bild mit vereinzelten Schneefeldern und den weißen Gipfeln von Fuchskogel und Zirbitzkogel.

Man braucht festes Schuhwerk, um in dieser Jahreszeit hierherauf zu gelangen, und so sind außer uns kaum andere Leute unterwegs, während es im Sommer von Wanderern hier nur so wimmelt. Die Kinder, Marlene hat ihre Freundin Martina mitgenommen, genießen den Aufenthalt in der Natur. Sie verbringen den ganzen Tag im Freien, suchen Holz, spielen zwischen Felsen, erkunden die Umgebung und bewachen hingebungsvoll das Lagerfeuer, das sie mithilfe von Samuels Feuerstein entfacht haben.

Ich bemerke, wie die Ruhe dieses Ortes nach und nach auf mich übergeht. Am ersten Abend mache ich mir ein paar Notizen zu meinem Projekt, das ja noch in den Kinderschuhen steckt, und überlege, welche Telefonate oder Mails ich zu Hause als Nächstes erledigen muss. Schließlich ist es nach wie vor wichtig, möglichst viele Leute anzusprechen und sie für mein Vorhaben zu gewinnen. Doch hier oben, ohne Einflüsse von außen, ohne Zeitung, Fernsehen, Radio, Computer und Internet und fast ohne

Handyverbindung, vergeht bald jegliche Betriebsamkeit. Alles wird langsamer und beschaulicher angesichts der schweigenden Schönheit der Berge.

Am zweiten Tag unternimmt Samuel mit Peter eine kleine Wanderung auf den Zirbitzkogel, und die beiden Mädchen bauen nach Anweisungen, die ihnen die beiden zuvor erteilt haben, einen Brotbackofen aus Steinen, während ich sie einfach beobachte oder den Blick in die Ferne zu den schneebedeckten Gipfeln schweifen lasse. Später dann, als ich Spaghetti mit Tomatensoße koche, mache ich allerdings eine ganz spezielle Entdeckung: Der einzige Kochlöffel, den ich unter den Kochutensilien finde, ist ein unfassbar abgenutztes, hässliches und sicher schon einige Jahrzehnte altes Stück aus hellblauem Plastik. Und das im rustikalen Ambiente der Almhütte, wo so gut wie alles aus Holz ist! Aufgrund seines Alters dürften sich etwaige Schadstoffe wie Weichmacher zum Glück jedoch verflüchtigt haben, denke ich und rühre weiter in der Soße.

Der Kochlöffel hat für mich so etwas wie Symbolcharakter. Er zeigt viele verschiedene Facetten von Kunststoff. Offensichtlich langlebig, ziemlich hässlich, nicht verrottend und zugleich sicher nicht mehr das, was man gemeinhin als hygienisch bezeichnet. Da man ihn nicht verbrennen kann wie einen alten Holzlöffel und er auch nicht mit Plastikverpackungen entsorgt werden darf, müsste man ihn in den Restmüll werfen, mit dem er günstigstenfalls in einer großen Müllverbrennungsanlage landet. Irgendwie komisch, dass ein einzelner Plastikkochlöffel solche Assoziationen auslöst. Ich frage mich, ob ich vielleicht langsam ein bisschen seltsam werde, eine Plastikphobikerin, gar ein »Plastiktaliban«, wie es ein charmanter Leser unseres Blogs einmal ausgedrückt hat, oder eine Umweltterroristin mit Spezialgebiet Plastik. Schlimmer noch: Machen sich bei mir vielleicht erste Anzeichen von Verfolgungswahn bemerkbar?

Ich erinnere mich an ein Gespräch, das ich kurz nach dem ersten Fernsehbericht über unser Experiment mit dem Ehemann einer guten Freundin geführt habe. Er meinte damals, dass unsere neue Art des Einkaufens unglaublich einschränkend sei und die Wahlfreiheit dadurch leide, weshalb er nicht bereit sei, sich derartigen Zwängen zu unterwerfen. Obwohl oder vielleicht gerade deshalb, weil ich wusste, dass er mich damit aus der Reserve locken wollte, stieg ich voll auf das Thema ein und nahm ihn meinerseits unter Beschuss, indem ich mein Verständnis von Wahlfreiheit dagegensetzte. Die Werbung sei es, die im Auftrag großer Konzerne unsere Wahlfreiheit einschränke, weil sie unsere Gehirne über sämtliche Sinne mit ständigen Konsumaufforderungen bombardiere. Sie schaffe so etwas wie eine Inflation der Bedürfnisse und Wünsche und gaukle uns vor, alles, was wir bräuchten, könne man kaufen, und alles, was wir käuflich erwerben, bräuchten wir auch. Eben diese Art von Werbung sei dafür verantwortlich, dass unsere Wahlfreiheit sich auf die angepriesenen Produkte reduziere. Alles andere werde ausgeblendet, existiere in der Auswahlmöglichkeit durchschnittlicher Konsumentinnen und Konsumenten gar nicht.

So gesehen empfand ich unsere damals beginnende Suche nach Alternativen als eine Erweiterung unserer Wahlfreiheit, denn so gut wie keines der neuen Produkte hatte ich jemals zuvor in einer Anzeige oder einem Werbespot bemerkt, denn das können sich die zumeist kleinen Herstellerfirmen gar nicht leisten. Und so war ich sehr zufrieden, als ich ungefähr ein Jahr nach dem Start unseres Experiments feststellte, dass sich in unserem Haushalt so gut wie kein Produkt mehr befand, das im großen Stil beworben wurde. Ich fühlte mich dadurch eindeutig freier, hatte das Gefühl, dass wir ein Stück unabhängiger geworden waren, und die ungefragte Zustellung von Werbematerial verbaten wir uns durch einen Aufkleber am Briefkasten. Der größte Gewinn an Wahlfreiheit bestand schließlich in der Erkenntnis, dass man für viele Dinge gar keine Alternativen braucht, dass vieles ersatzlos gestrichen werden kann. Allerdings lasse ich mich ebenso wenig durch das Experiment zu etwas zwingen – auch in dieser Hinsicht möchte ich meine Wahlfreiheit behalten.

Wenn ich zumindest teilweise Konsum verweigere, so hat das für mich eine ganz besondere Qualität. Verweigerung fühlt sich stark an, ist Ausdruck von Widerstand und Aktivität und hat nichts mit Gefühlen von Verzicht, Entbehrung oder Nichtdazugehören zu tun, die in meinen Augen Passivität und Schwäche signalisieren und demzufolge negativ besetzt sind.

So erlebe ich unser Experiment eben nicht. Für mich herrscht nach wie vor ein positiver Ansatz vor, bei dem die Suche nach besseren Alternativen im Vordergrund steht, selbst wenn das öfter einmal bedeutet, einfach *nichts* zu kaufen. Manchmal oder gar nicht so selten handle ich dabei sogar aus einer Trotzreaktion heraus: »Das lasse ich mir nicht gefallen, da mache ich nicht mit!«

Also doch ein »Plastiktaliban«, oder? Nein, denn ich selbst empfinde unsere Bemühungen nur als einen Versuch, auf einer sehr subjektiven Ebene das Nötige vom Unnötigen zu trennen und sich dann möglichst bewusst für das eine oder das andere zu entscheiden. Nichts Aufregendes also, zumal wir die Freiheit für uns beanspruchen, unseren Entschluss jederzeit rückgängig machen zu können. Niemand zwingt uns schließlich dazu – wir sind immer noch mitten in der »Bequemlichkeitszone«. Entbehrung sieht jedenfalls anders aus. Je länger unser Experiment dauert, umso weniger bemerkenswert scheint es mir.

Dennoch kommt es nicht selten vor, dass sich andere Menschen dadurch genötigt sehen, ihre Standpunkte zu verteidigen oder sich für ihre eigene Lebensweise zu rechtfertigen. Besonders seltsam finde ich es, wenn ich zu Besuch bei Freunden oder Bekannten bin, die sich plötzlich für irgendwelche Plastikteile in ihrem Haushalt entschuldigen, zumal ich selbst nie auf die Idee käme, irgendjemanden diesbezüglich belehren zu wollen. Wie sollte ich auch – schließlich war ich lange genug fast ein Plastikjunkie. Und ich mag vor allem nicht über das Thema reden, wenn diese Spirale aus schlechtem Gewissen und Rechtfertigung losgeht. Das macht keinen Spaß, das empfinde ich als extrem mühsam.

Es war wohl doch nicht allein der hellblaue Plastiklöffel, der all diese Gedanken ausgelöst hat. Irgendwie ist mir mit einem Mal bewusst geworden, dass unser Experiment an einem entscheidenden Wendepunkt angekommen ist, ohne dass ich sagen könnte, wohin die Reise gehen wird.

Am Abend, nachdem die Kinder im Bett sind, spreche ich mit Peter darüber, frage ihn, wie er die Entwicklung unseres Versuchs mit allen seinen Konsequenzen sieht. Ob er zufrieden ist, ob es ihm gut geht damit und vor allem, ob und wie es sich aus seiner Sicht auf unsere Beziehung und auf unser Zusammenleben ausgewirkt hat. Peter ist kein Mann, mit dem man so etwas jeden Tag besprechen kann. Er muss in der richtigen Stimmung sein, sonst entlockt man ihm nicht mehr als ein schlichtes »Passt alles«. Doch heute habe ich den richtigen Moment erwischt.

»Es war schon ziemlich plastiklastig in letzter Zeit«, meint er »Und du warst halt wie immer sehr im Mittelpunkt und hast ein ziemliches Tempo vorgegeben. Zwischendurch war's tatsächlich etwas mühsam, dazu die ganzen Interviews. Aber im Endeffekt fand ich's immer interessant, und von der Sache selbst war ich ja sowieso von Anfang an überzeugt.« Und nach einer kurzen Pause: »In gewisser Weise bewundere ich auch, wie du das alles machst und dass du mit solchen Dingen so offensiv umgehen kannst, die Leute begeisterst ... Manchmal beneide ich dich sogar ein wenig darum.«

So etwas habe ich von Peter nie zuvor gehört. Bislang war eher ich es, die *ihn* beneidet hat – wegen seiner Ruhe und Gelassenheit und wie unaufgeregt er unser Experiment betrachtet. Während mir Interviews und sonstige Medienkontakte meist Spaß machten, empfand Peter sie allerdings teilweise als ziemlich anstrengend. Und die Kinder? Nachdem der erste Reiz vorbei war, begann es sie zu nerven, ständig die gleichen Fragen gestellt zu bekommen. Marlene hat es einmal sehr treffend ausgedrückt: »Wieso wollen eigentlich immer alle wissen, was schwierig war? Wieso fragen sie nie, was wir toll finden und warum wir das machen?« Sie durchschaute anscheinend ganz instinktiv die mediale Strategie, alles etwas übertrieben und extremer darzustellen, und empfand solche Suggestivfragen einfach als unangenehm. Wobei wir den Kindern im Umgang mit den Medien ebenfalls die Wahl gelassen haben, ob sie sich aktiv daran beteiligen wollten. Speziell Marlene stellte sich in den meisten Fällen ganz gerne für ein Interview zur Verfügung. Ich hatte sowieso des Öfteren das Gefühl, dass die beiden Großen besser als so manche Erwachsene den Sinn unseres Experiments verstanden haben.

Ich war und bin sehr stolz auf meine Familie, wie mir Peters unerwartetes Kompliment wieder einmal bewusst gemacht hat. Weil sie nicht nur die Zustimmung zu diesem Projekt gab, sondern es entgegen mancher Prophezeiung über den ursprünglich geplanten Zeitraum hinaus gemeinsam mit mir zu tragen bereit war. Trotz der gänzlich unerwarteten Eigendynamik, die sich entwickelte, ist es letztlich vor allem unser kleines Familienexperiment geblieben, aus dem wir alle sehr viel gelernt haben.

An diesem Abend passiert etwas, was ich nur sehr selten erlebe: Ich bin einfach nur zufrieden.
Am nächsten Morgen verspüre ich plötzlich große Lust, zum Lavantsee zu gehen, der ungefähr eine Dreiviertelstunde von der Hütte entfernt liegt. Obwohl ich normalerweise nicht besonders gern alleine losziehe, ist es mir an diesem strahlend schönen Frühlingstag einfach ein Bedürfnis.

Schon nach den ersten paar Minuten des Weges empfinde ich ein seltenes Gefühl von Geborgenheit. Jeder Schritt scheint mich einem noch unbekannten Ziel näher zu bringen. Je weiter ich mich von der Hütte entferne, umso machtvoller ergreifen alle möglichen Eindrücke und Erinnerungen aus den letzten eineinhalb Jahren von mir Besitz. Ich denke an Menschen, die ich kennen und schätzen gelernt habe, an Diskussionen und Auseinandersetzungen sowie an die vielen Zeichen von Zustimmung und Bestärkung. Einige Freundinnen wurden durch unser Experiment ermutigt, Ähnliches auszuprobieren: Nicole, Marianne, Sabine, Veronika, dazu meine Schwester Kerstin sowie Unzählige, mit denen ich bei Veranstaltungen, Vorträgen oder durch den Weblog in Kontakt kam und die mir durch ihren Zuspruch und ihre Erfahrungen weitergeholfen haben.

Aber auch andere Gedanken und Erinnerungen werden wieder lebendig. Das Bild der hoffnungslos verschmutzten Strände und mein Gefühl der Ohnmacht, die große Masse derer, die sich von den brennenden Problemen in keinster Weise betroffen fühlen oder gar alles lächerlich finden – es waren nicht wenige, die nur auf den geeigneten Moment warteten, mir zu erklären, an der Rettung der Welt seien schon ganz andere Kaliber als ich gescheitert. Und die Millionen Menschen auf diesem Planeten, die das alles deshalb nicht tangiert, weil sie schlicht und einfach um das tägliche Überleben zu kämpfen haben.

In den vergangenen eineinhalb Jahren brachten mich solche Überlegungen mehr als einmal zum Zweifeln und manchmal auch zum Verzweifeln. Doch während ich meine Schritte fest und sicher auf den steiler werdenden Weg setze, spüre ich, wie meine Entschlossenheit wächst. Es geht nicht um die anderen, sondern um mich. Und nicht um die Entscheidungen derjenigen, die es besser oder schlechter getroffen haben als wir – ich kann mich nur auf das konzentrieren, was ich tue. Niemandem ist damit gedient, wenn ich mir ein schlechtes Gewissen einrede, weil es mir und meiner Familie besser geht als Millionen anderen. Es gilt, aus dieser bevorzugten Position heraus Entscheidungen zu treffen und diese immer wieder zu hinterfragen. Und speziell dann, wenn man versucht, »das Richtige« zu tun, ist es oft besonders schwierig.

Ich stelle mir vor, ich erhielte eine Einladung zu einem Vortrag nach Amerika. Wichtige Personen aus Politik und Wirtschaft würden anwesend sein, um meinen Ausführungen zu lauschen. Dazu müsste ich natürlich in ein Flugzeug steigen, was für uns normalerweise aus Prinzip keine Option ist, und zwar ganz unabhängig von unserem Experiment.

Würde ich es tun? Könnte der zu erwartende Nutzen meines Vortrags es rechtfertigen, meinem Prinzip untreu zu werden? Schließlich ist es meine Überzeugung, dass mit jeder individuellen Flugreise Schaden angerichtet wird und dass die Frequenz des Flugverkehrs nur reduziert werden kann, wenn viele Individuen diese Form des Reisens verweigern, anstatt zu denken »Die Maschine fliegt ja sowieso«.

Natürlich vermag niemand diesbezüglich eine zuverlässige Schaden-Nutzen-Rechnung anzustellen, sondern ich müsste nach meinem Gefühl entscheiden und würde – vorausgesetzt ich bekäme meine Flugangst und meine nicht mehr ganz astreinen Englischkenntnisse in den Griff – ziemlich sicher die Reise nach Amerika antreten. Es gibt nun mal nicht für jedes Problem »richtige« und »falsche« Antworten.

Manches allerdings lässt sich eindeutig entscheiden. Sollen wir unsere Geräte im Stand-by-Betrieb laufen lassen? Im Dezember Erdbeeren aus irgendeinem fernen Land kaufen oder den Motor unseres Autos vor einer geschlossenen Bahnschranke laufen lassen? Natürlich nicht. Wenn wir uns die richtigen Fragen stellen, brauchen wir keine Wissenschaftler, keine Studien und keine Zahlen. Dann geht es allein darum, dem, was wir wissen oder fühlen, die entsprechenden Taten folgen zu lassen.

Tief in solche Gedanken versunken merke ich plötzlich, dass ich vom Weg abgekommen bin. Beim Zurückschauen sehe ich noch, wo das war. Der Moment erscheint mir symbolträchtig. Oft sieht man erst im Nachhinein, an welcher Stelle man den richtigen Weg verpasst und die falsche Richtung eingeschlagen hat. Doch selbst wenn einem das passiert, muss man auf dem als falsch erkannten Weg nicht bis zum bitteren Ende weitergehen. Es gibt ein Zurück, und davon abgesehen können Um- und Irrwege bisweilen ganz schön spannend und lehrreich sein. Ich denke, unser Experiment hat uns vor allem deshalb so viel Spaß gemacht, weil es von Anfang an auch »Abwege« zuließ, weil es nicht perfekt war und wir sehr schnell Kompromisse als notwendig erkannten. Ich denke, es war die Einsicht, dass in so gut wie jedem Schraubverschluss zumindest ein kleiner Kunststoffring enthalten ist, die unserem anfänglichen Ehrgeiz einen heilsamen Dämpfer versetzte und uns schon von Beginn an vor jeglicher Radikalisierung bewahrte.

Ich sehe mich im Gelände um. Alles um mich herum erscheint mir unglaublich lebendig. Die Latschenkiefern, die Gräser und Pflanzen, die ersten Blumen, sogar die Steine scheinen zu atmen. In mir macht sich ein Gefühl von Ehrfurcht und unendlicher Dankbarkeit breit. Direkt neben mir steht ein kleines, ziemlich verkrüppeltes Bäumchen, und weil sonst gerade niemand da ist, mit dem ich diese wunderschöne Empfindung teilen kann, umfasse ich den dünnen Stamm mit beiden Händen, als würde ich ihn umarmen. Danach fühle ich mich leicht und frei und gehe langsam wieder auf den markierten Weg zurück.

Als ich schließlich den Lavantsee erreiche, der bis auf ein kleines Stück noch zugefroren ist, bin ich von der Schönheit und Ruhe dieses Ortes überwältigt. Hier scheint es fast so, als gäbe es sie doch noch, die unberührte Natur, und mir fällt ein, dass ich auf dem ganzen Weg kein einziges Stück Plastikmüll gesehen habe, eine Tatsache mit Seltenheitswert. Bin ich etwa in einer plastikfreien Zone gelandet? Nun ja, um diese Jahreszeit sind hier natürlich kaum Menschen, die Müll hinterlassen könnten. Aber die These, dass die Menge des Plastikmülls mit zunehmender Höhe abnimmt, kann ich trotzdem aus meinen zahlreichen Bergerfahrungen bestätigen.

Während ich minutenlang schweigend am See stehe, scheint plötzlich alles einen Sinn zu ergeben. Der Weg zählt, auf dem sich jeder einzelne kleine Schritt, jeder Umweg gelohnt hat, und die Sehnsucht, all diese Schönheit zu bewahren, auch für nachfolgende Generationen, sowie der brennende Wunsch, selbst etwas dazu beizutragen.

Letztlich war es der Glaube an die Bedeutung des eigenen Handelns, der uns vor mehr als eineinhalb Jahren zu unserem kleinen Experiment motivierte. Was inzwischen daraus geworden ist, übertrifft bei Weitem all unsere Erwartungen. Obwohl immer wieder davon die Rede war, haben wir nicht ganz ohne Kunststoff gelebt. Dazu hätten wir schon in eines der mehrere Hundert Jahre alten Häuser im Freilichtmuseum Stübing einziehen müssen. Aber wir schafften uns plastikfreie Zonen, und obwohl wir an viele Grenzen stießen, fanden wir fast immer Auswege oder zumindest Kompromisse. Wir mussten manchmal eine langsamere Gangart einschlagen, haben den Weg jedoch niemals verlassen und sind gespannt auf die Stationen, die vor uns liegen.

Ich weiß zwar nicht, ob die gesundheitlichen Auswirkungen unseres Experiments sich positiv messen und die Reduktion von Schadstoffen in unserem Haushalt sich wissenschaftlich überprüfen lassen würden – eines allerdings kann ich mit Sicherheit sagen: Mein eigenes Wohlbefinden hat sich seit Beginn unseres Experiments eindeutig verbessert. Es tut einfach gut, sinnvoller mit dem umzugehen, was uns im Überfluss zur Verfügung steht, und dabei ständig die eigene Kreativität zu fordern.

Der Weg, den wir in den letzten eineinhalb Jahren gegangen sind, war lang, jedoch nicht beschwerlich. Jetzt sind wir am Ende angekommen, weil unser Versuch aufgehört hat, ein Experiment zu sein, weil er sich weiterentwickelte und Teil unseres Lebensalltags geworden ist. Die Phase des Ausprobierens liegt hinter uns. Die Frage ist nicht mehr, ob es geht, sondern wie weit es gehen kann. Daran wollen wir feilen.

Natürlich hadere ich bisweilen damit, dass ich nicht mehr tun, nicht die ganze Welt oder zumindest Teile davon zu retten vermag, aber ich habe gelernt, dass jeder kleine Schritt bedeutsam ist. Für mich selbst, für meine Kinder, für die Hoffnung auf Veränderung und für die Motivation, weitere kleine Schritte zu gehen.

Mehr kann ich als einzelner Mensch nicht tun.

Allerdings auch nicht weniger.

Nachwort:
Was sich seither getan hat

Seit meiner Wanderung zum Lavantsee ist fast schon wieder ein halbes Jahr vergangen.

Das Stofftaschenprojekt, das ich initiiert habe, ist mit Schulbeginn 2011 an fast allen Schulen, Kindergärten und Altenbetreuungseinrichtungen der Region angelaufen. Überall werden neue Fair-Trade-Baumwolltaschen bemalt und gebrauchte Stofftaschen gesammelt. Inzwischen erhielt ich sogar Zusendungen aus Deutschland und der Schweiz. Auch bei den Geschäftsleuten unserer Region kommt das Projekt mittlerweile sehr gut an. Über zwanzig Firmen sind es bislang, die unsere Taschen nach Abschluss der Sammelaktion als Alternative zu Einwegtaschen an den Kassen gegen freiwillige Spenden anbieten wollen.

Ganz allgemein stelle ich immer wieder fest, dass sich das Bewusstsein hinsichtlich des Umgangs mit dem »Wegwerfprodukt« Plastik zumindest in unserem direkten Umfeld deutlich verändert hat. Meine Freundin Marianne und ihre Familie, inzwischen ausgesprochen konsequente Plastikvermeider, wurden sogar vom ORF porträtiert. Und auch bei mir gibt es noch immer Anfragen für Interviews und Vorträge.

In vielen Supermärkten unserer Region sind jetzt Bioplastiktaschen zumindest als zusätzliches Angebot erhältlich. Gleichzeitig sehe ich immer öfter Plastiksackerl mit der Aufschrift »recycelbar« oder »aus Recyclingmaterial« und frage mich dann jedes Mal, was uns die Produzenten damit wohl sagen wollen.

Recycelbar ist schließlich grundsätzlich so gut wie alles auf irgendeine Weise, und dass Plastiktaschen aus Recyclingmaterial hergestellt sind, macht sie noch lange nicht zur bestmöglichen Option. Bei all diesen Neuerungen ist es oft gar nicht so einfach festzustellen, ob es sich um tatsächliche Verbesserungen oder eher nur um Alibiaktionen handelt. An der grundlegenden Einstellung zum Wegwerfen und Verschwenden hat sich nämlich leider in vielen Bereichen bislang nichts Entscheidendes verändert.

In unserem eigenen Haushalt fällt zwar nach wie vor extrem wenig Müll an und vor allem kaum Plastikmüll, aber diese Reduktion und die damit verbundene Ressourcenersparnis spielt sich, gemessen am weltweiten Verbrauch, wahrscheinlich maximal im Milliardenstelbereich ab. Trotzdem stellt sich die Frage, ob das den Aufwand rechtfertigt, für mich mittlerweile nicht mehr. Die Umstellungen in unserem Einkaufsverhalten sind längst zur Gewohnheit geworden.

Nichtsdestotrotz können unsere individuellen Erfolgserlebnisse nicht darüber hinwegtäuschen, dass es um viel mehr geht, als für ein paar besonders kritische Menschen die optimale Verpackungsform zu finden. Letztlich sollten sich alle Bemühungen darauf richten, die Verantwortlichen aus Politik und Wirtschaft so weit zu bringen, den Einsatz von schädlichen Substanzen und die Verschwendung von Ressourcen zu minimieren, damit schadstoffarmes und auch für die breite Masse umweltverträgliches Einkaufen zur Selbstverständlichkeit werden kann. Allerdings dürfte dafür weitaus mehr notwendig sein als nur die Suche nach individuellen Lösungen. Dazu braucht es gesellschaftliches und politisches Engagement, eine neue Definition von Wohlstand, Solidarität und Lebensqualität und nicht zuletzt viele mutige Menschen.

Trotz solcher Einsichten habe ich den Wunsch und den Ehrgeiz, noch mehr zu bewegen, wobei ich mein Engagement zwischenzeitlich durchaus schon als Bürde empfunden habe. Speziell nach dem letzten erholsamen Urlaub am Meer verspürte ich das Bedürfnis, einfach nur zu leben und mich nicht gleich wieder kopfüber in das Stofftaschenprojekt zu stürzen, das im Herbst seine intensivste Phase erreichte. Andererseits war es jedoch gerade dieser Urlaub, der mir die Notwendigkeit, sich für eine Vermeidung von Plastikmüll einzusetzen, erneut drastisch und dramatisch vor Augen geführt hatte.

Obwohl sich in den letzten zwei Jahren ein bisschen was getan hat, besteht also unvermindert Handlungsbedarf. Und so bin ich oft hin- und hergerissen zwischen dieser Erkenntnis und der Sehnsucht, mich einfach nur mal um mein eigenes Leben, meine Familie, meinen Beruf und meine »Freizeit« zu kümmern. Wenn ich dann aber genauer darüber nachdenke, stelle ich fest, dass sich die Bereiche für mich gar nicht mehr trennen lassen, weil mein Engagement Teil meines Lebens geworden ist. Die Herausforderung besteht also im Grunde genommen darin, das jeweils richtige Maß des persönlichen Einsatzes zu finden und sich dabei seine Lebensfreude und die Fähigkeit, mit Liebe an die Dinge heranzugehen, zu bewahren.

Seit damals, als wir das Experiment starteten, habe ich viele Menschen getroffen, bei denen diese Liebe, diese innere Überzeugung, dieses Gefühl der Verbundenheit oder wie immer man es nennen will, spürbar waren. Solche Momente, in denen ich bemerkte, dass ein Funke übergesprungen, eine Idee auf fruchtbaren Boden gefallen ist, waren und sind für mich der größte persönliche Gewinn. Und sie entschädigen mich reichlich für viele frustrierende und demotivierende Gespräche und Begegnungen, wiegen Ignoranz, Gleichgültigkeit oder Alibiinteresse auf.

Keine Frage: Jeder einzelne dieser Momente ist Grund genug, weiterzumachen.

Danke

Weil ihr mir Raum gegeben habt,
habe ich einen langen Atem bekommen.

Weil ihr meine Hoffnung geteilt habt,
ist sie mein stärkster Halt geworden.

Weil ihr an mich geglaubt habt,
haben sich meine Zweifel im Wind zerstreut.

Weil ihr mein Boden wart,
habe ich diesen Weg gehen können.

Danke Peter, Samuel, Marlene und Leonard, dass ihr dieses schöne,
lehrreiche und manchmal auch anstrengende Experiment mit
mir gewagt habt.

Danke meiner Schwester Kerstin und allen meinen guten Freundinnen für die Geduld und Unterstützung in den letzten zweieinhalb Jahren.

Danke Werner und Thomas, dass ihr an meine Idee geglaubt
habt und dabei so gute Freunde geworden seid.

Danke an meine Eltern, die mir die Liebe zu allem Lebendigen
beigebracht haben.

Anhang:
Tipps für den plastikfreien Einkauf

Viele Tipps und Informationen zum Thema finden Sie unter:

www.keinheimfuerplastik.at Weblog zum Thema plastikfrei Einkaufen von Sandra Krautwaschl
www.plastic-planet.at Website zum Film mit neuesten Infos
www.plastikfrei.at Sammlung von plastikfreien bzw. plastikarmen Produkten (auch mit Marken und Bezugsquellen), die laufend erweitert werden und von Ihnen ebenfalls erweitert werden können

Im Folgenden habe ich versucht, eine Reihe von Erfahrungen zusammenzustellen, die wir in nunmehr fast zwei Jahren mit plastikfreiem Einkaufen gemacht haben.

Natürlich kann und will diese Liste keinen Anspruch auf Vollständigkeit stellen und bezieht sich in vielen Bereichen speziell auf die Gegebenheiten unserer Region. Trotzdem macht es Sinn, sie auch in anderen Gegenden anzuschauen, weil sie meiner Meinung nach beispielhaft zeigt, dass das jeweilige Lebensumfeld immer die erste Wahl ist, um nach individuellen Lösungen zu suchen.

Im Umkehrschluss heißt das ebenfalls, dass ich niemandem, der in einer Großstadt lebt, empfehlen würde, zum Milchholen mit dem Auto aufs Land zu fahren! In diesem Fall ist die Milch aus dem Tetrapack sicher die bessere Lösung. Vielleicht aber ist es eine Anregung, sich für die Wiedereinführung von Mehr-wegflaschen oder die Installation eines Milchautomaten einzu-setzen.

Insgesamt sehe ich gerade diesen Praxisteil auch als Plädoyer für einfache Lösungen, die nicht unbedingt immer mit Konsum einhergehen müssen, sondern teilweise einfach so banale Dinge wie Reduktion und Sparsamkeit erfordern. Gleichzeitig möchte ich aber auch dazu animieren, sich in allen Bereichen, wo es bis jetzt keine guten, praktikablen und leistbaren Alternativen gibt, für Veränderungen zu engagieren, Diskussionen zu führen und bestehende Sachzwänge nicht widerstandslos und unhinterfragt zu akzeptieren.

Selbstverständlich sind die genannten Alternativen zu Plastik nur als Anregung und nicht als der Weisheit letzter Schluss zu sehen. Sie sollen nicht dazu verleiten, in allen Bereichen unre-flektiert auf ein anderes Material umzusteigen, sondern dazu anregen, sich kritisch damit auseinanderzusetzen, was wir in unserem täglichen Leben wirklich verwenden, verbrauchen und letztlich wegwerfen wollen – und vor allem wie viel davon!

Relativ einfach plastikfrei zu bekommen

Viele der im Folgenden genannten Produkte sind recht unpro-blematisch zu bekommen, selbst in Supermärkten, weil sie prin-zipiell nicht in Plastik verpackt sind oder man zumindest die Wahl hat zwischen Glas-, Metall- oder Papierverpackungen.

Ganz prinzipiell bevorzuge ich Dinge, die man »offen«, also ganz ohne Verpackung, kaufen kann. Ich nehme daher mittler-weile zu jedem geplanten Einkauf mindestens eine Stofftasche und mehrere gebrauchte Papier- oder Bioplastiksackerl (z. B. Fa. Naku, *www.naku.at*) mit, außerdem zumeist mindestens eine Edelstahldose.

Brot und Gebäck: In Bäckereien werden diese Produkte normalerweise in Papier verpackt, wobei aber oftmals die einzelnen Päckchen anschließend noch in eine große Plastiktasche gesteckt werden. Am sinnvollsten finde ich es, möglichst eine eigene Stofftasche in die Bäckerei mitzunehmen und auch Papierverpackungen möglichst zu sparen.

Käse: In vielen Supermärkten kann man die meisten Käsesorten auch unverpackt kaufen. Ich nehme normalerweise meine Edelstahldosen mit und lasse mir den Käse direkt hineingeben. Es ist auch absolut kein Problem, mehrere Käsesorten in ein und demselben Behälter zu transportieren.

Sollte ich die Dosen einmal vergessen haben, kaufe ich Hartkäse, den man zumindest für kurze Transportwege ohne Weiteres nur in ein Papiersackerl verpacken lassen kann. Vorsicht: Was das Verkaufspersonal häufig für Papier hält, ist meist mit Plastik beschichtet.

Butter: Die Verpackung besteht normalerweise aus Alu und gefettetem Papier, es gibt aber auch vereinzelt Butter (bei uns z. B. bei Merkur), die in richtiges Papier verpackt ist. Wer auf dem Land lebt, sollte die Butter beim Bauern kaufen – die schmeckt nämlich viel besser.

Fleisch und Wurst: Ich kaufe beides beim Fleischer, direkt beim Bauern oder in Supermärkten, die offene Ware anbieten, mit Behältern aus Edelstahl oder größere Mengen mit Kochtöpfen, aus meiner Sicht eine äußerst hygienische Art, diese Produkte einzukaufen. Außerdem erspart man sich das Umpacken in diverse Dosen für die Aufbewahrung im Kühlschrank.

Obst und Gemüse: Die Auswahl an unverpackten Produkten ist bei uns teilweise vor allem in Supermärkten sehr begrenzt. Ich nehme normalerweise immer eigene Stofftaschen oder gebrauchte Papier- oder Bioplastikbeutel mit.

Mehl, Zucker, Haferflocken, Salz: Speziell bei Zucker und Haferflocken kommt es öfter vor, dass man sich zwischen plastikverpackten Bioprodukten und in Papier verpackten konventionellen Produkten entscheiden muss. Ein guter Tipp sind in diesen Fällen Bioläden, denn hier gibt es Flocken häufig auch offen zu kaufen und tendenziell etwas mehr in Papier verpackte Produkte als in Supermärkten.

Nudeln: Verschiedene Marken sind im Karton auch ohne Plastiksichtfenster verpackt in normalen Läden erhältlich. Ich habe außerdem bei meinen Recherchen auch sehr gute »Quellen« ganz in unserer Nähe gefunden. Einen Bauern, der verschiedene Nudelarten auch in Vollkornqualität herstellt und sie in größeren Kartons liefert. Ich finde, es lohnt sich, nach solchen Quellen im eigenen Umfeld zu suchen.

Reis, Linsen, Bohnen und Getreideprodukte (z. B. Polenta, Gries, Dinkel): Viele dieser Produkte sind auch in Supermärkten in Papier verpackt. Wenn man Bioqualität kaufen will, wird es teilweise leider schon wieder schwieriger. Auch hier sind Bioläden teilweise eine gute Quelle, um die Produkte »offen« zu kaufen. Für diesen Zweck am besten eigene Behälter, Taschen oder Papiersackerl mitbringen.

Semmelbrösel und Knödelbrot: Gibt es vor allem in Bäckereien sowie teilweise in Supermärkten, wobei man Knödelbrot natürlich auch sehr leicht aus altem Brot und alten Semmeln selbst herstellen kann.

Tee und Kakao: Teebeutel gibt es von verschiedenen Firmen ohne Plastikverpackung und in Bioqualität (z. B. Spar, DM). Ich kaufe diese Produkte allerdings meist »offen« in einem Tee- und Gewürzladen in Graz (Brantner) und nehme dafür eigene Dosen oder Gläser mit.

Marmelade, Honig, Aufstriche: Vor allem Honig, Marmelade und Fruchtaufstriche sind großenteils ohnehin in Glas verpackt, würzige Aufstriche eher nicht. Da es sich allerdings – außer bei Honig, den ich beim Imker kaufe und bei dem ich die Gläser wieder zurückgebe – normalerweise um Einweggläser handelt, versuche ich würzige Aufstriche und Marmeladen überhaupt so weit wie möglich selbst zu machen.

Eier: Auch hier ist sparsamer Umgang mit der Verpackung gefragt. In Bioläden, in der Bauernecke verschiedener Kaufhäuser (bei uns z. B. Lagerhaus, Nah und Frisch) können die Kartons nachgefüllt werden. Hier gibt es oft auch beste Bioqualität direkt aus der Region.

Müsli: »Offen« erhältlich in diversen Bioläden, plastikfrei verpackt z. B. bei Spar. »Natur pur« in drei Sorten im kompostierbaren Zellstoffbeutel.

Ketchup, Senf, Mayonnaise: Alles ist in Glasflaschen oder Gläsern mit Schraubverschluss erhältlich (z. B. DM).

Passierte Tomaten: In der Glasflasche z. B. bei Spar oder DM. Wir bekommen auch selbst gemachtes Tomatenmark vom Biobauern, der uns beliefert. Dort kann ich die Gläser auch wieder zurückgeben!

Essig und Öl: Bei diesen Produkten ist mir besonders aufgefallen, dass vor allem qualitativ hochwertigere Öle und auch Essig grundsätzlich eher in Glasflaschen verpackt sind.

Mineralwasser, Säfte, Softdrinks: Apfelsaft kaufen wir direkt beim Bauern. Es gibt aber teilweise auch Apfel- und Orangensaft sowie Mineralwasser in Pfandflaschen (z. B. Cappy), Softdrinks dagegen schon sehr selten. In einem Biosupermarkt und in mehreren Bioläden habe ich allerdings köstliche Biolimonaden und sogar ein Biocola in der Glaspfandflasche gefunden. Natürlich teurer als herkömmliche Softdrinks, aber da wir all diese Dinge nur für spezielle Anlässe kaufen, ist das kein Problem.

Etwas schwieriger

LEBENSMITTEL

Milch: Wir holen die Milch zurzeit bei einem Bauern ganz in unserer Nähe. Außerdem habe ich in verschiedenen Bioläden und auch im Biosupermarkt Milch in Pfandglasflaschen gefunden. Achtung: teilweise kein regionales Angebot! In Graz gibt es außerdem mehrere Milchautomaten, und deshalb gehe ich davon aus, dass es dieses Angebot in vielen größeren Städten gibt.

Sauerrahm, Schlagobers (Sahne), Joghurt: Gibt es ebenfalls in Bioläden und im Biosupermarkt im Pfandglas, teilweise sogar mit Metallschraubverschlüssen.

Topfen (Quark): Habe ich in mehreren Bioläden »offen« gefunden. Er schmeckt viel besser als herkömmlicher »Packerltopfen«. Ich lasse ihn mir in ein kleines Glas oder eine Edelstahldose füllen.

Auch bei Bauern in der Umgebung bekommt man teilweise den selbst gemachten Topfen. Wer Lust und Zeit hat, kann ihn aus Rohmilch auch zu Hause herstellen. Neuesten Informationen zufolge gibt es unverpackten Topfen teilweise auch in Bäckereien, zumindest was Graz betrifft.

Gewürze, Vanillezucker: Beides habe ich in Graz bei Brantner in der Gleisdorfer Gasse gekauft, wo die Gewürze in großen Gläsern aufbewahrt werden und man sich alles in Papiertaschen oder mitgebrachte Behälter abfüllen lassen kann. Ich finde, es lohnt sich, nach solchen und ähnlichen Geschäften zu suchen. Gewürze lassen sich ja gut auf Vorrat kaufen. Das ist für uns ziemlich wichtig, weil es ein Teil unseres Experiments ist, dass wir keine extra Wege (vor allem nicht mit dem Auto) machen wollen.

Die Firma »Sonnentor« bietet seit Kurzem Gewürze in Bioqualität an, die in kompostierbares Bioplastik und Papier verpackt sind.

Rosinen, Nüsse, Mandeln, Trockenobst: Auch hier bin ich in Bioläden sowie bei dem bereits erwähnten Gewürzgeschäft und teilweise auch auf Bauernmärkten fündig geworden. Allerdings sollte man immer einen Behälter oder eine Papiertasche mitnehmen, da auf den Märkten leider fast nur Plastikbeutel verwendet werden.

Kaffee: Es gibt zwar z. B. bei Tchibo offenen Kaffee zu kaufen, und man kann ihn sich sogar in Papier verpacken lassen, leider aber nicht in der von mir bevorzugten Bio- und Fair-Trade-Qualität. Die verwendeten Papierverpackungen kann man übrigens ohne Weiteres mehrmals wiederverwenden! Da mir Fair Trade und Bio gerade bei Kaffee besonders wichtig ist, bin ich dazu übergegangen, meinen Kaffeekonsum drastisch zu reduzieren und kaufe mittlerweile nur mehr zirka alle zwei bis drei Monate ein halbes Kilo Bio- und Fair-Trade-Kaffee in der üblichen Verpackung.

Im gesamten Lebensmittelbereich leistet uns auch der Zustelldienst eines steirischen Biobauern sehr gute Dienste. Hier bestellen wir einmal wöchentlich und bekommen Obst und Gemüse direkt ohne zusätzliche Verpackung in der Kiste, aber auch Käse, Topfen und vieles mehr gibt es hier auf Wunsch ohne Plastikverpackung.

Für mich ist es auch immer wieder sehr hilfreich, mir bewusst zu machen, dass wir sehr viel weniger verschiedene Lebensmittel brauchen, um uns ausgewogen, gesund und wohlschmeckend zu ernähren, als uns das Angebot eines durchschnittlichen mitteleuropäischen Supermarkts suggerieren möchte. Das heißt, wir kaufen jetzt natürlich nicht mengenmäßig weniger als früher, aber weitaus weniger verschiedene Dinge! Für mich eine der wichtigsten Regeln bei der Reduktion von Plastik und Verpackungsmaterial im Allgemeinen.

KÖRPERPFLEGE, HYGIENE

Taschentücher: Die meisten Taschentücherverpackungen haben zumindest eine Plastiklasche. Die Marke »Soft und Sicher« aus Recyclingpapier und ohne Plastiklasche gibt es bei DM. Für unterwegs kann man sie in selbst genähte oder gehäkelte Täschchen packen, übrigens auch eine nette Geschenkidee!

Klopapier: Dafür verwenden wir Papierhandtücher aus Recyclingpapier, die im Großhandel in einer Kartongroßpackung erhältlich sind. Daraus ergibt sich ein zusätzlicher Einsparungseffekt, da die Kinder das Papier nicht in großen Mengen abrollen, sondern einzeln verwenden und wir die Tücher vorher noch einmal in der Mitte durchreißen. Mit der ersten Großpackung um rund 25 Euro sind wir insgesamt über ein Dreivierteljahr ausgekommen.

Shampoo, Duschgel, Hautpflege, Zahnpasta: Shampoo und Zahnpasta gibt es z. B. von Weleda in der Metalltube (allerdings aus Alu und mit dem Nachteil, dass rundherum noch ein Karton ist). Als Duschgel verwenden wir teilweise – nach eingehendem Studium der Inhaltsstoffe und genauer Information durch die Erzeuger – den Allzweckreiniger der Firma Pach (siehe auch Putzmittel und Shampoo!), hauptsächlich aber Naturseifen in fester Form. Hautöle gibt es ebenfalls unter anderem von Weleda in Glasflaschen. Als individuelle Alternative verwenden wir die selbst gemachten Produkte von zwei Bekannten, die seit Beginn unseres Experiments prinzipiell in Gläser oder Glasflaschen abgefüllt werden. Ein gutes Beispiel dafür, dass in so einem »kleinen« Rahmen einfach viel besser auf Kundinnenwünsche eingegangen werden kann.

Alternativen zu Zahnpasta sind:

Zahnputzsalz, das es teilweise in Apotheken oder im Versand gibt (z. B. Panda), oder man stellt Zahnpasta auch selbst her (dazu finden sich zahlreiche Rezepte im Internet).

Xylit (Birkenzucker): Dieser Zuckeraustauschstoff ist ebenfalls in Pulverform in der Apotheke oder in Reformhäusern erhältlich, hat eine stark karieshemmende Wirkung und ist wegen seines süßlichen Geschmacks auch bei Kindern beliebt! In der Apotheke zum Nachfüllen mit eigenem Behälter, im Reformhaus in der Plastikverpackung, was ich angesichts der Tatsache, dass man sich damit unzählige Tuben Zahnpasta spart, für tolerierbar halte.

Holzzahnbürsten: Etwa bei der österreichischen Firma Bürstenerzeuger (*www.buerstenerzeuger.at*) erhältlich. Sie werden auf Wunsch in plastikfreier Verpackung geliefert! Diese Zahnbürsten halten sehr lange, haben Naturborsten und können am Ende bedenkenlos verbrannt werden (siehe auch Links und Adressen). Alternativ gibt es Kunststoffzahnbürsten mit austauschbarem Bürstenkopf in Bioläden und Reformhäusern, sowohl mit Naturborsten (normalerweise aus hochgereinigter Schweineborste) als auch mit Kunststoffborsten.

Haarshampooseifen: Gibt es z. B. bei der Firma Lush in fester Form und ohne Verpackung. Sie sind sehr ergiebig. Da es auf diesem Sektor inzwischen viele kleine Erzeuger gibt, sollte man in der eigenen Region nachforschen. Prinzipiell kann man die Haare aber auch problemlos mit jeder beliebigen Naturseife waschen und danach einfach mit einer Apfelessig-Wasser-Mischung nachspülen. Das spart viel Geld, ist einfach und natürlich – ich habe zumindest bei meinem Haar noch keinerlei Stylingprobleme erlebt.

Eine weitere Alternative ist **Wascherde** (Lavaerde) z. B. von der Firma Tautropfen oder Logona, die in Kartons verpackt ist und mit Wasser angerührt wird. Statt Duschgel verwenden wir unter anderem ebenfalls Wascherde oder normale Seifen.

Eine für mich wirklich sensationelle Entdeckung war der **Allzweckreiniger** eines kleinen Familienbetriebs in unserer Nähe (Firma Pach in Übelbach, siehe Links und Adressen), den man sogar zum Haarewaschen und Duschen benutzen kann. Ich kaufe immer einen 5-Liter-Plastikkanister, fülle den Reiniger in Seifenspender und gebe den Kanister, wenn er leer ist an die Firma zurück, wo er ausgewaschen und wieder befüllt wird.

Kosmetik: Biokosmetik gibt es zwar in Hülle und Fülle, aber fast immer in Plastik verpackt. »Grüne Erde« (eine österreichische Firma, findet man auch im Internet) hat allerdings ein relativ großes Sortiment von Produkten in nachfüllbaren Holz- bzw. Metallverpackungen.

Die Kosmetikartikel sind frei von synthetischen Konservierungsmitteln, Silikonen, Tensiden, Duftstoffen und Mineralölen, zu mindestens 95 Prozent aus kontrolliertem biologischem Anbau und ohne Tierversuche hergestellt. Außerdem werden die Inhaltsstoffe (auch auf Deutsch!) vollständig aufgelistet. Sehr viele Produkte sind in Glas oder Papier verpackt, und die sogenannte dekorative Kosmetik (Lidschatten, Lippenstift usw.) gibt es in wunderschönen und vor allem nachfüllbaren Holzverpackungen. Funktioniert auch sehr gut per Internetbestellung!

Zum Abschminken verwende ich keine herkömmlichen Abschminkpads mehr (erstens wegen der Plastikverpackung und zweitens weil auch in den Fasern teilweise Kunststoffe stecken), sondern Baumwollfrotteetücher, in kleine Stücke geschnitten! Dadurch fällt überhaupt kein Müll an, die Tücher sind erstaunlich beständig und halten oftmaliges Waschen tadellos aus. Sogar alte Spannleintücher haben hierfür noch eine sinnvolle Verwendung gefunden.

Windeln: Grundsätzlich ist das Wickeln mit Stoffwindeln (z. B. Fa. Popolino) eine gute Alternative, die wir selbst bei unseren Kindern sehr erfolgreich, wenn auch nicht 100-prozentig konsequent praktiziert haben. Alternativ gib es verschiedene Ökowegwerfwindeln (z. B. Moltex), die teilweise sogar in Bioplastik verpackt sind. Für Experimentierfreudige ist die sogenannte »windelfreie Methode« (man findet im Internet und auf »Keinheimfürplastik« zalreiche Infos dazu) ein interessanter Ansatz. Ich selbst habe allerdings keine Erfahrung damit.

Kondome: Die Verpackung ist und bleibt ein Problem, aber immerhin habe ich fair gehandelte Kondome aus Naturkautschuklatex gefunden (Marke »Lümmeltüten«, siehe Links und Adressen).

Monatshygiene: Ich verwende seit Beginn des Experiments eine Kombination aus waschbaren Frotteebinden und einem sogenannten »Mooncup« aus allergiearmem Silikon (Mondtasse, siehe

Links und Adressen) als Alternative zu Tampons. Beides funktioniert ausgezeichnet, verursacht absolut keinen Müll mehr und spart überdies sehr viel Geld. Es soll für den »Mooncup« auch eine Naturkautschukvariante zu bestellen geben, allerdings wohl nur in den USA.

WASCHEN UND PUTZEN

Putz und Waschmittel: Für Bad und WC verwende ich in erster Linie:

Zitronensäure (in Pulverform) oder **Essig**. Zitronensäure eignet sich auch perfekt als WC-Reiniger (z. B. DM oder Schlecker). Als Handspülmittel nehme ich ein Mittel der oben erwähnten Firma Pach oder andere milde Spülmittel, die man in Bioläden bekommt, aus dem Großkanister abgefüllt und dann in einen Seifenspender umgefüllt. Damit lässt sich äußerst sparsam dosieren, und es fallen keine Plastikflaschen mehr an. Außerdem sind diese Alternativen sehr kostengünstig! Da mir in letzter Zeit auch sehr oft »effektive Mikroorganismen« empfohlen wurden, habe ich mir eine (Plastik-)Flasche davon zum Probieren besorgt. Erste Putzergebnisse waren sehr positiv. Im Internet gibt es zahlreiche Informationen dazu! Eignen sich anscheinend auch für unversiegelte Holzböden.

Statt der üblichen Schwammtücher verwende ich jetzt alte **Waschlappen** oder zurechtgeschnittene alte **Frotteeleintücher**. Das funktioniert prächtig, ist sehr hygienisch (da man sie alle paar Tage in die Wäsche gibt und sie nicht zu stinken beginnen) und kostensparend. Alternativ gibt es kompostierbare Ökoschwammtücher, z. B. bei »Waschbär-Versand«. Für Putz- und Waschmittel findet man im Internet auch jede Menge Rezepte und Anleitungen zum Selbermachen.

Wäschewaschen: Als Weichspüler bzw. Wasserenthärter verwende ich schon seit Jahren Essig bzw. Essigessenz, was einwandfrei funktioniert, günstig ist und auch der Waschmaschine bisher absolut nicht geschadet hat.

Plastikfreie und umweltschonende Waschmittel, die ich ausprobiert habe, sind unter anderem Waschnüsse, Seifenflocken und Ökowaschmittel der Firma Ecovert, Sonett und Almawin, wobei es von Sonett auch ein aus dem Großkanister nachfüllbares Flüssigwaschmittel gibt (teilweise in Bioläden bzw. Biosupermarkt). Auch die bereits erwähnte Firma Pach stellt Ökowaschmittel her. In flüssiger Form sind sie ebenfalls in 5-Liter-Kanistern erhältlich, die zurückgenommen, gereinigt und wiederbefüllt werden!

Einfrieren und Aufbewahren von Lebensmitteln: Funktioniert gut mit Einmachgläsern oder Schraubverschlussgläsern (nicht ganz voll füllen und den Deckel am besten erst nach einer Stunde festschrauben), in Papiersäcken (z. B. Brot und Gebäck) oder bei größeren Teilen in Bioplastikbeuteln.

Als **Jausenboxen** verwenden wir Edelstahldosen aus der Campingbedarfsabteilung (z. B. »Bergfuchs« in Graz) und für Getränke Edelstahlflaschen z. B. von Northland oder Trink Pur (siehe Links und Adressen). Die Boxen eignen sich natürlich auch sehr gut für die Aufbewahrung von Lebensmitteln im Kühlschrank.

HAUSHALT UND GARTEN

Pflanzen und Blumen: Eine Neuigkeit, die ich gerade erst entdeckt habe, sind Blumentöpfe und alle möglichen Artikel für den Garten der Firma Plantobio aus Holzfaser, die über einen längeren Zeitraum sogar verrotten (siehe Links und Adressen).

Ökoteelichter: Aus nachwachsender Biomasse oder aus Bienenwachs bestehend und ohne Aluhülle, dazu wiederverwendbare Hüllen aus Glas oder Edelstahl, gibt es bei Ökoversandfirmen wie »Waschbär«.

Gummiringe: Aus Naturkautschuk und Fair-Trade-Produkt sind sie ebenfalls über den Ökoversand erhältlich, z. B. bei »Waschbär«.

SCHULE UND BÜRO

Schulbedarf, Schreibartikel: Sehr hilfreich und empfehlenswert ist in diesem Zusammenhang die Broschüre *Clever Einkaufen für die Schule* (*www.schuleinkauf.at*) des österreichischen Umweltministeriums. Einige der dort angeführten Empfehlungen haben wir bereits in die Praxis umgesetzt.

Klebstoffe: Sie gibt es beispielsweise in Großflaschen oder Kanistern mit Nachfüllflaschen. Eine Variante, die nicht nur Müll spart, sondern auch bei Weitem günstiger kommt als einzelne Tuben oder Flaschen. Eignet sich besonders für Schulklassen oder Kindergartengruppen. Die 1-Liter-Flaschen sind auch für Haushalte mit mehreren Kindern absolut empfehlenswert. Beim Nachfüllen brauchen Kinder bis circa zwölf Jahre noch etwas Hilfe.

Füllfedern: Im guten Schreibwarenhandel gibt es sogenannte Konvertoren (Tintentank). Damit erspart man sich Füllfederpatronen. Die Tinte wird aus einem Tintenglas aufgezogen und kann immer wieder nachgefüllt werden! Hilft Müll und Geld zu sparen und macht Kindern sehr viel Spaß. Am Anfang ist es allerdings ebenfalls ratsam, ihnen zu helfen. Es gibt auch Vorratsflaschen, z. B. für eine ganze Schulklasse.

Kugelschreiber und Buntstifte: Bei Kugelschreibern sollte man solche entweder aus Recyclingkarton oder mit Nachfüllmine bevorzugen! Bei Buntstiften darauf achten, dass sie entweder unlackiert oder zumindest ungiftig lackiert sind und dass man einzelne Farben nachkaufen kann. Um qualitativ hochwertige Stifte bis zum letzten Rest aufbrauchen zu können, eignen sich **Stiftverlängerer** (im Fachhandel erhältlich).

Radiergummis: Hier sollte man besonders darauf achten, dass sie kein PVC enthalten. Naturkautschuk bevorzugen.

Klebebänder aus Papier und mit Naturkautschukkleber: Sie sind erhältlich im Ökoversand, etwa bei »Waschbär«.

Ordner, Mappen, Heftumschläge: Für Hefte kann man Papierumschläge verwenden, für Bücher, wenn notwendig, Packpapier. Ordner und Mappen gibt es teilweise auch ohne Plastikbeschichtung und aus Recyclingkarton (z. B. bei Libro).

Ganz allgemein sollte man im schulischen Bereich auf jeden Fall hochwertigen Produkten den Vorzug geben. Nicht nur wegen der Gesundheit der Kinder, sondern auch aus pädagogischen Gründen, damit sie angeleitet werden, ihre Schulsachen entsprechend sorgfältig zu behandeln.

ELEKTRONIK, HANDYS USW.

In diesem Bereich ist ein Verzicht auf Kunststoffe derzeit kaum bis gar nicht möglich. Aber man muss nicht alle zwei Jahre ein neues Gratishandy annehmen. Außerdem sollte man schon beim Kauf auf gute Qualität und Reparaturfähigkeit des Produkts achten und nachfragen, ob und um welchen Preis es gegebenenfalls

Ersatzteile gibt. Auch gebrauchte Geräte können eine gute Lösung sein.

Da die Verpackungen gerade bei solchen Produkten immer »vielschichtiger« werden und teilweise absolut übertriebene Ausmaße annehmen, sollte man das ganze Zeug nach Möglichkeit zumindest im Geschäft lassen und darauf hinweisen, dass man lieber weniger aufwendig verpackte Geräte kaufen würde!

Akkus sind zwar bezüglich der Verpackung auch nicht besser zu bewerten als Batterien, aber wenigstens wiederaufladbar und daher zu bevorzugen.

Insgesamt gilt es in diesem Bereich vor allem bei Neuanschaffungen sowohl die Notwendigkeit als auch die Qualität und das Preis-Leistungs-Verhältnis besonders kritisch zu hinterfragen.

KLEIDUNG, SCHUHE, BADEBEDARF

Abgesehen von weitgehender Vermeidung von Kunstfasern achte ich speziell auf Herkunftsländer (lange Transportwege, Arbeitsbedingungen usw.). Bei Baumwollkleidung empfiehlt es sich zudem, auf biologischen Anbau und möglichst schadstofffreie Färbung zu achten. Eine sehr gute Alternative zu Baumwolle (auch im Bereich der Funktionskleidung) stellt Kleidung aus Bambus (siehe Alternativprodukte!) oder Hanf dar. Grundsätzlich gilt hier das Motto: lieber weniger und dafür hochwertiger einkaufen! Gerade bei Kinderkleidung bieten sich natürlich auch Secondhandshops und Tauschmärkte an, was noch dazu den Vorteil hat, dass gebrauchte Kleidung nicht mehr so schadstoffbelastet ist.

Alte Klcidungsstücke und Textilien können sehr gut »weiterverarbeitet« werden, z. B. zu Abwaschtüchern, Abschminktüchlein, Stofftaschen und für begabte Näherinnen auch zu neuen Kleidungsstücken.

Bei Schuhen gibt es bereits recht viele Firmen, die hauptsächlich Naturmaterialien und schadstoffarme Gerb- und Färbemethoden verwenden und noch dazu meist sehr fußfreundliche Modelle anbieten, die auch modischen Ansprüchen durchaus gerecht werden (Geha, Vega Nova usw.).

Bademoden gibt es zumindest aus Recyclingmaterial oder Bambus, **Flipflops** teilweise aus Bioplastik.

Plastikfreie, sehr stabile **Schwimmhilfen** als Alternative zu den üblichen Produkten bietet die Firma Schlorli an (siehe auch Links und Adressen).

Allgemeine Tipps

Das Wichtigste ist, das eigene Einkaufsverhalten ganz allgemein zu überdenken und vor jedem Einkauf genau zu überlegen, ob man das gewünschte Produkt in der angebotenen Qualität wirklich braucht und haben will. Ist vor allem wichtig bei »Schnäppchenkäufen«, die sich im Nachhinein oft als absolute Flops entpuppen.

Bei Billigprodukten vor dem Kauf zumindest eine Minute darüber nachdenken, weshalb der Preis so günstig ist (Qualität, Schadstoffe, Haltbarkeit, Produktionsbedingungen, Transportwege, Ausbeutung von Menschen, Tieren, Umwelt). Gleiches gilt allerdings auch für teure »Modemarken«, die gerade, was Produktionsbedingungen und Transportwege betrifft, oft mindestens ebenso fraglich sind.

Speziell bei Produkten aus Kunststoff, aber auch bei Kleidungsstücken generell lohnt es sich, daran zu riechen, bevor man sie kauft. Als Faustregel gilt: Je stärker der Geruch, desto schädlicher sind vermutlich die Inhaltsstoffe.

Generell sollte beim Einkauf Folgendes beachtet werden:

- Grundsätzlich alle Produkte, die im großen Stil beworben werden, besonders kritisch hinterfragen.
- In den Geschäften gezielt Mehrwegflaschen und andere Mehrwegverpackungen kaufen und danach fragen, sofern es keine gibt. Falls vorhanden, dies lobend erwähnen.
- Unverpackte oder verpackungsarme Produkte bevorzugen. Eigene Behälter und Stofftaschen oder Einkaufskörbe für den Transport mitnehmen. Am besten in jeder Handtasche, im Auto und in der Gepäcktasche des Fahrrads mindestens eine Stofftasche deponieren, damit man auch für überraschende Einkäufe gewappnet ist.
- Gratisplastiktaschen ablehnen!!! Das kann wirklich jeder, es kostet nichts und setzt doch ein deutliches Zeichen, stellt außerdem nicht nur einen wichtigen Beitrag zur Müllvermeidung dar, sondern auch zur Bewusstseinsbildung! Wichtig: Auch in Bekleidungsgeschäften darauf achten, denn dort werden die Sachen meist »automatisch« eingepackt, wenn man nicht deutlich ablehnt.
- Vor allem dort, wo sich Kunststoffe nicht vermeiden lassen, qualitativ hochwertige, langlebige Produkte bevorzugen, die notfalls auch repariert werden können. Beim Kauf am besten schon nach Ersatzteilen und Reparaturmöglichkeiten fragen.
- Grundsätzlich nach dem Motto »Weniger ist mehr« einkaufen. Das hilft auch dabei, das teilweise übergroße Angebot zu ignorieren und wirklich nur das zu kaufen, was man haben möchte.
- Nach »alten« Lösungen suchen: So bin ich z. B. draufgekommen, Lebensmittel in Einmachgläsern einzufrieren.
- Grundsätzlich weniger Putzmittel verwenden und wo notwendig auf größtmögliche Umweltverträglichkeit und wenig Verpackung achten.

- Gezielt nachfragen und sich umhören, welche Lebensmittel oder sonstige Verbrauchsgüter es in der unmittelbaren Umgebung zu kaufen gibt.
- Sinnvolle Produkte in der eigenen Region ausfindig machen und wenn möglich Einkaufsgemeinschaften organisieren. Das trägt gerade im ländlichen Bereich entscheidend dazu bei, unnötige Autofahrten zu vermeiden.
- Einkaufsgemeinschaften machen auch bei Versandbestellungen Sinn, wenn es einen Mindestbestellwert gibt oder ab einer gewissen Summe keine Versandkosten mehr verrechnet werden.
- Wo immer möglich Naturmaterialien bevorzugen, speziell aus der Region.

Und zum Abschluss noch ein Tipp zur Erhaltung der eigenen Motivation:

Am besten mit ein oder zwei kleinen Umstellungen beginnen und sich langsam, aber sicher in weitere Bereiche vorarbeiten. Denn mit Spaß und einem guten Gefühl funktioniert es erfahrungsgemäß viel besser (und nachhaltiger) als mit Stress und schlechtem Gewissen.

Gerade bei einem Motivationstief tut es mir besonders gut, in die Natur zu gehen, einen schönen Platz zu suchen und einfach einmal nachzuspüren, was meine Beweggründe sind und ob das, was ich tue, damit noch zusammenpasst.

Links und Adressen

KINDER

www.naturbabyshop.at: Baby- und Kleinkindbedarf
www.popolino.com: Babybedarf, Windeln
www.goldisauger.de: Babyschnuller
www.moltex.de: Windeln
www.haba.de: Qualitätsspiele und Holzspielzeug
www.holzspielzeugworld.de/Plan-Toys.htm: hochwertiges
  Holzspielzeug

KÖRPERPFLEGE, HYGIENE

www.lush-shop.de: Seifen, Haarshampooseifen usw.
www.lush.at/lushat/home.nsf: österreichische Seite des Shops
www.grueneerde.com: Kosmetik, Körperpflege,
  Küchenutensilien, Kleidung …
www.weleda.at: Kosmetik, Körperpflege
www.lavera.de: Kosmetik, Körperpflege
www.petritschprofessional.com/de/mit-pflanzen-im-glas.html:
  Kosmetik
www.lebenslust.biz: Fair-Trade-Kondome
www.mondtasse.at/Mooncup.php: Alternative zu Tampons
www.biotiful.at: Kosmetik

www.buerstenerzeuger.at: z. B. Holzzahnbürsten
www.miswak.de: Zahnputzhölzer
www.allesseife.at: Naturseifen, auch Versand
www.kostkamm.de: Bürsten und Kämme aus Naturmaterial
*www.bio-kosmetika.com/servlet/dispatcher?map=article_*
   list&id_group=132&id_group1=4&list=g&lang=de: auch
   Holzzahnbürsten
www.naturbuersten-versand.de
www.art-of-beauty.at: Kukuinussöl mit lSF 10

regional:
brigitte.kletzenbauer@gmx.at: Naturseifen. Kugelbergstraße 2a,
   A-8112 Gratwein

WASCHEN UND PUTZEN

Firma Pach (für alle, die in der Nähe von Übelbach, Steiermark
   wohnen): Allzweckreiniger, Geschirrspülmittel usw. im
   Mehrwegkanister
B. und A. Grossauer, Webergasse 19, A-8124 Übelbach, Telefon:
   0 31 25/7 21 94
www.almawin.de: Waschmittel
www.ecover.com: Wasch- und Putzmittel
www.oekoprodukte.at: Ökoprodukte Ott, Judenburg, Putz- und
   Waschmittel auf Altspeiseölbasis

KLEIDUNG; KOSMETIK, ÖKOVERSAND

www.hessnatur.com: Kleidung
www.perviva.at: Kleidung
www.livingcrafts.de: Kleidung

www.veganova.at: Schuhe

www.gea.at: Schuhe

www.brandeins.de/archiv/magazin/marke/artikel/das-geht-die-kompostrevolution.html: kompostierbare Flipflops

www.schlori.de: plastikfreie Schwimmhilfen für Kleinkinder

www.woody.at: Holzpantoffeln

www.eco-bikini.de: Bademode aus Recyclingmaterial (PET) oder Bambus

www.boombuz.at (Weixelbaumer Forschungs-, Entwicklungs- und Vertriebs GmbH, Ignatz-Köck-Straße 17, A-1210 Wien): Flipflops und Schuhe aus natürlichen Rohstoffen

BÜRO- UND SCHULBEDARF

www.gerstaecker.de/Vollmetall-Minenhalter-zeichenzubehor.htm

www.savion.de: Zeichenbedarf

www.memo.de: Büroartikel, Kindergarten- und Schulbedarf, z. B. Stiftverlängerer

www.faber-castell.de/38238/Katalog/fcv2_katalog. aspx?cid=7359&aid=183008: Alternative zu wiederbefüllbaren Textmarkern

HAUSHALT

www.waschbaer.de: Kosmetik, Haushalt, Garten, Kleidung

www.panda.at: Haushalt, Kosmetik, Kleidung

www.biber.com: Haushalt, Kosmetik, Kleidung

www.vivanda.at: Haushalt, Kleidung

www.trinkpur.de: Edelstahltrinkflaschen

www.emil-die-flasche.de: Trinkflaschen für Kinder

www.kleankanteen.com: Edelstahltrinkflaschen

www.kanteen.de/epages/es124872.sf/de_DE/?ObjectPath=/
   Shops/es124872_Kanteen/Categories: Edelstahlflaschen und
   Boxen (Dosen)
www.newkork.de: Korkverschlüsse für alle Flaschen
www.amazon.de/Innovativer-Wasserkocher-komplett-
   Borosilikat-Glas-111007/dp/B001TNWUIC/ref=sr_1_6?ie=UT
   F8&qid=1290111381&sr=8-6: plastikfreier Wasserkocher
www.manufactum.at: Haushaltsutensilien, Garten, Kosmetik,
   Kücheninventar
www.living-quality-shop.de: Haushaltsutensilien, Garten, Büro
www.naku.at: Verpackungen und Maisstärkeprodukte Bioplastik
www.biomat.info: Verpackungsalternativen
www.folia.de (Max Bringmann KG, Johann-Höllfritsch-Straße
   37, D-90530 Wendelstein): Zellglasbeutel, kompostierbare
   Biofolien aus nachwachsenden Rohstoffen

INFORMATIONEN, BLOGS

www.konsum-global.de: Bio- und Fair-Trade-Kleidung mit
   verschiedenen Links
www.epea.com/deutsch/cradle/konzept.htm
www.cleanclothes.at (Südwind, Laudongasse 40, A-1080 Wien;
   Tel.: +43/1/4 05 55 15; E-Mail: beschaffung@suedwind.at)
www.fairebeschaffung.at
www.forum.em-effektive-mikroorganismen.de
www.ideen-fuer-nachhaltigkeit.blogspot.com
www.mueckeblog.wordpress.com: Blog über plastikfreies
   Studentenleben
www.marktcheck.greenpeace.at/ichwillmehrweg.html
www.operation-limbo.blogspot.com: Blog
http://einfach-leben.freeky.at: gute und einfach Alternativen für
   den Haushalt

www.nuoviso.tv/dokumentationen/wirtschaft/316-kaufen-fuer-die-muellhalde: Filmdokumentation

www.geldsparen.de/sparen/Einkaufen/haushalt-natuerlich-keimfrei

www.vegan.de: Blog

www.bund.net/bundnet/themen_und_projekte/chemie/aktiv_werden/auskunft_fordern: Info über die Pflicht der Firmen, über die Inhaltsstoffe zu informieren innerhalb von 45 Tagen

www.schuleinkauf.at

www.br-online.de/bayerisches-fernsehen/gesundheit/sonnenwetter-DID1212591803611/wir-in-bayern-adelheid-lingg-sonnencreme-ID1212488668461.xml: Sonnencreme selber machen

www.expli.de/anleitung/rezept-kaese-mozzarella-selber-machen-1984: Mozzarella selber machen

Nachwort von Werner Boote

Der Film *Plastic Planet* zeigt, dass Kunststoffe eine Bedrohung für die Umwelt und unsere Gesundheit sind. Der überwältigende Erfolg des Kinodokumentarfilms bescherte mir eine ungeheure Zahl an Zuschriften aus aller Welt. Die wohl außergewöhnlichste kam von Sandra Krautwaschl. Sie wolle mit ihrer Familie ein plastikfreies Experiment versuchen!

Wer kommt auf so eine abgefahrene Idee? The Kelly Family?

Ich wusste, dass besorgniserregende Substanzen aus Plastik austreten können. Ich wusste, dass diese Stoffe für Krebs, Herzerkrankungen, Autismus, Allergien und Unfruchtbarkeit verantwortlich gemacht werden. Ich wusste sogar, dass ich viel Plastik in meinem Blut hatte! Aber zur Gänze Plastik verweigern? Wer würde das schaffen?

Kurz darauf lernte ich Sandra und ihren Mann Peter kennen. Wir verstanden uns auf Anhieb prächtig. Sandra Krautwaschl ist eine der modernsten und revolutionärsten Frauen, die ich auf unserem Plastikplaneten kennenlernen durfte. Ich bewundere die Selbstverständlichkeit und Unbeschwertheit, mit der sie und Peter jene Verhaltensmuster, die wir alle angelernt und aufoktroyiert bekamen, hinterfragen und für sich und für uns alle neu ordnen.

Sandra, Peter und nicht zuletzt die Kinder Marlene, Samuel und Leonard sind heute gern gesehene Gäste in Fernsehshows und beliebte Interviewpartner für Journalisten. Nicht nur, weil sie das Experiment mit viel Hingabe, Ideenreichtum und Geschick erfolgreich abgewickelt haben, sondern weil sie uns anregen, unser Konsumverhalten zu überdenken. Wir versuchen, von ihnen zu lernen.

Sandras Buch ist ein sehr persönlicher, spannend geschriebener Krimi unserer modernen Zeit. Stets hält sie uns unbewusst auch den Spiegel vor Augen: Könnten wir das – was sie können – auch?

Ich wünsche Sandra und ihrer Familie weiterhin viel Glück und Kraft auf dem Plastikplaneten.

Werner Boote
Filmemacher des Kinodokumentarfilms *Plastic Planet*